あの国の本当の
思惑を見抜く

地政学

社會部部長

JN195085

サンマーク出版

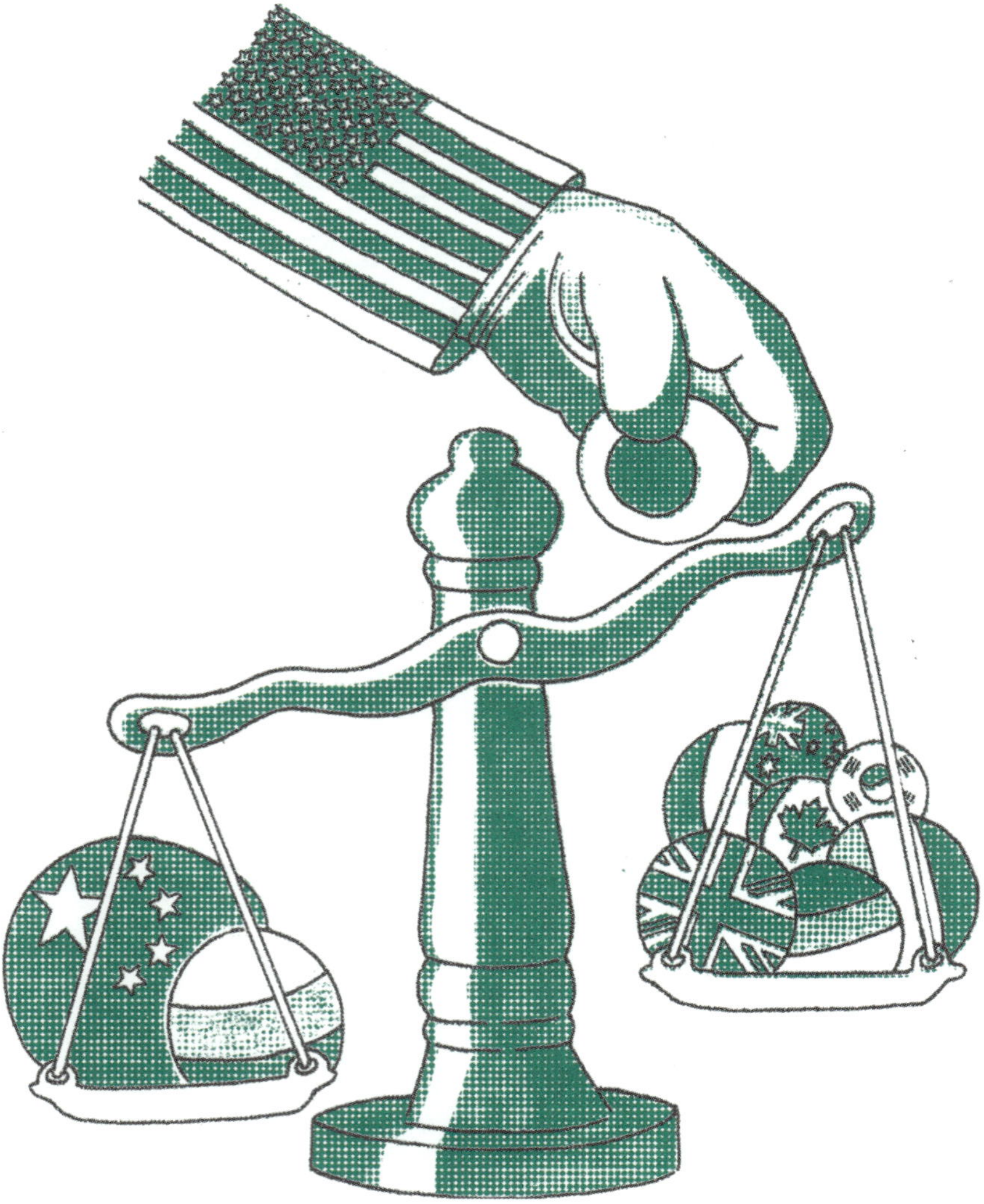

天秤《てんびん》には、左の皿に強い国、右の皿に弱い国が乗って、
左に傾いてしまっています。
国際情勢は、こうして力が一方に偏っていると
危険になりがちです。
よって、誰かが右に力を加えて、
天秤を水平にしなければなりません。
アメリカは、外から天秤を操る立場にいる特別な国です。
これこそが、世界情勢を理解する最も重要な鍵です。

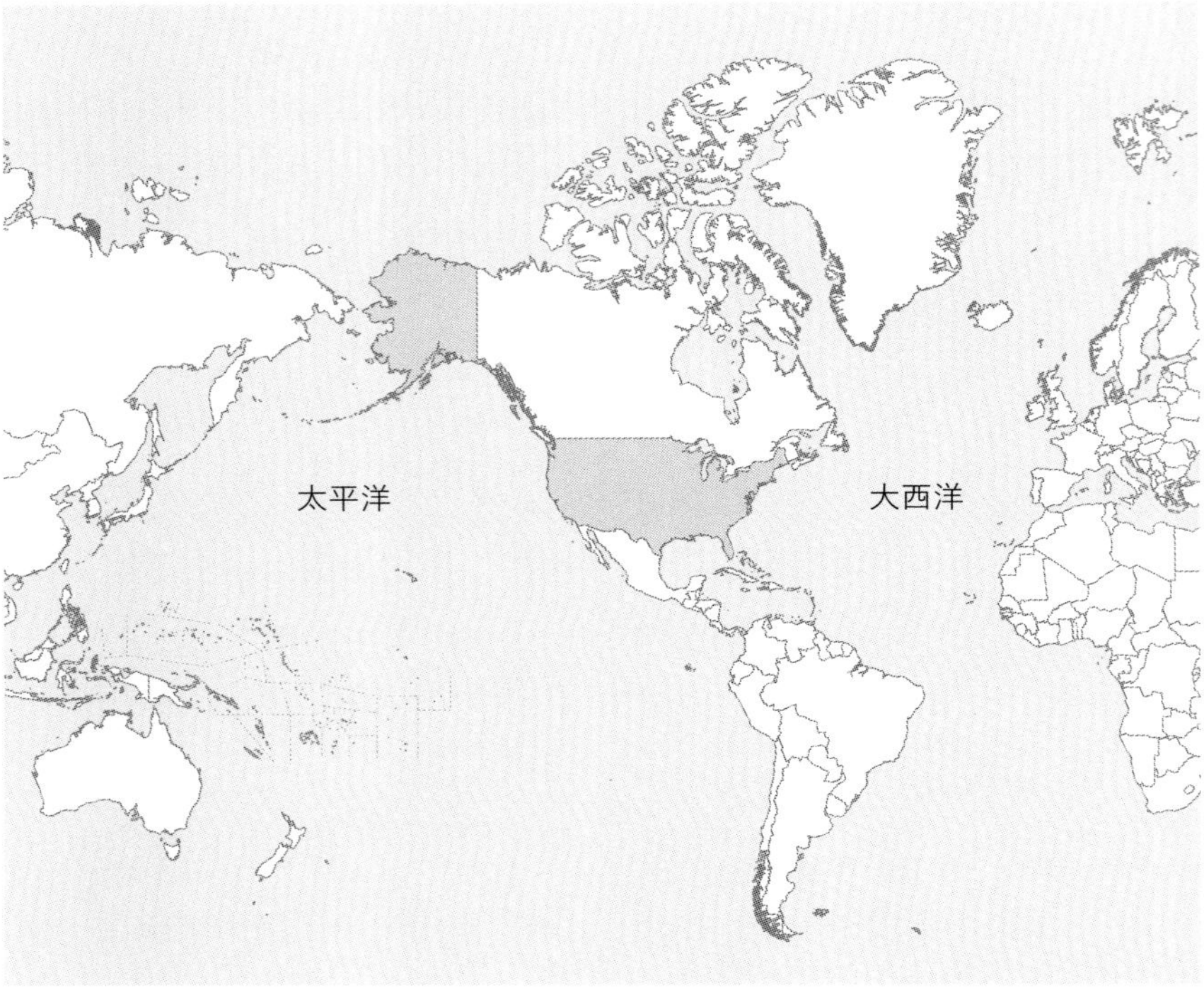
太平洋
大西洋

アメリカはなぜ特別なのか?
ITに強いから、経済力があるから、
民主主義を愛するから——
これらをすべて凌駕《りょうが》するアメリカの特徴が、
2つの大きな海に守られていることです。
ドイツ宰相ビスマルクは言いました。
「アメリカ人は幸福な民である。
南北は弱き隣国に、東西は魚に囲まれている」。
この特殊な地理的安全性こそが、アメリカの力の源泉です。

ロシア
ベラルーシ
ポーランド
ドイツ
ウクライナ
フランス

ロシアは強い国です。
しかし、地図を見ると必ずしもそうとは言えません。
ロシアはヨーロッパの大国と
非常に平らな地形で繋《つな》がっています。
平地は、敵の攻撃を遮ってくれません。
そんな土地で、
どうやって自分たちを守れば良いのでしょうか?
それは、領土を拡大し、
敵をできるだけ遠ざけておくことです。

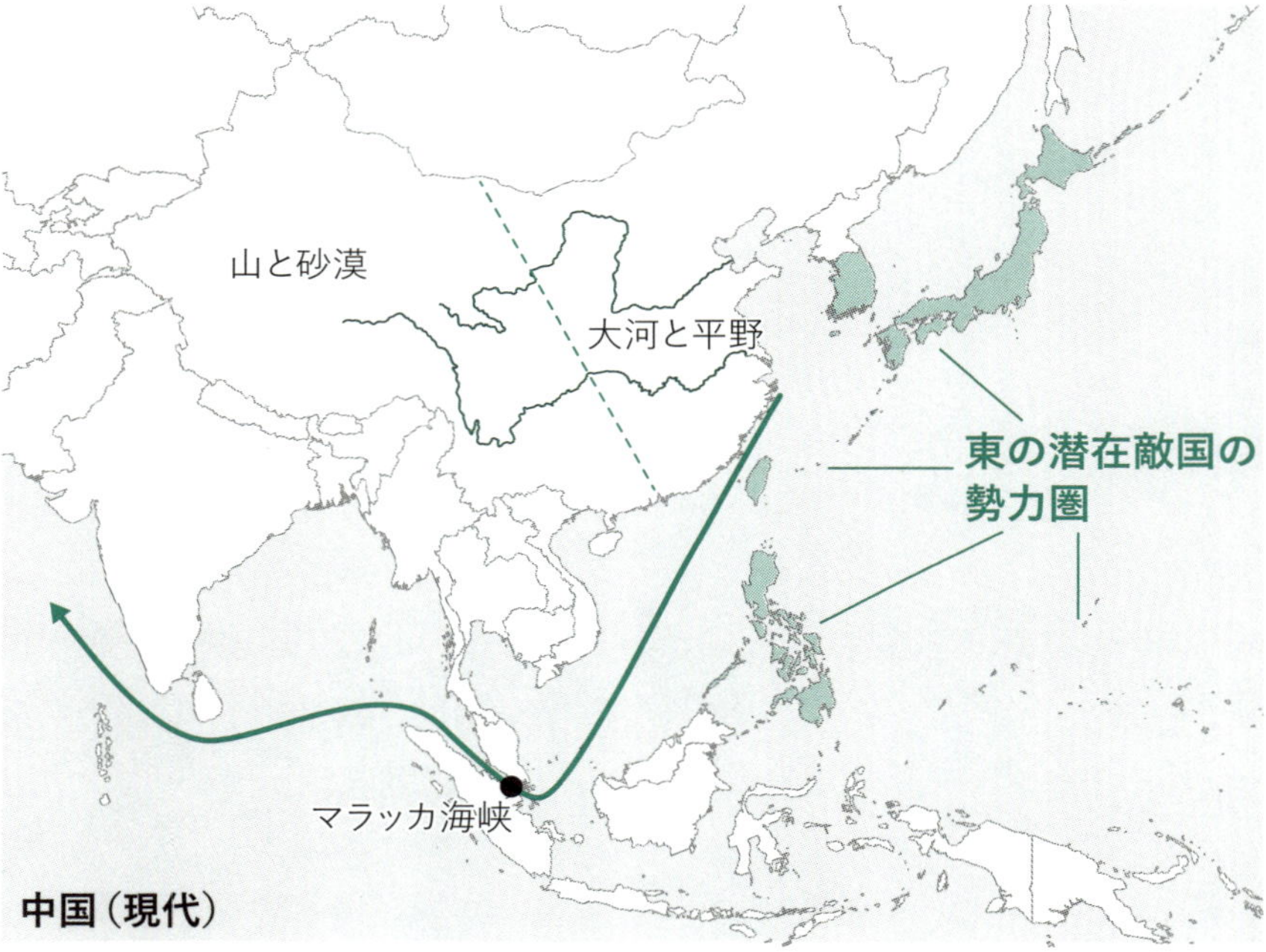

中国（現代）

アメリカ（19世紀）

「喧嘩《けんか》するほど仲が良い」。
アメリカと中国ほど、
このことわざが当てはまる関係はありません。
両国は近年対立を深めていますが、
地理的環境に関しては、とてもよく似ています。
巨大な国土、長大な川、広い平野、多くの人口――
見れば見るほど、そっくりです。
しかし、ビスマルクは
きっと中国人を「幸福な民」とは言わないでしょう。
なぜならアメリカとは違い、
周りを強い国に囲まれているからです。

国際政治を考える上で、まず見るべきものは何でしょうか？
歴史、文化、統計、報道――どれも重要です。
しかし、本書はそれが「地理」であると考えます。

ニュースを普段見ていると、
外国首脳の発言や人々の意見ばかりが目に入ります。
それらを見ていると、世界情勢を動かしているのは
人間の意志だとつい思いがちです。
ところが、人間の思考や行動は、
私たちが思っている以上に地理に動かされています。
それも、気づかないうちに。

寒い場所では、港が流氷で閉ざされて、
貿易ができません。
「国を守ろう」と思っても、
地形が平坦《へいたん》だとかなり苦労します。

地理が「檻《おり》」だとすれば、国は「囚人」です。
囚人に何ができて、何ができないかを知るには、
まず檻の形を知らなければならないのです。

CONTENTS

あの国の本当の思惑を見抜く
地政学

序章 今、地政学を学ぶ意義

第1章

アメリカ

強そうで弱い国

PART 1

なぜ戦争は起きるのか

PART 2

安全保障のジレンマ

PART 3

安全保障のジレンマと地理

PART 4 海洋国家と大陸国家

PART 5

海洋勢力と大陸勢力の攻防

PART 2

海でも陸に囚われる

PART 3

ロシアの資源外交

第3章

中国

海洋国家になろうとする大陸国家

PART 1

米中は「似た者同士」

PART 2

遊牧民で見る中国の苦悩の歴史

PART 3

現代中国の大陸問題

PART 4

中国の海洋進出

PART 5

台湾の重要性

第4章

日本

大陸国家になろうとした海洋国家

PART 1

朝鮮半島という橋

PART 2

ロシアとの50年間の苦闘

PART 3

大陸国家、日本

終章 地政学から学べること

装丁／井上新八
本文デザイン・DTP／斎藤充（クロロス）
図版／WADE
本文イラスト／國井大輔
校正／株式会社ぷれす
編集／尾澤佑紀（サンマーク出版）

序章

今、地政学を学ぶ意義

世界が不安定になるとき、地政学は求められる

地政学の本を世に送り出した筆者がこれを書くのも変ですが、巷《ちまた》には地政学の本が溢《あふ》れています。地図やイラストを豊富に用いたもの、気軽に読めるように漫画や小説の形をとるもの、国内外の学者が専門知識を駆使した学術書など、その形態はさまざまです。停滞する出版業界の中で継続して売り上げを伸ばす地政学本は異色の存在であり、もはや1つの独立したジャンルを形成しつつあります。おそらく本書も、他の多くの地政学本と一緒に書店で並べられていることでしょう。

では、なぜ地政学はここまで注目を集めているのでしょうか？　その一番の理由は、近年の不安定な世界情勢です。地政学の流行はここ最近始まったことではなく、歴史を通じて、国際情勢が悪化する度に起こってきました。

過去100年間における、書名に「地政学」を含む書籍の刊行数を見ると、これまで地政学の流行には①1940年代、②1980年代、③2010年代と3つの波があったことがわかります。

①1940年代は第二次世界大戦真っ最中、日本が諸外国と熾烈《しれつ》な戦争を繰り広げていた時期です。国際情勢や領土を巡る争いへの関心が高まった結果、地政学への関心も強まったと思われます。しかし、戦後には一転して地政学が「侵略を正当化した学問」としてタブー視されたことにより、地政学

本の出版はほぼ皆無となりました。

この沈黙を破るように地政学が復活したのが、②１９８０年代です。この頃はソ連によるアフガニスタン侵攻を受けて米ソ間の緊張が一気に高まり、１９８０年のモスクワオリンピック、１９８４年のロサンゼルスオリンピックでそれぞれの陣営が参加を拒否するほど、国際的な緊張が強まった時期でした。地政学が復活した背景にはこのような情勢悪化もありますが、一部のアメリカ政府高官が地政学という言葉を多用したのも大きな要因と思われます。[1]

その後、米ソが融和し、冷戦が終結へと向かうと、地政学への関心も下がっていきました。２０００年代には、こうした平和な世界情勢を元に「世界から争いはもはやなくなった」「今後、大国間争いが起こることはない」といった言説が流行。[2]『戦争への戦争の勝利：武力紛争の衰退』（２０１１年）や『暴力の人類史』（２０１２年）といった書籍がかつてないほど戦争と無縁の世界に近づいていることを強調し、世界的ベストセラーになりました。

しかし、③２０１０年代に入ると一時的な平和は終わりを迎え、人々は再び大国間戦争を意識せざるを得なくなりました。２０１４年には、ロシアがウクライナ領クリミア半島を占領。東アジアでも中国が活発な海洋進出を始め、南シナ海や台湾、尖閣諸島での軋轢《あつれき》が鮮明化しました。中国や北朝鮮の脅威を受けて、日本でも憲法９条改正や防衛力強化に関する議論が活発となり、日本人は戦後かつてないほど戦争を身近に感じるようになりました。

図表0-1　地政学本の出版冊数（1922〜2023年）

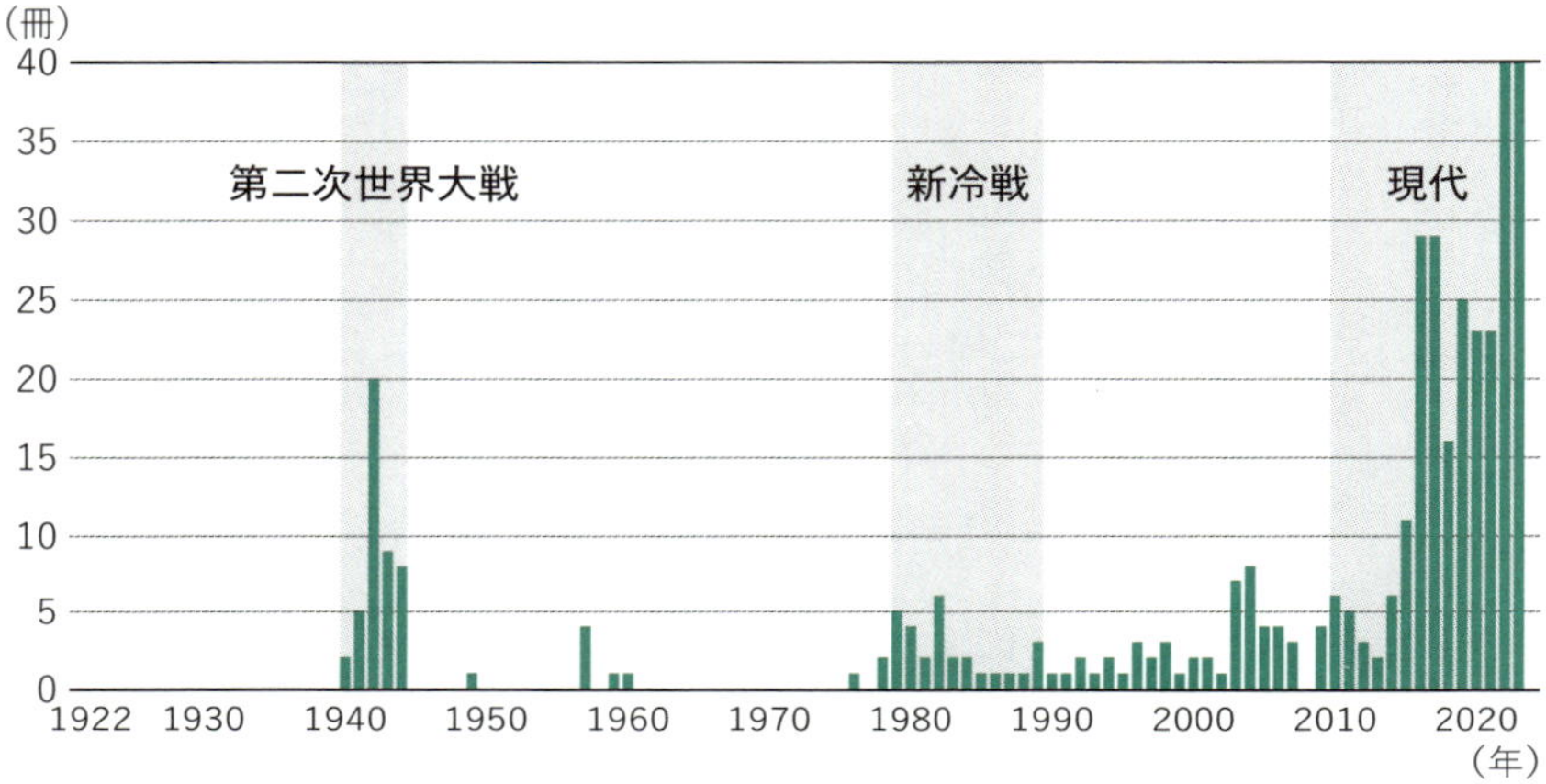

世界が不安定になった1940年代、1980年代、2010年代に地政学への関心が高まってきた

「国会図書館サーチ」で書名に「地政学」を含む書籍で検索

図表0-2　全世界の紛争の数

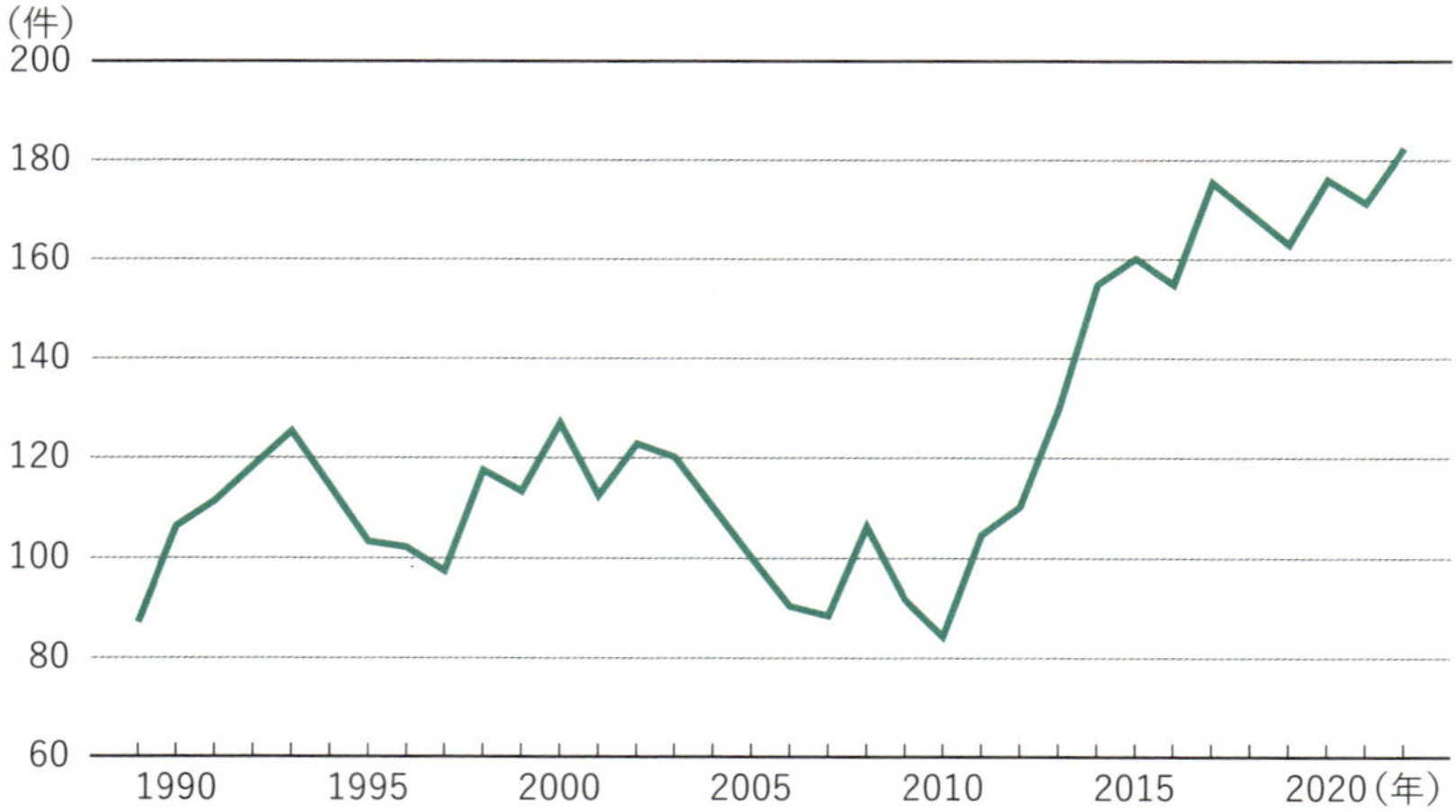

出典：Uppsala Conflict Data Program and Peace Research Institute Oslo (2023)

争いの主体が思想から地理へと変わった

また、2000年代の争いの多くは民族対立（ユーゴスラビア紛争、コソボ紛争、チェチェン紛争など）や思想対立、特にイスラム過激派との戦い（9・11同時多発テロ、アフガニスタン紛争など）が占めており、領土や領海といった地理的要素はあまり大きな争点ではありませんでした。

加えて、紛争の主体も小国、少数民族、テロ組織などが多く、大国同士があからさまに激突したわけではなかったのです。

それに対して2010年代は、単に紛争の数が増えただけではなく、争いの主体が思想から地理へと移った点でそれまでと大きく異なります。これは、ロシアのクリミア侵攻や中国の海洋進出をイメージするとわかりやすいでしょう。**2010年代以降の紛争の特徴は土地を巡る点、それも複数の大国が直接関わる点にあります。**必然的に、地理的視点から大国間争いを考察する地政学に関心が集まる土台を形成しました。[3]

「超大国の衰退」という地政学の誕生期と現在の類似点

地政学への関心が高まる現在と、地政学が誕生した1900年代初頭の世界はよく似ています。

一番の類似点は、超大国の衰退です。アメリカは、第二次世界大戦後から一貫して「世界一の大国」として君臨しています。冷戦終結後は大きな対抗勢力が存在せず、世界秩序を一挙に管理することから「世界の警察」と呼ばれました。

実は、同じような状況は地政学が誕生した100年前にも存在しました。1815年から1914年にかけては「イギリスの平和時代（パクス・ブリタニカ）」と呼ばれる時期、超大国イギリスが「世界の警察」として世界秩序を牽引《けんいん》し、その結果として大国間の争いがあまり起こらない比較的平和な時代でした。ところが、1900年前後にドイツが勢力を伸ばした結果、イギリスの地位が揺らぎ世界は不安定になっていきました。

このような時代背景の下で誕生したのが、地政学でした。地政学の基礎となったフリードリヒ・ラッツェルの『政治地理学』が刊行されたのは1897年。地政学で最も重要な文献であるハルフォード・マッキンダーの『歴史の地理的枢軸』が刊行されたのは1904年であり、それぞれドイツのさらなる領土拡大とイギリスの衰退を防ぐ術《すべ》を訴えました。

地政学が誕生したこの時期のイギリスとドイツの関係は、現在のアメリカと中国の関係によく似ています。冷戦終結後に揺るぎない超大国の地位を築いていたアメリカは、現在中国という新たな勢力の台頭に対抗せざるを得ず、アメリカを中心とする世界秩序は揺らぎつつあります。かつてイギリスの衰退を救うために誕生した地政学は、今日アメリカの衰退を救う指針として復活しつつあるのです。

なぜ、地政学本を読んでもニュースが腑《ふ》に落ちないのか？

地政学は、現在の混迷する国際情勢に大きな示唆を与えてくれます。

例えば、中国の海洋進出における日本の地理的重要性を示す際には、「逆さ地図」がよく使われます。これは単に東アジアの地図を逆さにしただけのものですが、日本列島が中国の外洋への出口を塞ぐ形で横たわっていて、日本が中国にとって地理的に邪魔な存在であることがよくわかります。そして、アメリカが沖縄に基地を集中させる理由も示してくれます。

同じくらい地政学の本に頻繁に登場するのが、超大国目線の勢力均衡図です。この図は、1位の超大国が勢力を維持するために3位以下の国と協力して、2位の国を抑え込もうとする構造を表しています。

ここで紹介した2つの例は、国際情勢を簡潔に表している優れた説明であることは間違いありません。しかしながら、筆者としては「国際情勢の根本原理」を謳《うた》ってよく使われるこの2つの例に対して、「物足りなさ」が残ります。というのも、**どちらも各国の目標を達成するための「手段」を示しているだけで、その目標を持つ「目的」を説明していない**からです。

ここで、手段・目標・目的の3段階を整理すると次のようになります。

図表0-3　逆さ地図

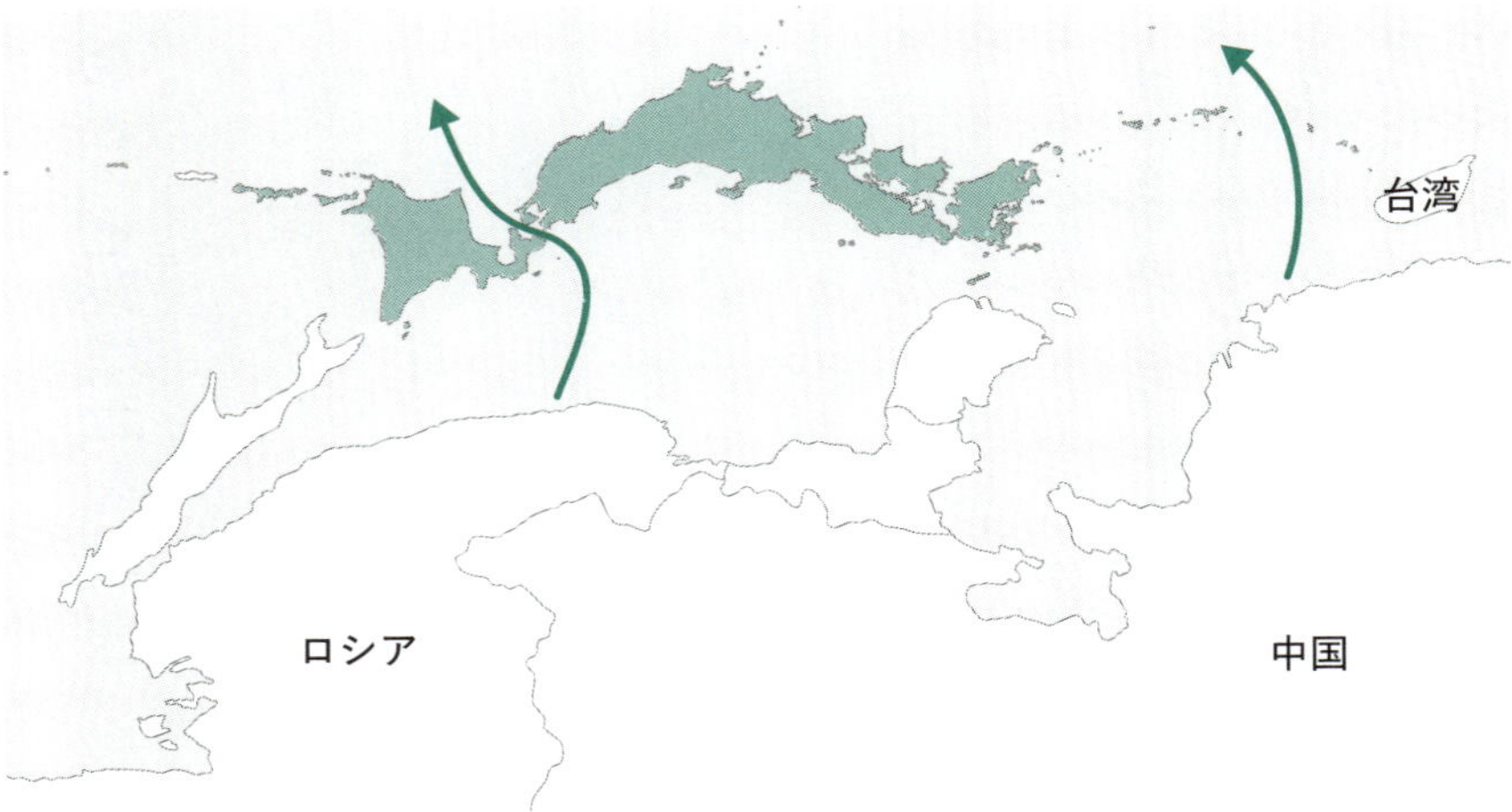

地図を逆さにすると、日本が中国、ロシアの太平洋進出を阻むように見える

図表0-4　勢力均衡図

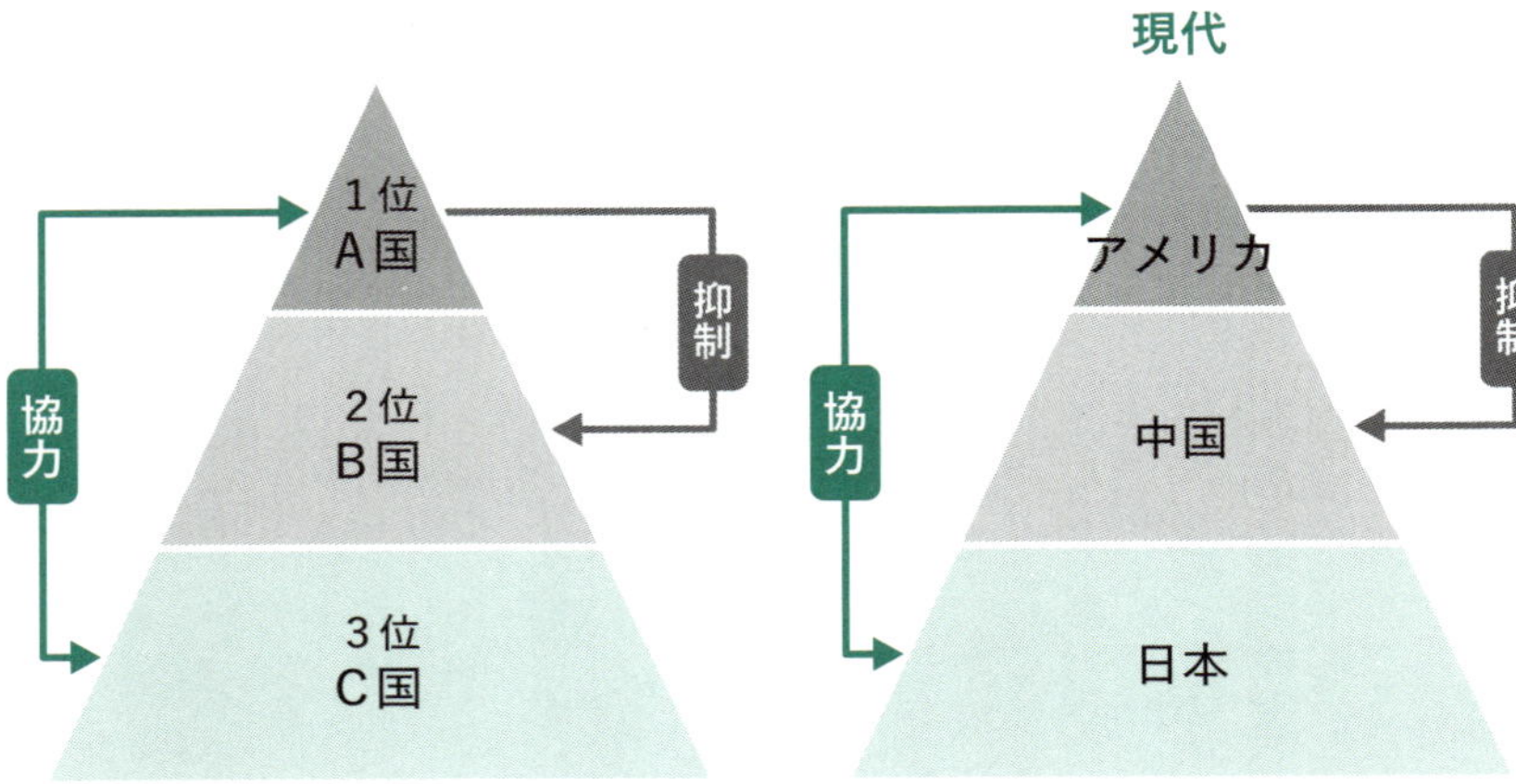

1位の国が3位の国と協力して、2位の国を抑制する

①手段とは、目標を達成するための方法
②目標とは、目的を達成するために必要な結果
③目的とは、最終的に実現したいこと

言い換えると、手段とは「どのように達成するのか」、目標とは「何を達成するのか」、目的とは「なぜそれを達成したいのか」です。

「豊かな人生と受験勉強」を例に考えてみましょう。豊かな人生を送ることは目的であり、良い学校に進学するのは目標、勉強をすることは手段です。「豊かな人生を送る」という目的を達成するには、「良い学校に進学する」という目標を立て、「勉強をする」という手段を実行する必要があります。

同様に、逆さ地図はアメリカによる「沖縄に基地を置く」という手段と「中国を封じ込める」という目標を示しても、「なぜ中国を封じ込めたいのか」というアメリカの目的は説明できません。超大国目線の勢力均衡図も、アメリカが「3位以下の国と協力する」という手段、「2位の国を抑える」という目標は示しても、「なぜ1位に留《とど》まりたいのか」という目的は説明していません。アメリカが中国の海洋進出を止めたい理由も、アメリカが2位の国の台頭を防ぎたがる理由も、いざ説明しようと思うと、納得する答えを出すのは意外と難しいものです。

図表0-5　逆さ地図と勢力均衡図で見る手段・目標・目的

	逆さ地図	勢力均衡図
手段 （どう達成するのか）	沖縄に基地を置く	3位以下の国と協力する
目標 （何を達成するのか）	中国を封じ込める	2位の国を抑える
目的 （なぜ達成したいのか）	不明 （なぜ中国を 封じ込めたいのか）	不明 （なぜ1位に 留まりたいのか）

この「そもそも何がしたいのか」の部分を理解しないままだと、普段ニュースを見ていても、いまいち腑に落ちません。例えば、中国海警局の船が尖閣諸島沖の領海内に侵入したとします。なぜ、そのような行動を取るのでしょうか。「中国が尖閣諸島を欲しがっているから」という答えが浮かびやすいですが、そもそもなぜ、中国は尖閣諸島を欲しがるのでしょうか？　あのような小さな島を仮に奪えたとして、中国は何に役立てるつもりなのでしょうか？　アインシュタインは「政治は物理学よりも難しい」と言いました。物理学と違い、一定の法則で動かず、さまざまな考えを持つ人間が関わる政治は、予想が困難だからです。

外交の最も基本的な要素は、地理

本書は前述のような「そもそも」の疑問に、地政学を用いて答えることを目指して作られました。地政学的説明の根本に潜む原理を説明する、いわば**「すべての地政学入門書の入門書」**というわけです。

たとえるならば、コイン投げの仕組みを重力から説明しようとするようなものです。コインを投げると、指で弾く力加減、方向、風の強さなどが影響し合い、表と裏が出る確率は限りなく50％ずつに近くなります。ここまでは普通の説明です。ここで当たり前すぎて触れられない側面が、「コインが必ず下に落ちる」という点です。これは重力という地球上の物体すべてに働く力の結果で、コインの運動を決める最も根本的な力です。

地理は、国際情勢における重力のようなものです。当たり前ですが、すべての国は地球上のどこかに存在しています。そして、領土やその周りには、その国特有の「地理的環境」があります。山が多かったり、平地にあったり、暑い場所にあったり、寒い場所にあったり、海に面していたり、面していなかったりと、**国によって置かれた環境は根本的に異なります。**その上でそうした根本的な違いが、国家の行動を大きく方向づけます。

また、**地理のもう1つの重要な側面が、極めて安定した要素であることです。**科学技術や思想は重要な要素ですが、数年、数十年単位で変化します。これに対し、地理は数十年、数百年単位でもほぼ一切変化しません。日本人が必ず習う漢詩である杜甫の『春望』も、こう謳います。「国破れて山河あり（国は戦争に敗れたのに、山河はそのままだ）」。地理の根本性・恒久性から、本書の根幹を成す地政学の理論の1つを唱えたニコラス・スパイクマンはこう言いました。

——地理とは外交政策において最も基本的な要素である。なぜなら地理は不変だからだ。[4]

また、フランスの偉大な軍人ナポレオンもこう言いました。

——ある国の地理を知ることは、その国の外交政策を知ることである。

数百年も世界を動かす「海と陸の戦い」

それでは、国際政治における最も重要な地理的事実は何でしょうか？　本書はこれを**「海と陸」**であると考えます。**世界は海と陸で二分されています。この事実が、世界の国々を海洋国家と大陸国家に分けています。これは、地政学において最も重要な視点です。**後述しますが、海洋国家は海との関わりが強いイギリスや日本、アメリカのような国で、大陸国家は陸との関わりが強いロシアや中国、ドイツのような国を指します。

国際情勢は、海洋国家と大陸国家の攻防を軸に展開します。**現代世界の大国間争いは、ロシアや中国のような大陸国家の台頭をアメリカのような海洋国家が抑えることで成り立っています。**そしてこの法則は、ここ数百年間ずっと続いてきました。

この世界規模の構造の見方は、古典地政学に基づいています。本書における「古典地政学」とは、アルフレッド・マハン、ハルフォード・マッキンダー、ニコラス・スパイクマンがそれぞれ唱えた理論を中心とした、海と陸を軸とする国際政治の地理的解釈を意味します。あまり聞いたことがない名前が並びましたが、その影響力は決して小さくありません。ロバート・ダウンズの『世界を変えた本：16冊の名著』は、マルクスの『資本論』やニュートンの『自然哲学の数学的原理』、ダーウィンの『種の起源』、アインシュタインの『特殊および一般相対性理論について』などと共に、マハンの『海上権力史論』とマッキンダーの『歴史の地理的枢軸』を紹介しています。マハンとマッキンダーの理論は、その分野においては誰もが知る名著です。本書は、そんな１００年前に生まれた古典理論を振り返り、今の世界を俯瞰《ふかん》する試みです。

第1章「アメリカ　強そうで弱い国」では、本書の中核となる「海と陸の地政学」を紐解《ひもと》きます。「そもそも国家は何を目指すのか」から始まり、全世界規模で海洋国家と大陸国家が攻防を繰り広げる仕組み、そこでアメリカが特異な役割を果たしていること、アメリカは一体何を達成したいのか、そしてアメリカは中国やロシアの何が許せなくて対立を深めているのかを考えます。

第2章「ロシア　平野に呪われた国」では、ロシアが、なぜ世界情勢にこれほど絶大な影響を与えられるのかを中心に深掘りします。ロシアがウクライナで見られるような野心的な行動を取って領土を獲得しようとする背景には、「強い国ロシア」の大きな地理的弱点が隠れています。

第3章「中国　海洋国家になろうとする大陸国家」では、現代の国際情勢で最も重要な国、中国を取り上げます。日本が近年最も深い関わりと問題を抱えるこの隣国ですが、その地理的特徴と行動原理は普段考慮されないため、中国の行動が不可解に思える人は多いでしょう。第3章では、中国が伝統的な大陸国家として古代から異民族の侵略に悩まされてきたこと、その後もヨーロッパ列強や日本に苦しめられたこと、そして近年は大陸での呪縛から放たれ海洋に進出するも、厳しい戦いを強いられていることなどを俯瞰し、普段ニュースではあまり強調されない、中国なりの苦労を取り上げます。

第4章「日本　大陸国家になろうとした海洋国家」では、日本が北に陸、南に海という2つの異なる地理に面する特徴に焦点を当てながら、その歴史を振り返ります。日本最初の対外戦争である飛鳥時代の白村江の戦いから鎌倉時代の元寇、戦国時代の朝鮮出兵、明治時代の日清・日露戦争、昭和時代の日中・日米戦争、冷戦と現代までを網羅し、日本がそもそも何を恐れ、どんな地理的運命に導かれているのか。それら歴史の教訓から、今後の日本の戦略を考えます。

終章では、第4章までの地政学的分析を踏まえ、戦争を避けるために私たち日本人にできること、地政学が現代の私たちに教えてくれることを考えます。多くのことが急速に変わりゆく今の時代、変わらない地理という視点で見つめることは、国際情勢を理解する一助になると考えます。

第1章

アメリカ

強そうで弱い国

第1章のPOINT

「世界の警察」はいない。

世界情勢を動かしているのは、海洋勢力と大陸勢力の攻防。

世界情勢を理解するために見るべきなのは、アメリカの「強さ」よりも「弱さ」。

アメリカが「怖い国」ではないのは、2つの大洋に隔てられているおかげ。

中国は防衛をアメリカに依存している。

地政学の鉄則は「ユーラシア大陸を制する者は世界を制する」。

沖縄県の嘉手納町には、大きな飛行場があります。そこには約3700mの滑走路が2本あり、それを羽田空港の2倍に及ぶ広い敷地が囲っています。滑走路の脇には巨大な軍用機が物々しく並んでいて、周りには格納庫やレストラン、異国風の住宅まであり、まるで1つの外国の街のようです。

それもそのはず。ここはアメリカの嘉手納空軍基地。アジア最大の米空軍基地で、「アメリカの最も重要な空軍基地」といわれる場所です。ここは朝鮮戦争とベトナム戦争の出撃拠点として、数え切れないほどの航空機を送り出しました。湾岸戦争でも、イラク戦争でも、アフガニスタン紛争でも、ここはアメリカ本土からの輸送の要として活躍しました。中国の脅威が強まる中、この重要性は日に日に増しています。

沖縄の空に轟音《ごうおん》を響かせながら、軍用機がひっきりなしに飛び交う様子は、地元の人々にとってはもはや見慣れた風景です。それは嘉手納町の町民だけではありません。沖縄県民の多くはもちろん、日本人全員にとって、日本国内に米軍基地があることは「当たり前」の光景であり、今さら疑問には感じません。

しかし、ふと考えてみると、これはかなり異常な光景ではないでしょうか？　日本とは文化的・歴史的に縁遠い外国の基地が、国内に130か所以上もある。日本だけではなく、アメリカは全世界70か国以上に、合わせて800か所もの基地をくまなく置いています。まるで「この地球は我々のものだ」と言わんばかりの数です。

「これがアメリカではなくイタリアだったら」と想像してみてください。イタリアの軍用機や軍艦が日本を行き来し、街の中にイタリアの基地がある。その中ではイタリア人たちが国旗を掲げ、訓練を日常的に行う。

あるいは、もし日本の自衛隊が同じことを行っていたらどうでしょうか。自衛隊の基地が韓国からフィリピン、オーストラリア、中東、アフリカ、ヨーロッパ、そして南北アメリカ大陸にまであって、そこで何万人もの自衛隊員が暮らし、異国の地での戦争に動員される。そんな光景を想像すると、どこか異様に感じられるのではないでしょうか。

では、なぜアメリカはこれほど多くの軍事基地を世界中に置くのでしょうか？　日本や他のすべての国がそうしているように、国内だけに留《とど》めてはいけないのでしょうか？　また、アメリカは本土とは離れた地で何度も戦争を行ってきましたが、なぜそこまでして遠くの争いに介入しようとするのでしょうか？

「アメリカは経済大国で、絶大な影響力を持つから」という説明はよくなされます。しかし、経済力がそれを決めるのならば、中国も同じことをしてもおかしくないはずです。中国のＧＤＰはアメリカの３分の２に達しています。そうであれば、中国は40か国と同盟を組み、全世界に５０0か所ほど軍事基地を置いていても良いはずです。けれども、今のところ中国は海外に１か所しか軍事基地を置いていませんし、日米安保ほど強力な同盟をどの国とも結んでいません。

アメリカは軍事費に関しても頭一つ抜けています。アメリカの軍事費は1年あたり100兆円以上、世界全体の軍事費の約4割を占め、中国の軍事費を3倍以上で凌駕《りょうが》しています。

なぜアメリカは、これほど多くの基地と費用を投じてまで、世界全体に影響力を維持し続けるのでしょうか？ なぜアメリカは、日本やヨーロッパをそこまでして守ろうとするのでしょうか？ なぜウクライナに寛大な支援を行って助けようとするのでしょうか？

アメリカ人自身ですら、これらの疑問を解消し切れません。実際、少なくないアメリカ人が「なんで我々が大金を叩《はた》いて外国を守らなければならないんだ」と不満を漏らします。2016年と2024年にはドナルド・トランプ氏が「アメリカは日本やヨーロッパから軍を撤退させ、負担を減らすべきだ」と主張して大統領に当選したほどです。

本章では、この異質な国アメリカについて、その行動の源泉を探ります。**アメリカの異質な行動の裏には、「経済大国だから」「世界の民主主義と平和を守りたいから」といった説明を超えた、もっと根源的な理由が存在しています。**世界全体に影響力があるアメリカを読み解くためには、この国だけに焦点を絞るのではなく、国際社会全体がどんな構造をしているのかを見なければなりません。

そのために、まずは「なぜ世界から戦争がなくならないのか」の根本的な理由から解説を始めます。そして、地球が海と陸の2つに分かれている事実から、アメリカがなぜこれまで述べてきたような行動に突き動かされているのかを解き明かします。

PART 1

なぜ戦争は起きるのか

「世界の警察」は存在しない

世界からなぜ戦争がなくならないのか。この疑問にはさまざまな答えがあるでしょう。例えば、国と国との間に利害の対立があるから、宗教や文化の違いで争いが起こるから、歴史的な憎しみが続いているから、あるいは人は本質的に愚かだから、といった哲学的な理由まで考えられます。

しかし、ここでは少し視点を変えて考えてみましょう。**なぜ、戦争が起きたときに誰も強制的に止めることができないのでしょうか?** ここで鍵となるのは、国内社会と国際社会における、暴力への対応の違いです。

まず、日本国内での場合を考えてみましょう。日本国内で誰かが暴力を振るったら、すぐに警察がやってきて、その人を捕まえます。日本には「暴力を振るってはいけない」という法律が存在し、問題を話し合いで解決するよう人々は強制されます。そして、もしこの法律を破る人がいれば、警察が力ずくで制止します。つまり、国内社会では警察が「暴力を管理する権限」を持っており、これのために警察以外の人による暴力を防ぐことができるのです。[1]

では、これが国際社会ではどうでしょうか。もしある国が別の国から突然攻撃を仕掛けられたとしても、110番通報をして、警察が止めに来てくれることはありません。なぜなら、そもそも「世界の警察」なるものは存在しないからです。例えば、2014年にロシアがウクライナのクリミア半島に侵攻したとき、ウクライナはなす術《すべ》もなくクリミア半島を奪われてしまいました。欧米諸国はロシアを強く非難しましたが、ウクライナまで駆けつけて助けることはありませんでした。

一応、「戦争を起こしてはいけない」という国際法は存在します。しかし、それをすべての国に強制する機関が、世界には存在しないのです。だからこそ、一部の国は「戦争を起こしても罰せられないだろう」と考え、問題を暴力で解決しようとします。

よって、世界から戦争をなくす究極的な解決策は、世界全体を1つの国にまとめ、単一の警察を作ることです。**言い換えれば、「世界政府」を樹立し、世界全体をある国の「国内」にしてしまうことなのです。**

世界政府ができれば、「この地球上で暴力を振るってはいけない」という法律を制定し、「世界警察」が違反者を取り締まることができます。実際に、アインシュタインは第二次世界大戦後に同様の提案を行いました。

私が世界政府を擁護するのは、今まで人間が遭遇した最も恐るべき危険を除去する方法が他にはあり得ないからである。人類の全体的破滅を避けようという目標は、他のいかなる目標よりも優位でなければならない。

アインシュタイン『国際連合総会へ』より[2]

軍隊は絶対になくならない

しかし、現実的に「世界の警察」が存在しない以上、国家は他の国から攻撃されたときには自分たちの手で自国を守らなくてはなりません。こうして、各国は「強い国」になろうとします。

少し想像してみましょう。もし日本に警察がいなかったら、あなたはどうするでしょうか？　暴力を振るわれても、誰も助けに来てくれません。泥棒に家財を盗まれても、誰も取り返してくれません。このような状況下では、最悪の場合、あなたは生きていけません。究極的には、殺人すら誰も止めてくれないからです。そこで、あなたが自らを守るために取る方法が、今より強くなることです。例えば、武器を手に入れたり、家の防犯を強化したりすれば、暴力や泥棒から身を守れるでしょう。

ところが、ここで問題が生じます。もし隣の家の人が自分よりももっと強力な武器を持っていたら、どう感じるでしょうか？　おそらくあなたは、不安になるでしょう。もし隣人の攻撃に遭えば、自らを守り切れないからです。

そこであなたは、「隣人に負けないように、もっと強くならなければ」と考えて、より強力な武器を手に入れようと努力します。しかし、今度はあなたの行動を見た隣人も同様に「もっと強くならなければ」と感じます。こうしてあなたと隣人はどんどん強くなっていきます。この競争が続くうちに、お互いに「これ以上の力は必要ない」と感じるときが来るかもしれません。それは、どちらも相手と同じくらい強くなり、相手が攻撃しようとしても自分も反撃できるくらいの力を持っていると認識するからです。こうして両者が同じくらいの力を持ち、どちらかが攻撃してもおそらく失敗する、「力の均衡状態」が成立します。こうなれば、お互いに攻撃を仕掛けても意味がない状態が確立されます。

国家間でも同じような関係が成立します。人間や動物と同じく、国家は「生き残り」を至上目標とします。国際社会には警察がいないので、各国は強くなって他の国から自らの生存を守らなければなりません。しかし、周りの国々もそれに対抗して強くなり、力を均衡させようとします。この力が均衡した状態を**「勢力均衡」**と呼びます。[3]

ここでいう「勢力」とは、ある国が他国に対して自らの意思を押し通す能力、要するに「国の強さ」を表します。一口に「国の強さ」といっても、完璧に測ることはできません。経済力や軍事力は良い指標ですが、それだけで勢力は決まりません。例えば、日本は経済力でロシアを上回っていますが、ロシアより強いかというと、そうでもありません。ロシアは領土、人口、軍事力、その他多くの側面で日本を上回っているからです。とはいっても、世界には「強い国」と「弱い国」が確かに存在します。アメリカは明らかに強い国ですし、ニカラグアは明らかに弱い国です。勢力はこうした国の大体の強さを表します。

世界征服を防ぐには

勢力均衡を全世界規模で保つために大事なのは、1つの国が強くなりすぎないようにすることです。 1つの国が他の国よりも圧倒的な勢力を得ると、その国は他のすべての国を征服できるようになってしまいます。[4]

例えば、全部で4つの国がある世界で考えてみましょう。A国は10の勢力、B国、C国、D国はそれぞれ2、3、2の勢力を持つとします。すると、B国、C国、D国の勢力をすべて足し合わせても7しかなく、A国（10）に対する勢力は均衡しません。こうなると、3か国がどれだけ力を合わせて対抗してもA国の攻撃を防げないので、世界はいずれA国によって征服されてしまいます。

A国のように圧倒的に強く、他のすべての国を支配する勢力を持つ国を「覇権国」と呼びます。 覇権国の成立を防ぐことは「国際政治の鉄則」であり、古代から現代までどんな地域でも重視される普遍的な原則です。[5] 古代ギリシャの歴史家ポリュビオスも、「我々は、単一の国家がその明白な権利についてさえ争うことを誰もが恐れるほど圧倒的な力を持つようになることに決して貢献してはならない」と述べました。[6]

では、覇権国の成立を国際社会はどのように防ぐのでしょうか？ その方法は、「潜在覇権国」を封じ込めることです。潜在覇権国とは、将来的に覇権国になるかもしれないほど強い国です。前の例に戻ると、仮にA国が6の勢力を持っていれば潜在覇権国と見なされます。B国、C国、D国の勢力7でまだ対抗できるものの、そのまま強くなり続ければいずれ覇権国になるからです。

国際社会では、他の国々が協力して潜在覇権国の勢力を抑え込もうとします。こうした潜在覇権国を抑えるための集まりを**「対抗連合」**と呼びます。諸国は手を組んで、潜在覇権国が覇権国になる前にその勢力を止めようとするのです。[7]

どんな社会でも、潜在覇権国を対抗連合が抑える現象は起こります。例えば、戦国時代の織田信長に対する武田・上杉・毛利の反信長連合。この場合、織田信長は日本を統一する可能性が最も高い「潜在覇権国」で、武田・上杉・毛利はそれを阻止する対抗連合です。中国の春秋戦国時代にも、強大な秦に対して韓・魏・趙・燕・楚・斉の6か国が連携する動きが見られました。第一次・第二次世界大戦においてドイツを封じ込めたイギリス・フランス・ロシア（ソ連）の連合、その後の冷戦でソ連を封じ込めた西側陣営、また、近年の中国に対抗するための台湾・日本・アメリカ・フィリピンの連携も勢力均衡策の1つです。あるいは、ビジネスにおいてある業界の1位の企業に対抗するために2位と3位の企業が協力する動きも勢力均衡の一種です。このように、勢力均衡は人間社会において平和を維持するための普遍的な原則です。

PART 1のまとめ

国際社会には「世界の警察」が存在せず、誰も戦争を強制的に取り締まれないため、戦争が完全にはなくならない。

国家は「生き残り」を究極の目標として、その可能性を高めるため「勢力」をつけようとする。

「覇権国」の成立を防ぐため、国々は「対抗連合」を形成して「潜在覇権国」を封じ込める。

勢力均衡は、国際政治の鉄則。

PART 2

安全保障のジレンマ

勢力均衡論最大の謎、アメリカ

勢力均衡論は、国際政治を説明する上で説得力のある理論です。実際に、16世紀以降スペイン、フランス、ドイツ、ロシア（ソ連）などが圧倒的な勢力を持って台頭したものの、周辺国が対抗連合を組んで覇権の阻止にすべて成功しました。

ところが、現代の世界ではこれに矛盾するように見える現象が発生しています。それは、アメリカに立ち向かう対抗連合が存在しないことです。冷戦が終わってから、アメリカは「唯一の超大国」として絶大な勢力を誇っています。それにもかかわらず、世界には複数の国が協力してアメリカを抑えようとする動きが見られません。

もちろん、アメリカに反抗する国々は存在します。イラン、北朝鮮、ロシア、そして中国はその最たる例でしょう。しかし、それでも「連合」は欠如しています。つまり、どの国も部分的な協力はしつつも、基本的には個別に行動しており、対抗連合と呼べるほどの団結はしていないのです。

これに加えて不思議なことがあります。それは、**中国やロシアへの対抗連合は形成されていることです。**「対米包囲網」という言葉はあまり聞きませんが、「対中包囲網」という言葉はよく聞きます。勢力均衡論に基づけば、潜在覇権国の定義に当てはまるのはアメリカであるはずです。アメリカをこのまま放置していれば、やがて覇権国になって世界を征服してしまいます。本来であれば、世界中の国がこれを恐れるはずです。しかし、多くの国はアメリカを抑え込もうとするどころか、むしろ協力しています。

一見これは、勢力均衡論に矛盾しているように思えます。[8] ただ、依然として勢力均衡論は間違っていません。なぜなら、間違っているのは「アメリカが潜在覇権国である」という前提だからです。要するに**アメリカは「潜在覇権国」と呼べるほど強い国ではない**ということです。

むしろ、多くの国がロシアや中国への対抗連合を組織している事実は、**ロシアや中国こそが潜在覇権国であること**を示しています。だからこそ、ヨーロッパの国々はNATOを形成してロシアに対抗、東アジアでも日本、韓国、台湾、フィリピンなどが緩い協力体制を築いて中国に対抗しているのです。そして、どちらの対抗連合にもアメリカは加わっています。

なぜ、最強の国であるはずのアメリカは恐れられないのか？
なぜ、アメリカより弱いはずのロシアと中国は最も恐れられるのか？

この疑問に答えるには、まず勢力が経済力や軍事力だけでは決まらないこと、加えて地理が国の勢力に多大な影響を与えることに注目する必要があります。

戦争を「起こさなければならない」とき

先ほど、あなたと隣人がお互いに相手よりも強くなろうとして、競争が発生するたとえ話をしました。あなたと隣人は共に、相手が武器を増強することを警戒し、自らを守るために強くなろうとします。ここで大事なのは、あなたと隣人のどちらも、相手を攻撃するつもりはないことです。あくまで両者は自分を守りたいだけであって、相手を攻撃しようとはしていません。それでもお互いに「攻撃されるかもしれない」という不安を元に、武器を強化せざるを得ません。

この状況を**「安全保障のジレンマ」**といいます。これは、ある国が自国の安全を高めることを目的として軍備増強をすると、不安を感じた別の国が同様に軍備増強をする結果、双方に攻撃をする意図がないにもかかわらず、戦争の可能性が高まってしまう現象です。

国家は本来、自らを守ることにしか関心がありません。戦争を起こす国が決まって「これは防衛戦争である」と宣言するのも、その国は本当に自国の防衛にしか関心がないからです。どんな国でも、この隣の国が急速に軍備拡大をすれば多かれ少なかれ恐れるものです。今日の中国と日本の関係は、この典型例です。中国は自らを守るために軍拡を行っているはずですが、日本は「中国に攻撃されるかもしれない」と考え、防衛力を強化しています。

ただし、安全保障のジレンマには「起きやすい場合」と「起きにくい場合」があります。つまり、規模的には同じ軍拡を行ったとしても、状況や性質によって、他国がそれを恐れる場合と恐れない場合があるのです。これは、アメリカの世界における立ち位置を理解する上で重要です。なぜなら、ロシアや中国は安全保障のジレンマを他国と抱えやすい環境にいる一方、アメリカは最強の勢力を持つにもかかわらず、安全保障のジレンマを抱えにくい環境にいるからです。

では、何が安全保障のジレンマの起きやすさを決めるのか? 要因には、主に次の2つがあります。それが、①攻撃・防御有利性と②攻撃・防御判別性です。[9]

①攻撃・防御有利性　攻撃が簡単なほど、戦争は起きやすい

「攻撃・防御有利性」とは、ある国が自国の安全を確保するために、攻撃する方が有利なのか、防御する方が有利なのかを表す指標です。それぞれ、次のように定義されます。[10]

攻撃有利
相手を攻撃する方が自らを効果的に守れる場合。

防御有利
相手の攻撃を受け止め、防御に徹する方が自らを効果的に守れる場合。

少々複雑なので、アメリカ社会と日本社会における銃の有無を例にして単純化してみましょう。アメリカでは、一般人でも多くの人が銃を持っています。このような社会は攻撃有利といえます。なぜなら、銃撃をする側は攻撃を成功させやすく、銃撃をされる側はそれを防ぐことが困難だからです。従って、アメリカ社会において最も有効な身を守る方法は、相手が撃つ前にこちらから先に攻撃する、つまり先制攻撃を行うことになります。言い換えれば、自分を「守る」ための最善の方法が、相手を攻撃することなのです。よって、アメリカ人が銃を所持する目的は、「他人を攻撃するため」というより、「他人を攻撃することで自らを守るため」なのです。

一方、日本では一般人は銃を持つことが禁止されています。このような社会は、防御有利といえます。日本社会における効果的な攻撃手段は刃物です。しかし、もし誰かが刃物で襲ってきたとしても、走って逃げたり、棒や盾になるものなどを使って防御したりする余地があります（あくまで銃に比べれば、です）。このように、銃がない社会では防御が有利になり、殺人が起きにくくなります。少なくとも、「自分を守るために相手を攻撃しよう」という考えには至りません。よって、日本での最善の自己防衛手段は、家の鍵をしっかり閉める程度になります。

銃がある社会では殺人が起きやすく、銃がない社会では起きにくい。アメリカ人も日本人も同じ人間であり、防衛本能に根本的な違いがあるわけではありません。しかし、そこに銃があるかないかだけで、合理的な自己防衛手段は変わるのです。

銃社会と同じで、国際社会も攻撃有利の場合には戦争が起きやすくなります。なぜなら、防御を強化しても相手の攻撃を完全に防ぐことが難しいため、国々は「自分たちが先に攻撃した方が効果的」と考えるからです。この世界では「先手必勝」「攻撃が最大の防御」といった考えが重んじられます。**このような状況では、戦争は「予防戦争」として始まりやすくなります。**予防戦争とは、相手が強くなる前に自分から攻撃することで安全を確保しようとする戦争のことです。

また、攻撃有利の状況では国際協力が難しくなります。相手を騙《だま》して油断させたり、約束を破って相手の隙をついたりする方が、攻撃が成功する可能性を高められるからです。このような行動が当たり前になると、国々はお互いを信じられなくなり、約束を結ぶことが不可能になります。

さらに、国々は他国が隠し持っている攻撃力も心配するようになり、余分に武器を増やします。これが**「軍拡競争」**という状態です。軍拡競争では、どの国も「念のために相手よりも強い軍事力を持っておこう」と考えて攻撃力を高めていくため、戦争の可能性が高まるだけでなく、その規模も大きくなります。

一方で、防御有利の世界では戦争が起きにくくなります。防御力さえしっかりしていれば、相手の攻撃を防げるからです。また、相手も「攻撃は成功しないだろう」と判断して攻撃を諦めます。例えば、相手が１００発の攻撃用ミサイルをこちらに向けていたとしても、こちらが迎撃ミサイルを１００発用意していれば、自らを十分守れますし、相手もそれを理解するので攻撃用ミサイルを撃とうとは思わなくなります。

また、攻撃が成功しにくいため、わざわざ相手を欺いてまで攻撃しようとしなくなります。これにより、国際協力も容易になり、平和を維持しやすくなります。**防御が有利だと、武器をお互いに減らす「軍備縮小」が進みやすくなります。**特に攻撃用兵器（弾道ミサイル、爆撃機など）に意味がなくなるため、積極的に捨てようとする機運が高まるのです。

②攻撃・防御判別性 「曖昧さ」は「強さ」よりも恐ろしい

攻撃・防御判別性とは、相手の行動が攻撃を意図しているのか、防御を意図しているのかをどれだけ明確に見分けられるのかを表す指標です。要するに、相手の意図がどれだけはっきりと認識できるかどうかです。基本的に、相手の意図がはっきりわかるほど戦争は起きにくく、曖昧なほど起きやすくなります。

今度は、アメリカ社会とスイス社会を使って簡略化してみましょう。どちらの社会でも一般人が銃を持てる点は同じですが、違うのは、薬物の蔓延《まんえん》度です。アメリカでは薬物依存症者が多いため、相手の意図の判別が困難ですが、スイスでは容易です。これがアメリカを危険に、スイスを安全にしています。

アメリカでは薬物依存症者が多く、他人が何を考えているのかがわかりにくくなります。これによ

図表1－1　攻撃・防御有利性と判別性の組み合わせ

		攻撃・防御有利性	
		銃あり 攻撃有利	**銃なし** 防御有利
攻撃・防御判別性	**薬物あり** 攻撃・防御の意図を判別できない	（1） 最も危険で、殺人が起こりやすい 例：アメリカ（5.7*）	（2） 危険だが、殺人は起こりにくい 例：インドネシア（0.9*）
	薬物なし 攻撃・防御の意図を判別できる	（3） 安全で、殺人は起こりにくい 例：スイス（0.5*）	（4） 最も安全で、殺人は起こりにくい 例：日本（0.5*）

＊殺人率：10万人当たりの発生件数

出典：IHME, Global Burden of Disease（2024）

って、誰かが銃を持っていたら、その人が攻撃するつもりなのか、ただ防御のために持っているのかがわかりにくく、人々が不安になりやすいのです。この不安から、さらに多くの人が銃を持たなければ安心できなくなり、連鎖的に銃所持が広がります。アメリカの警察官が容疑者をその場で射殺しがちなのも、容疑者の意図がわかりにくい中で自らを確実に守るためです。アメリカの警察官は、容疑者に近づくときによくポケットの拳銃を握ります。容疑者にいつ銃で撃たれるかがわからないので、銃を向けられたら即座に射殺するためです。昼よりも夜の射殺率が高いのも、視認性が低く、相手の挙動がわかりづらいからです。

一方でスイスでは、アメリカと同じくらい銃所持が一般的ですが、薬物依存症者がほとんどいない上に、銃所持には非常に厳しい取り決めがあり、その人に判断能力や犯罪歴があるかどうかが徹底的に管理されています。そのため、たとえある人が銃を持っていたとしても、その人が何を目的にそうしているのかが比較的わかりやすいのです。スイスではアメリカと違い、銃乱射事件は皆無ですし、他人に銃で撃たれる不安もありません。アメリカで銃犯罪が多い理由は、単に「銃があるから」ではありません。真の理由は、「他人に銃撃されるかもしれない」と不安を抱かざるを得ないその社会状況にあるのです。

なぜ弱い国・北朝鮮はあれほど怖いのか

国際社会でも、相手の意図が曖昧なほど戦争の可能性は高まります。ある国が軍備増強をしているとき、その目的を説明しなかったり、曖昧にしたりすれば、他の国々は不安になります。特にその国が攻撃する素振りを少しでも見せると、他の国々は「何かある前に、自分たちも軍備を増強しておこう」と考えます。こうなると、国々はお互いを疑い、武器を増やし合い、緊張がどんどん高まってしまいます。

攻撃・防御判別性は、兵器の性質によっても変わります。つまり、**ある兵器の使用目的が明らかであるほど判別性は高く、戦争は起きにくいといえます。**

例えば、ある国が国境沿いに防壁を建てた場合を考えてみましょう。これは誰がどう見ても、その国が防御を意図しているとわかります。防壁には攻撃する機能がなく、ただ相手からの攻撃を防ぐための純粋な防御用兵器です。よって、防壁に集中している国は「自国を守ろうとしているだけ」と他の国にはっきりと伝わります。[11]

一方、爆撃機は純粋な攻撃用兵器です。爆撃機は、遠い敵国に爆弾を落とすためだけに使われます。基本的に自国領内に爆弾を落とすことはなく、防御目的には使われません。従って、爆撃機をたくさん持っている国は「他国を攻撃する意図がある」と明らかに判別できます。[12] これが平和をもたらすとは限りませんが、少なくとも他国に防御体制を整える余地を与え、攻撃を不利にする＝戦争の可能性を下げることになります。

しかし、攻撃・防御判別性と兵器の関係には、ある問題があります。それは、**すべての兵器が防壁や爆撃機ほど使用目的がわかりやすいわけではない**ことです。例えば、戦車を思い浮かべてみてください。戦車は相手の国に入って攻撃することもできますが、自国に侵入してきた敵軍を撃退するためにも使えます。よって、戦車は持っているだけでは攻撃しようとしているのか、防御しようとしているのかがわかりにくいのです。[13]

あるいは、もっと広い視点で、**ある国が「民主的か独裁的かどうか」も判別性に差を生み出します。**まず、民主国家は意図を摑《つか》みやすいです。なぜなら、民主国家では政治家が何をしようとしているのかを国民に説明しなければならないからです。政治家は選挙で「何をやりたいか」「国をどうしたいか」をはっきり言う必要があります。また、もし政治家が嘘《うそ》をつくことがあれば落選してしまいます。

他の国との戦争の準備をするにしても、指導者は国民に対して「なぜ戦うのか」「どうやって戦うのか」をしっかり説明します。**民主国家では、このように情報公開がなされるので、他の国から見ても、その国が何を考えているのかがわかりやすいのです。**

一方で、独裁国家の意図は摑みにくいです。独裁者は選挙で決まるわけではないので、公に自分の考えを説明する機会が少なく、嘘をついても罰を受けません。国のニュースや情報も独裁者が検閲できるので、それらが国民や他国に伝わりません。また、独裁者は自分一人で物事を決められるので、気分次第で判断が変わったり、曖昧な情報を元に判断したりと、行動が不安定で予想できません。

北朝鮮が良い例でしょう。**北朝鮮の真の恐ろしさは軍事力ではなく、行動が予想できないところです。**北朝鮮は国の内外に情報をほとんど明かさず、今国内がどんな状況にあるのか、どんな種類の兵器をどれくらい持っているのか、そして金正恩氏が何を考えているのかが判別困難です。韓国や日本、アメリカは、北朝鮮がいつどんな状況で攻撃してくるのかを予想できません。実際、日本は北朝鮮からいつ飛んでくるかわからないミサイルのために、ミサイル防衛体制を強化したり、敵基地攻撃能力（ミサイルの発射基地を発射前に破壊する能力）を整備したりしています。しかし、これは軍拡競争を引き起こします。「北朝鮮が本当に攻撃するつもりかどうかはわからないけれど、念のために軍事力を強化しておこう」として、緊張が高まるのです。

中国やロシア、北朝鮮が周辺国に警戒されやすい一因は、この判別性の低さにあります。どの国も独裁体制で情報が公開されないので、意図が曖昧です。特に北朝鮮は、GDPが鳥取県と同じくらい、核弾頭もたった30発しか持っていない（ロシアは約6000発）にもかかわらず、ロシアと並ぶほど恐れられている理由は、行動があまりにも予想不可能だからです。

一方、アメリカは民主国家なので、大統領の考えはニュースや議会で公開され、国民や他国も知ることができます。これが前者に対して安全保障のジレンマが起きやすく（恐れられやすい）、後者に起きにくい（恐れられにくい）1つの理由です。たとえるなら、包丁を持った常人よりも、フォークを振り回す奇人の方が怖いのと一緒です。

外交そのものも、広い意味でこの曖昧さを減らすための取り組みといえます。お互いの国の事情を打ち明け合うことで、何を意図しているのかを深く理解し合えるからです。

また、G20のような首脳会談が定期的に開かれ、首脳同士がわざわざ親交を深めるのも、それぞれの国の首脳がどんな性格をしていて、どんな考えを持っているのかを深く理解することで、行動をより予想しやすくするためです。

攻撃・防御有利性は曖昧

このように攻撃・防御有利性と攻撃・防御判別性を見ていくと、戦争の起きやすさがある程度予測できます。ただし、**これまで述べてきた兵器や政治体制などの要素は、安全保障のジレンマに及ぼす**

影響が曖昧かつ短期的になりがちです。なぜなら、兵器や政治体制は短期的に変動しやすいからです。特に兵器の技術の進化で、攻撃・防御有利性は容易に変わります。

例えば、戦国時代には大砲の伝来の前後で攻撃・防御有利性が違いました。大砲がなかった時代、城は主に山の上に作られていました。こうすれば、敵が登ってくるのを防げるからです。平地にある城も、周囲に堀や土塁などで起伏を作ることにより、敵の侵入を防ぐことに重点を置いていました。そのため、城自体はあまり丈夫にする必要がなく、主に木や土で作られていました。このような城に敵を近づけない戦略により、初めは城を守る側の方が有利でした。

しかし、大砲が伝わると状況は一変します。大砲を使えば、遠くからでも城を攻撃できます。堀や土塁を越えて、木造の城を容易に壊せるようになったのです。こうして、攻撃・防御有利性は、攻撃有利に転じたのです。

ところが、この攻撃有利も長くは続きませんでした。今度は防御側が、城の壁や土台を石で作るようになり、大砲では容易に崩れなくなったからです。また、堀もより深く、遠くに張り巡らせることで、砲弾が城に届かなくなりました。そして、城の中心には天守閣という高い建物を設けることで全体を見渡し、城側から大砲で敵を攻撃するようにもなりました。今日私たちがよく知る、石垣の上に天守閣が聳《そび》える城の姿は、こうした大砲への対抗策の産物なのです。[14]

このように、**ある時点で攻撃側か防御側のどちらか一方が有利であったとしても、相手が対抗策を**

講じれば相殺され、両者は徐々に拮抗《きっこう》していきます。今日では軍事技術の変化が目まぐるしく、攻撃・防御有利性がはっきりと一方に傾くことはありません。

例えば、ミサイルに関しても、攻撃力と防御力が常に高まりあってきました。冷戦初期、ソ連は大量のミサイルを一斉に飛ばす飽和攻撃戦術で、アメリカの迎撃網を突破しようとしました。しかし、アメリカはすぐに大量のミサイルを同時に捕捉・撃墜できるイージスシステムを開発して、この戦術を無効化しました。これに対し、近年はミサイルを極超音速で飛ばすことでイージスシステムを突破する戦術が発達しつつあります。ただ、極超音速ミサイルを撃墜する技術も同時に発展しつつあり、攻撃・防御有利性ははっきりとしません。

PART 2のまとめ

アメリカは最強の国なのに対抗連合が形成されない、特異な状態にある。

ある国の防御を目的とした行動が、他国には攻撃を企図した行動と受け取られる結果、双方の緊張が高まる現象を「安全保障のジレンマ」という。

攻撃・防御有利性：防御が有利な場合、戦争は起きにくく、攻撃が有利な場合、戦争は起きやすい。

攻撃・防御判別性：ある国の行動の意図が明確であるほど戦争は起きにくく、不明確であるほど戦争は起きやすい。

PART 3

安全保障のジレンマと地理

地理は安全保障のジレンマに最も影響を与える

安全保障のジレンマに最も長期的かつ、はっきりと影響を与える要素が「地理」です。地理は兵器や政治体制とは違って、時間をかけても変わりません。また、さまざまな国が技術の変化に応じて似たような兵器や政治体制を持つ一方、地理はそれぞれの国に独特であり、その違いは永続的に変わりません。例えば、今日山に囲まれている国は、１００年後も確実に山に囲まれています。山のある国が平野のある国と全く異なる防衛戦略を持つ状況も変わらないでしょう。よって、ある国が攻撃と防御のどちらに向いているかを見るのに、地理は非常に有用です。

では、攻撃・防御有利性を考慮した上で、地理のどのような点に注目すれば良いのでしょうか？**地理の攻撃・防御有利性への影響を見る上で鍵となるのは、「移動をいかに妨げるか」です。**基本的に、国から国へ軍隊の移動がしやすいほど攻撃有利に、しにくいほど防御有利になります。戦争には軍隊の移動がつきものであり、移動自体が難しければ、攻撃も難しいからです。

この基本原則の下、攻撃・防御有利性に影響を与える主な地理的要素は次の3つに大別できます。

①距離
②地形
③海

大まかにいうと、①距離が短いほど移動が簡単なので攻撃有利、長いほど移動が難しいので防御有利になります。②平野などは移動を促すので攻撃有利、山、川、森といった自然的障壁は移動を妨げるので防御を有利にします。③陸で接する国を攻めるのは容易なので攻撃有利、海で隔てられた国を攻めるのは困難なので防御有利になります。1つずつ詳しく見ていきましょう。

距離　近い大国同士は9割が軍事対立を抱える

「距離」は最も基本的な地理的要素です。**2つの国は近いほど攻撃有利、離れているほど防御有利になります。**遠くの国を攻撃するのは難しく、近い国を攻撃するのは簡単だからです。

戦闘機や戦車は航続距離に限界があり、辿《たど》り着ける場所は限られます。また、兵士や武器、食糧などを遠くまで運ぶには、時間と労力がかかります。さらに、本拠地から前線までの補給するための交

図表1-2　攻撃・防御有利性に影響を与える主な地理的要素

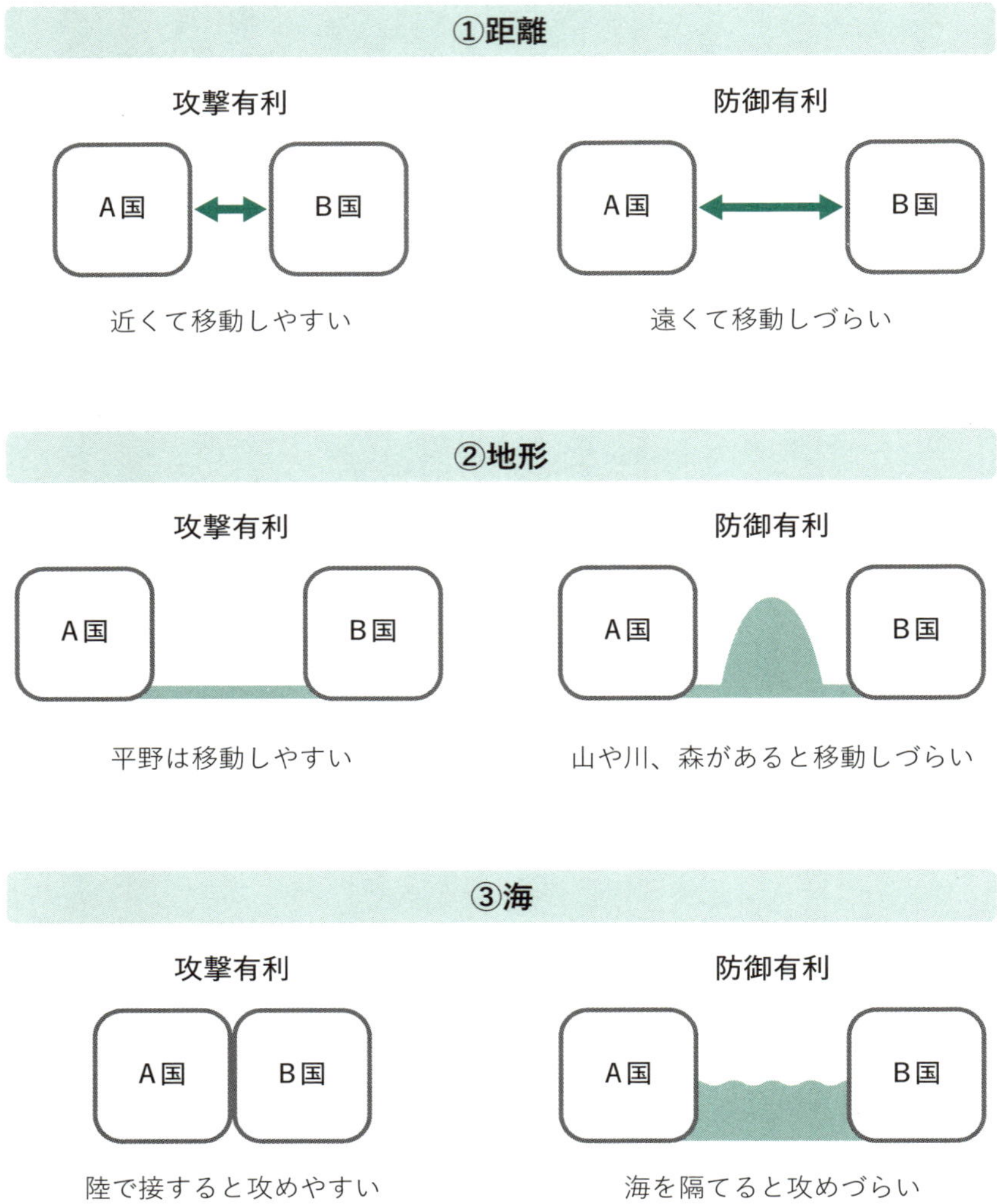

通路である「補給線」が延びるほど、補給線の防御に兵力を回す必要があるので、必然的に前線の攻撃力が弱まってしまいます。このため、近い国同士はお互いに攻撃される可能性が高いので軋轢《あつれき》が生じ、遠い国同士では攻撃される可能性が低いので協力ができます。

例えば、日本は隣の中国と何かしらの軍事的軋轢を抱えていますが、地球の裏側のブラジルとは抱えていません。これは近い中国から攻撃を受ける可能性があっても、遠いブラジルから受ける可能性は低いからです。ある研究によると、1815年から1976年の間に起こった軍事対立のうち、3分の2が陸で国境を接するか海で240km以下しか隔てられていない国同士でした。また、同期間で2つの隣接する大国の組み合わせのうち93%が軍事対立を抱えたことがあり、64%は戦争に至ったことがあります。[15]

従って、国家は自国の防御を有利にする（＝攻撃の成功確率を下げる）ために、他の国と物理的に距離を置こうとします。この距離の取り方には主に、「戦略縦深」と「緩衝地帯」があります。

戦略縦深

戦略縦深とは、国の中枢と戦闘地域の間の距離のことです。戦闘は国境で始まることが多いので、この言葉は首都と国境の距離を指す用語としてよく使われます。

世界一領土が広い国であるロシアは、戦略縦深が深い国の1つです。**ロシアの一番の武器は、核ミ**

サイルや戦車隊ではなく、ドイツやフランスなどのヨーロッパの大国から首都モスクワが1600㎞以上も離れている地理的事実です。ロシアは歴史上、何度もその戦略縦深に救われてきました。例えば1812年、ナポレオンはフランスから60万人もの大軍を引き連れてロシアを攻めました。これに対してロシアは、戦闘をあえて避けつつ、道中の食糧などを焼き払いながら退却する焦土作戦を展開。これにより、ナポレオン軍はただでさえ困難な長距離移動を、食糧の現地調達なしで行わなければならなくなりました。ナポレオン軍は辛うじてモスクワに到着したものの、そのときロシア軍はさらに東に後退していたため、結局本格的に戦うことがないまま撤退を余儀なくされました。ロシアと戦うまで、ナポレオンは連戦連勝を収める極めて強い軍師でしたが、ロシアの戦略縦深には勝てなかったのです。

第二次世界大戦でも、戦略縦深は各国の命運を分けました。当時のドイツは大兵力で敵国の中枢まで素早く進軍する戦法を駆使してポーランドやフランスを圧倒しました。しかし、この戦法はソ連には通用しませんでした。ドイツは300万人もの大軍でモスクワまで勢いよく侵攻しました。けれども、補給線があまりにも延びすぎた他、道中でさまざまな天候不順に遭ったせいで、ソ連を制圧することは叶《かな》いませんでした。ドイツに制圧された国とされなかった国の違いは、ドイツからの距離と、戦略縦深でした。制圧された国はドイツと近接していた上に領土が狭く、ドイツ軍は国境から侵入した後すぐ中枢に到達しました。対して、ソ連は圧倒的に領土が広かったため、ドイツ軍はモスクワ到着が遅れ、ソ連軍に反撃準備を整える時間的余裕を与えたのです。

図表1-3 戦略縦深と緩衝地帯

緩衝地帯

他国と距離をとるもう1つの方法が、緩衝地帯です。**緩衝地帯とは、国と国の間に位置する、どちらの国の領土にも含まれない地帯のことです。両隣の2国が直接国境を接しないようにする役割を果たします。**宅配便で送る荷物を包む「プチプチ」のような緩衝材を想像するとわかりやすいでしょう。緩衝材は荷物と外部の間に入ることで、荷物が傷つかないようにします。同じように、国家も周りを緩衝国（緩衝地帯の役目を担う中小国）で包み、外敵からの攻撃を和らげたり、距離をとったりすることで安全保障のジレンマを軽減させようとします。

朝鮮半島は典型的な緩衝地帯です。特に今日の北朝鮮は、中国と韓国を物理的に隔てることで、中国軍と米軍が直接接することを防いでいます。日露戦争より前には、日本が朝鮮をロシアからの脅威を和らげるための緩衝地帯として利用しました。他にも、ドイツとフランスの間のベルギーや、ドイツとロシアの間のポーランドが緩衝国の典型例です。

地形　スイスが戦争に巻き込まれない理由

安全保障のジレンマに影響する2つ目の地理的要素が「地形」です。現実の世界は壁に貼った世界地図のように平坦《へいたん》ではなく、山岳、河川、森林、湿地、砂漠、雪原など、人間が簡単に通れない場所がたくさんあります。軍が敵地に向かうとき、これらの自然的障壁があると進軍が遅くなります。例えば、山を越えたり、川を渡ったり、深い森を通ったりするのは時間と労力を消耗します。しかも、これらの地形は防御側の待ち伏せや反撃に活用されるので、一般的に防御側が有利になります。**このような地形で隔てられた国同士では攻撃が難しいので、お互いに警戒せずに済んで平和が生まれます。**

スイスは山に守られた国の典型例です。この国は、フランスやドイツ、イタリアなどの大国に囲まれているにもかかわらず、国土の大部分が山岳地帯でできているため、1815年以降、大きな戦争に巻き込まれたことがありません。山が「天然の防壁」となって、スイスと周辺国の間の移動を物理的に難しくしているからです。

他にも、自然的障壁に守られている国はあります。

図表1－4　地形と攻撃・防御有利性

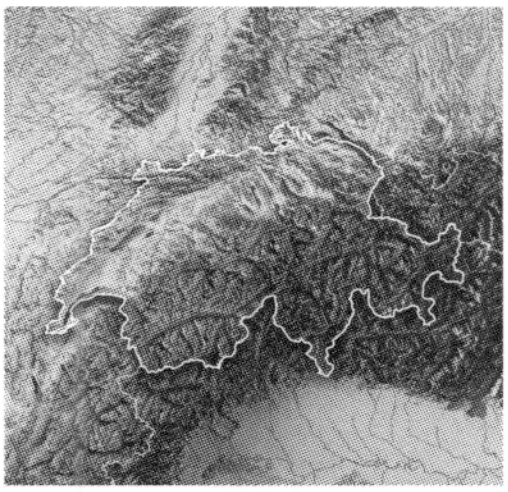
スイス

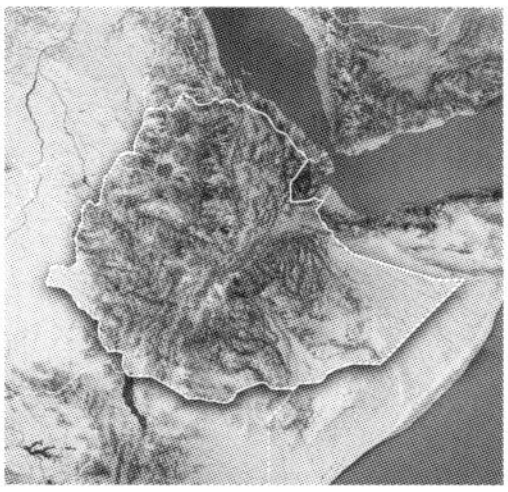
エチオピア

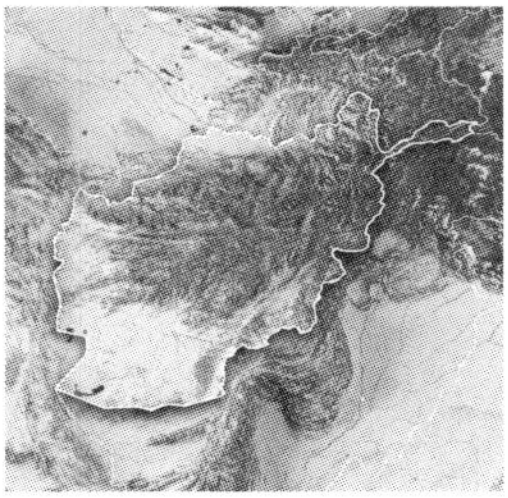
アフガニスタン

ポーランド

　エチオピアも、国土の大部分が標高２０００ｍ以上の高地に位置しているおかげで、高度な防御力を発揮してきました。戦前、イタリアがエチオピアを侵略しようと何度か試みましたが、地形があまりにも険しかったため、エチオピアはイタリア軍を概《おおむ》ね撃退することができました。１９３６年からは５年間だけ占領されましたが、植民地になることは免れました。アフリカで植民地化されなかった国は、リベリアとエチオピアだけです。
　アフガニスタンは、非常に険しい山々と灼熱《しゃくねつ》の砂漠が広がっているため、過去にイギリスやソ連、アメリカ、さらに前にはペルシャ、マケドニア、モンゴル帝国といった大国、アラブ人、トルコ人が何度も侵略を試みましたが、ことごとく失敗しました。このことから、「帝国の墓場」とも呼ばれています。また、たとえ一時的に侵略に成功したとしても、その後山奥に隠れた反対勢力がゲリラ戦を展開したせいで、安定した支配ができずすぐに撤退しました。[16]

ベトナムは森に守られた国です。ベトナムは過去、モンゴル帝国やフランス、アメリカ、中国などの大国に攻められたことがありますが、熱帯雨林が馬や戦車、人の移動を難しくしました。森は特に、防御側の反撃に役立ちます。ベトナム戦争では、北ベトナムの兵士たちが深い熱帯雨林に隠れてゲリラ戦を展開したおかげで、戦力で圧倒的に優《まさ》る米軍を撃退できました。

一方で、**自然的障壁がない国は攻撃有利になりやすいです。**例えば、ポーランドはその大部分が平野で構成されているため、昔から何度も他国に侵略されてきました。西はドイツ、南はオーストリア、東はロシアに囲まれ、時に緩衝国として役割を果たすものの、すぐに征服されてきました。平らな土地では敵が簡単に進軍できるので、防御が難しくなります。ロシアが広い領土という防御有利の要素を持ってもなお攻撃的なのは、この平野でヨーロッパと繋《つな》がっているからです（第2章で詳述）。

このように**地形は国際情勢に無視できない影響を与えています。しかし、国際情勢を考える上で地形は軽視されがちです。**これはエチオピア、アフガニスタン、ベトナムなどが、地理的に侵略が難しいにもかかわらず攻められてきた歴史が裏付けています。スイスと違い、これらの国々は欧米人には馴染《なじ》みがないため、国力が比較的弱いのも相まって、過小評価されがちです。ところがいざ攻めてみると、そこでは自然的障壁という人間には到底変えられない強力な防壁に阻まれてしまい、戦争目的をなかなか達成できません。これらの国々は、いわば山という巨大な石垣の上にある小さな城です。

「小さい城だから簡単に陥落させられる」と思いきや、その下に高い石垣があり、それになかなか気づけないのです。

国家戦略を練る上で地理を侮ってはなりません。世界最古の兵法書『孫子』では、兵法の基本事項として「道、天、地、将、法」の5つが挙げられています。このうち天＝天候、地＝地形の2つは地理的要素です。『孫子』は2500年以上前にこう述べています。

山林や険しい地や沼地など地形の状況を知らない者は軍を進めることができない……地形が険しいか平坦か、遠いか近いかを考えるのが、全軍を指揮する将軍の役割である。こうしたことを弁《わきま》えて戦う者は必ず勝ち、弁えないで戦う者は必ず敗れる……兵法を知る者は、敵味方の状況や地形のことをよくわかった上で行動を起こすから、兵を動かして迷いがなく、戦って苦しむことはない。だから「敵情を知って、味方の状況も知っていれば、勝利は難しいことではない。天候と地形のことを知っていれば、勝利は決まったようなものだ」と言われるのである。

『孫子』軍争篇・地形篇

PART 3のまとめ

地理は、ある国の行動に明確な影響を長期的に与える、最も基礎的な要素。

距離、地形、海が人間の移動を制約し、攻撃・防御有利性に影響を与える。

距離：戦略縦深や緩衝地帯を持つほど、防御を有利にする。

地形：山や森などの自然的障壁は防御を有利にし、平野は攻撃を有利にする。

PART 4

海洋国家と大陸国家

海 最も強力に侵略を防ぐ要素

海は地形の1つです。しかし、ここではあえて地形とは分け、安全保障のジレンマに影響する地理的要素の3つ目に分類しています。その理由は、陸に対し、**海の防衛力は格別に高く、海と陸の区分こそが国際情勢を理解する上で最も重要であるからです。**陸上の山や川、森、砂漠なども重要な自然的障壁となりますが、海にはこれら以上に攻撃を難しくする力があります。これには、地球が海と陸の2つに分かれている当たり前の事実を踏まえることが必要です。

私たち人間は、陸で生きる生物です。どんな時代もこれは変わりません。このことから、人間のほぼ全員はもちろん、住居や農場、工場、町など人間が必要とするもののほとんどは陸の上にあります。従って、国も陸地を基盤として成立しています。海を持たない国はあっても、陸を持たない国は存在しません。「国家の3要素」は国民・主権・領土です。よって、**どの国にとっても国家の生存とは領土を守ることと同じなのです。**

領土を守るために必要なのが陸軍です。陸軍は、領土を直接的に守れる唯一の戦力であり、軍隊の最も基礎的な戦力です。また、敵国を征服する場合であっても、最終的にその国の領土を占領しなければならないため、陸軍は必要不可欠です。この点で、海軍や空軍は陸軍の補助に過ぎません。

しかし、**陸軍が他国を征服する際に立ちはだかるのが海です。**近隣国と陸で繋がっている場合、その国に攻め込むことは比較的簡単です。国境さえ越えれば陸軍をその領土に投入できるからです。ところが、国と国の間に海が存在するとどうでしょうか？　海があると、相手の領土への侵入が格段に難しくなります。

どんなに強い兵士や戦車でも、海の上は走れません。海を越えるためには、船や飛行機にすべて乗せる必要があります。それも、少数の船や飛行機だけでは不十分で、多数の兵士と重い戦車、その他の兵器、食糧、燃料などを安全に輸送できる大船団を確立しなければなりません。この輸送の手間が1段階増える事実が、海を越えた攻撃を難しくします。

仮に海を渡れたとしても、その後には大きな試練が待ち構えています。それが「上陸作戦」です。上陸作戦とは、敵の陸地に辿り着いた軍隊が、海岸からその国に入り込む作戦です。この上陸作戦は、非常に難しいものです。まず大抵の場合、海岸で待ち構えている敵の陸軍の方が、上陸軍よりも強いからです。砂浜では配置できる兵士や戦車、障害物の量に制限はありません。一方、上陸軍は船でその砂浜に行くしかない時点で、運べる兵力に限界があります。また、そもそも海上では陸上よりも動きが鈍くなります。陸上では素早く走ったりして攻撃をかわすことができますが、海上では船もその上に乗る兵士も俊敏に動けません。たとえ上陸できたとしても、少ない人数で敵軍を砂浜から排除しなければなりません。このように、上陸作戦は非常に難しいため、最初に上陸地点を制圧する過程には、国全体でも選《え》りすぐりの兵士が投入されます。もちろん、上陸軍をいきなり敵地に入り込ませることはありません。通常、まずは航空機や軍艦を使って海岸付近の敵戦力をあらかじめ弱らせます。しかし、この過程を経ても上陸作戦が簡単になることはほとんどありません。

海を越えた侵略の失敗史

近代史を振り返ると、大国が大国を侵略できた事例は数え切れないほどあれど、**海を越えて大国を侵略できた事例はほとんどありません。**第一次世界大戦前、イギリスが敵国ドイツとどうやって戦うかを議論していたとき、一部の士官が海からドイツに上陸することを進言したことがあります。しかし、専門家はこれを「自殺行為である」と一蹴しました。イギリス人海洋戦略家ジュリアン・コーベットは「ヨーロッパ大陸のどの大国も、我々が無理やり行おうとしている侵攻を嘲笑《あざわら》うはずだ」と懐疑的でした。[17] 一方のドイツ宰相ビスマルクも、「もしイギリス軍がドイツの沿岸に上陸してきたらどう対応するのか？」と聞かれた際、笑いながら「そんなもの、現地の警察に逮捕させるさ！」と返しました。[18]

当時から疑問視されていた上陸作戦の実現性ですが、第一次世界大戦中、一度だけ大規模な上陸作戦が行われました。それが「ガリポリの戦い」です。この作戦は、英仏連合軍が敵国オスマン帝国に攻め込むために行ったものです。当時、オスマン帝国は滅亡寸前のかなり弱い状態にあったため、英仏は「この作戦は容易に成功する」と踏んでいました。ところが、いざ上陸前の砲撃に艦船を向かわせたところ、予想外に多数撃沈されてしまいました。しかし、英仏は「まだオスマン軍を倒せる」と考え、砲撃が不十分なまま上陸を強行しました。案の定、これは失敗に終わりました。海岸で態勢を整えていたオスマン軍に反撃され、膨大な死傷者を出して撤退することとなったのです。あまりにも被害が深刻だったため、当時の首相と海軍相が辞任に追い込まれたほどです。

この通り、第一次世界大戦最大の上陸作戦は失敗しましたが、第二次世界大戦最大の上陸作戦は成功しました。それが「ノルマンディー上陸作戦」です。これは戦争末期、アメリカ、イギリスなどの連合軍が占領下のフランスに上陸し、そのままドイツに侵攻する第一歩となった作戦です。ノルマンディー上陸作戦は史上最大の上陸作戦であり、今でも戦争の局面を一気にひっくり返した偉大な作戦として語られます。しかし、なにも連合軍はいきなり虎穴に飛び込んだわけではないことに注意する必要があります。この作戦が行われたのは、ドイツ軍がかなり弱っていた戦争末期だった上に、ドイツ軍の大半はフランス北西部の上陸地の反対側である東部戦線でソ連軍と戦っていました。それでも連合軍は、この作戦のために1年半にわたる入念な準備をし、桁違いの兵力を投入、多大な犠牲を払ってやっと成功させました。いわば、「虎を正面から突いた」というより、「他の敵と戦っている最中の弱った虎を後ろから全力で突いた」という方が妥当なたとえです。[19]

第二次世界大戦の開始時、日本軍が次々とヨーロッパ諸国のアジア植民地に上陸し、各地を制圧できたのも同じで、ヨーロッパ諸国が本国に戦力を引き上げていたからです。戦争後期には形勢が逆転し、米軍は日本占領地域の島々への上陸に次々と成功しました。しかし、米軍が上陸したのは駐屯する日本軍が自給自足できない小さな島ばかりで、仏印や蘭印（ベトナム・ラオス・カンボジア・インドネシア）、マレー、台湾など大きな島や陸地は避けました。その上、上陸したサイパン島、ペリリュー島、ガダルカナル島、硫黄島などの小島では熾烈《しれつ》な戦いを強いられました。大きな島である沖縄では、投入兵力の4割が戦傷。死者数もアメリカ史上3番目に上る激戦になりました。アメリカは沖縄戦の後、日本本土にも上陸する計画を立てていました。しかし、あまりにも熾烈な沖縄戦を見て、この計画を取りやめざるを得ませんでした。日本国内の経済が壊滅状態、海軍と航空戦力もほぼ崩壊、陸軍の半分以上が本土に不在という好条件が揃《そろ》っていたにもかかわらずです。

植民地はなぜなくなったのか

大航海時代、ヨーロッパ諸国が海を越えて植民地を多数築けたのも、植民地化する地域と比べて圧倒的に戦力と技術力が上回っていたおかげでした。普通、上陸作戦は戦力が少し上回る程度では成功しません。しかし、この時代のヨーロッパの戦力は格段に上回っていました。例えば、1532年にスペインはたった１６８人の兵士で８０００人のインカ帝国の兵士を倒し、皇帝を生け捕りにしたことがあります。これほどの少人数でインカの屈強な戦士を倒せたのは、スペイン側が銃を持っていた一方、インカ兵は槍《やり》しか持っていなかったからです。

それでも、ヨーロッパは植民地を長い間維持することはできませんでした。ポルトガルはブラジルを約３００年間支配し、スペインはフィリピンを３３５年間、中南米を２７０年間支配しました。イギリスはインドを約１００年間、フランスはアルジェリアを１３２年間、ベトナムを96年間支配し、オランダはインドネシアを約１００年間支配しました。

ヨーロッパ諸国がアフリカを支配した期間は、大体50年間から80年間です。日本も朝鮮を35年間支配しました。**これらの国々が植民地を手放した理由は、昔ほどの「圧倒的」な戦力優位が揺らいだからです。**例えば、フランスは本国のナポレオン戦争の混乱でカナダ、ハイチ、ルイジアナなどの重要な海外領土を喪失、ポルトガルも同じくブラジルを失いました。第二次世界大戦後に、アジア諸国が次々に独立したのも同じです。戦後、ヨーロッパ諸国はアジア植民地を再び支配しようとしてきました。しかし、現地の人々が力をつけていたのに加えて、日本軍が戦争中に軍事訓練と武器を提供したこともあり、ヨーロッパ諸国と戦うことができました。このとき、ヨーロッパ諸国は決してアジア諸国より弱かったわけではありません。ただ、海を越えた途端にその力が弱まってしまい、戦力で劣るはずの独立勢力に勝てなくなったのです。**戦後の脱植民地化は、ヨーロッパ諸国の倫理観が突然改善した結果ではなく、海という最強の水堀が攻撃を不利にした結果でした。**[20]

これらの例のように、海は防御をかなり有利にします。古今東西で城を水堀で囲ってきたのも当然です。それだけ水には、防御を堅固にする力があるからです。海はいわば「巨大な水堀」のようなものので、国そのものを防御有利にする性質があります。もちろん、前述のように陸の自然的障壁も強力な防御力を発揮します。ただ、大抵の国はスイスやアフガニスタンほど険しい山を持っておらず、陸で他の大国と接する時点で防御力は限られます。

この「海が防御有利」「陸が攻撃有利」の違いは、「海と陸」という二項対立で世界情勢を大きく方向づけます。「世界は海と陸に分かれる」というのは、当たり前すぎて誰も気にかけません。しかし、海と陸の区別こそが、世界情勢の構造を理解する極めて重要な鍵なのです。

海洋国家は攻撃に弱く、防御に強い

海と陸の異なる性質から、地政学では国々を「海洋国家」と「大陸国家」に大別します。

海洋国家 海と関わりが深く、国防を海軍に頼る国。

大陸国家 陸と関わりが深く、国防を陸軍に頼る国。

海洋国家の最もわかりやすい例は、日本やイギリスのような島国です。四方を海に囲まれているため、島国を攻める外敵は必ず海を渡り、上陸作戦を行わなければなりません。島国ではありませんが、アメリカも海洋国家に分類されます。アメリカは南北アメリカ大陸で唯一の大国であり、どの国からも陸伝いで脅威を受けないため、国防を主に海軍に頼るからです。

それに対して、大陸国家の代表例はフランス、ドイツ、ロシア、中国です。どの国も陸上で他の大国と近接していて、外敵に攻められる際は最初から陸軍が矢面に立ちます。

海洋国家は、元来防御に強い傾向にあります。敵軍が海を渡らなければならない環境そのものが、防御を強くするからです。いわば領土全体が水堀に囲まれた城のようになっています。

それこそ、日本はこの典型例です。日本はその長い歴史上、侵略されたことが一度もありません。日本史上唯一の、大規模な陸軍が日本領内に侵攻した出来事は、13世紀の元寇です。モンゴル帝国は侵攻にあたり、当時世界最大規模の艦隊を整えました。しかし、上陸には成功するも、日本軍の激しい抵抗に遭い、征服には失敗しました。たとえ世界最大の艦隊であっても、大量の馬と兵員を日本海の荒波を越えて上陸させることは非常に難しかったからです。もし日本海がなければ、モンゴル軍は大量の馬で九州になだれ込めたはずですが、海に戦力を削られてしまったのです。日本が歴史上唯一、外国勢力の支配下に入ったのは、アメリカによる7年間の戦後占領ですが、これも比較的緩いものでした。ドイツとは違い、本土には最後まで侵攻されず、陸軍同士が戦うことはありませんでした。そしてその後の占領形態も、ドイツと違い、日本政府が存続しながらの間接統治に留まりました。

イギリスも日本と同じように、北海によってフランスやドイツのような大国から守られてきました。イギリスが外敵に最後に征服されたのは、1066年のノルマンディー公ウィリアム征服王によるもので、それ以降一度たりとも征服されたことがありません。スペインやオランダ、フランス、ドイツなどはイギリスに対する大規模な上陸作戦を何度も画策しましたが、どの国も実行できたことはありません。

世界で最も海の守りが固い国はアメリカです。アメリカの東西には、大西洋と太平洋という巨大な海が広がっており、他のすべての大陸と距離的にも大きく離れています。アメリカが建国されてから本格的な本土侵攻を受けた事例は、1812年に始まった米英戦争中、イギリス軍が首都ワシントンD.C.を攻撃したときだけです。日本やイギリスが普通の水堀を備えた城ならば、アメリカは城が霞《かす》んで見えなくなるほどの巨大な水堀に囲われた城といえるでしょう。

大陸国家は攻撃に強く、防御に弱い

一方で、大陸国家は事情が大きく異なります。**大陸国家は他の国と陸で繋がっているため、防御に弱い傾向にあります。**例えば、ロシアは今でこそ強い国ですが、昔は他国からの攻撃に数え切れないほど悩まされました。13世紀にはモンゴル帝国に征服され、200年以上も支配下に置かれました。その支配を抜け出してからもフランスやドイツに滅亡寸前まで追い込まれるほど激しい攻撃を受けました。ロシアは他の大国と平坦な陸で繋がっているため、元々脆弱《ぜいじゃく》です。先ほど、「距離（戦略縦深）がロシアの防御力を高めている」と説明しましたが、逆にいえば、ロシアはわざわざ距離を確保しなければ強くなれない国なのです。いわば、石垣が作れないから無理やり敵軍を遠くに追いやろうとするようなものでしょう。

フランスとドイツは戦略縦深すら不十分な、厳しい環境にあります。どちらもヨーロッパの中心に位置しているため、大国と常に隣り合っており、これが災いして何度も激しい戦争を繰り広げてきました。例えば、フランスはナポレオン戦争、普仏戦争、第一次・第二次世界大戦でドイツなどから激しい攻撃を受けました。同様に、ドイツも数多くの戦争に勝っては負けて、領土の拡大・縮小を繰り返してきました。

中国もまた、長い歴史の中で多くの侵略を受けてきた大陸国家です。中国は北の草原地帯に住む遊牧民から絶えず攻撃され、度々征服もされました。例えば、元朝はモンゴル人、清朝は満州人が漢人を支配する体制でした。また、近代に入ってからはロシアや日本などに領土を奪われました。現代でも、中国は14か国と国境を共有しており、インドとの領土問題を抱えるなど、陸の脅威に囚《とら》われる生粋の大陸国家です。

こう振り返ると、海洋国家と大陸国家には防御のしやすさに明確な差があることがわかります。モンゴル帝国は400km離れたロシアを征服できても、200kmの対馬海峡を越えて日本を征服することはできませんでした。ドイツは1500km離れたロシアに2000両の戦車を送れても、30kmのドーバー海峡の向こうのイギリスには1両の戦車も送れませんでした。そしてアメリカには、1機の飛行機さえ飛ばすことができませんでした。海を越えた侵略は、陸を越えた侵略よりもそれほど難しいのです。**海洋国家は防御有利、大陸国家は攻撃有利。この違いが、それぞれの行動原理を根本的に異なるものにします。**

海洋国家と大陸国家は行動原理が全く異なる

すでに述べたように、国家が最優先で考える課題は「領土をいかに守るか」です。これは海洋国家であろうと、大陸国家であろうと同じです。しかし、その「方法」に関しては大きく異なります。なぜなら、海洋国家と大陸国家では置かれている環境が根本的に異なるからです。

攻撃・防御有利性に影響を与える地理的要素は、距離・地形・海の3つです。この中で、海洋国家は距離と海を初めから備えています。他国から距離的に離れている上に、海が敵軍の移動を阻害するので、わざわざ攻撃的な行動を取る必要がありません。また、大陸国家であっても、険しい山や深い森で他国と隔てられている場合は、海洋国家と同じくらい防御がしやすくなります。よって、**海や山**

に隔てられた国同士では防御有利の状態が成立するため、安全保障のジレンマが緩和され、平和になりやすい傾向にあります。

問題は、大きな自然的障壁を持たない大陸国家です。大陸国家は他国と直《じか》に国境を接しており、地形と海を併せ持たないのみならず、距離まで持っていません。ではどうやって、この防御不利を克服すれば良いのでしょうか？　海も地形も人工的に作り出すことはできません。従って、残る選択肢は距離を作り出すことしかありません。よって、**大陸国家にとって最善の防御策は、領土拡大となります。領土拡大を通して他国を少しでも遠ざけることで、「戦略縦深」という名の人工的障壁を獲得するのです。**その意味で、国境とは「戦線」です。国境は外敵と最初に戦う場所であり、戦いはこの戦線が遠くにあるほど有利に進められます。

これは「国境」という言葉の語源にも表れています。英語で「国境」を意味するFrontier（フロンティア）は、「軍隊の前線」を意味するFront line（フロントライン、Frowntere）に由来します。また、「3月」のことをMarch（マーチ）と呼ぶ理由にも、国境が関わっています。Marchの語源は、古代ローマ神話の軍神Mars（マルス）に由来します。では、なぜ軍神の名前が3月に付けられたのでしょうか？　それは、古代ローマでは3月が戦争を再開する月だったからです。古代ローマは国境地帯で常に周辺の外敵と戦っていましたが、冬になると戦いを一時中断していました。そして、3月になると雪が解け、戦いが再開される季節だったため、軍神マルスの名にちなみ3月がMarchと呼ばれるようになりました。「行進」や「行進曲」のことをマーチと呼ぶのも同じ理由で、3月に軍隊が進行していたことから、行進そのものが「マーチ」と呼ばれるようになったのです。さらに、「国境地帯」をMarchland（マーチランド）と呼ぶのも、軍隊の向かう場所が国境地帯だったことに由来します。[21]

緩衝地帯に潜む決定的な欠点

大きな自然的障壁を持たない大陸国家に話を戻しましょう。最善の防御策が領土拡大である環境は、必然的に安全保障のジレンマを引き起こします。このような環境では、大陸国家同士が「隣の国に領土を奪われるかもしれない」と警戒せざるを得ないからです。この状況で緊張を和らげる効果を持つのが、他国と距離をとるもう1つの方法として先に紹介した「緩衝地帯」です。

緩衝地帯は、強い2つの大陸国家の間に弱い国が挟まることで、双方が距離的に離れる状態と、両国とも弱い国しか隣にはない、安全な状態を作り出します。**しかし、実際のところ、緩衝地帯が長期間中立であることや、そもそも国として存立し続けられることはあまりありません。**なぜなら、緩衝地帯が敵方につくことを双方の国が恐れ、それを防ぐために自らの勢力下に置こうとするからです。**緩衝地帯の欠点は、それが「人工的」障壁であることです。**結局のところ、緩衝国を緩衝地帯のままにするかどうかは、それを挟む大国の意志に依拠します。もし大国が「緩衝国を征服しよう」と考えれば、弱い緩衝国は単独ではなす術もありません。

これに対して「自然的」障壁は、人間の意志では変えようがありません。例えば、険しい山脈を国境とする国同士は、安全保障のジレンマを抱えにくいです。なぜなら、軍隊に山脈を登らせてそこを物理的に支配することは困難であり、この難しさを双方が理解しているので、お互いに「山脈を取られるかもしれない」と恐れることがないからです。これが山脈を不動の緩衝地帯にして、双方の大陸国家の緊張を防ぐのです。

しかし、征服が簡単な緩衝地帯を挟む大国同士は、常に「相手に取られるかもしれない」という不安に苛《さいな》まれます。もし緩衝地帯を取られれば、相手の方が強くなってしまいます。相手の国はより深い戦略縦深を得て、また副次的に緩衝国の資源も手に入れるからです。何より、軍隊を国境沿いに配置して、いつでもこちらの国に侵入できるようになります。ではこの筋道をどう防ぐのか。そのためには相手に取られる前に、こちらが取ってしまうことです。

２０１４年からのウクライナ情勢は、この典型例です。ウクライナはＮＡＴＯとロシアの間に挟まる緩衝国です。冷戦終結後、ウクライナはＮＡＴＯとロシアのどちらにも寄り切らない中立姿勢を維持していましたが、徐々にＮＡＴＯ加盟への意欲を強めていきました。**ウクライナのＮＡＴＯ加盟への意欲は、ロシアの目には脅威に映りました。ウクライナという緩衝国がＮＡＴＯの手に渡ってしまえば、ＮＡＴＯ軍はロシアとの国境沿いに展開できることになります。**その上、ウクライナとその国境沿いは非常に平坦な地形で、防御が難しいため、ますます危険です。そこでロシアは、ウクライナに経済的・軍事的圧力をかけてＮＡＴＯ加盟を考え直すよう迫りました。２０１４年と２０２２年に

図表1-5　ウクライナの位置関係（2014年当時）

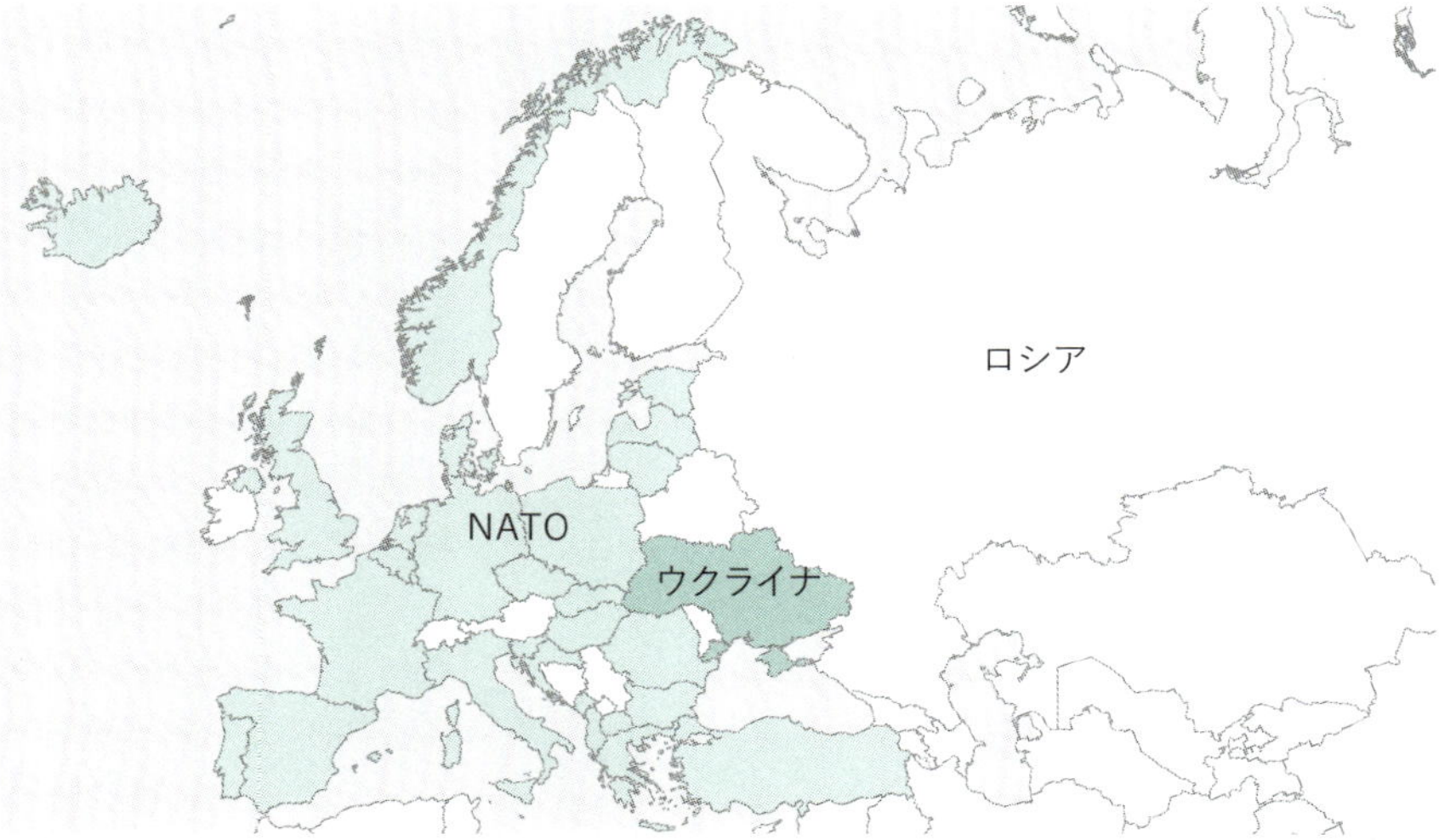

は武力攻撃まで加えた上、クリミア半島や東部を占拠して、ウクライナとは切り離された事実上の緩衝地帯を新たに設けました。

緩衝地帯のもう1つの欠点は、それを得ようとする行為自体が「攻撃的意志がある」ように見えることです。本来、緩衝地帯は戦争の可能性を下げるものです。しかし、それを設置する行為、特に武力で無理やり得ようとする行為は、他国に「次は自分たちが攻撃されるかもしれない」との不安を抱かせます。ロシアが2022年にウクライナを攻撃してから、程なくしてフィンランドとスウェーデンはNATO加盟を申請しました。元々この2か国は、中立国でした。けれども、ロシアがウクライナに武力行使をしたのを見て、「次は自分たちだ」と危機感を抱いたのです。結果的に、これは緩衝地帯がますます狭まるという、ロシアの目的とは正反対の結果を生みました。

さらに、**一度緩衝地帯を獲得しても、「それをどう守るのか」という問題が発生します。**結局、新たに獲得した緩衝地帯が強固な自然的障壁に守られていない限り、敵国に取られる可能性は常に消えません。よって、緩衝地帯にはそれを守る「別の緩衝地帯」が必要になります。

例えば、開国後、日本はロシアの南下に対抗するために韓国を緩衝国としました。しかし、しばらくすると韓国を取られることを恐れたため、ここを併合しました。すると、今度は韓国を守るために満州を緩衝地帯にする必要が出てきました。けれども、満州が危なくなると外側に内モンゴルを確保、さらにそれを守るために外モンゴルと中国を確保しようと、どんどんと大陸の奥深くに入っていきました。

18世紀にイギリスも同じ経験をしました。イギリスは、自らの大事な植民地であるインドを南下してくるロシアから守るために、インドの北に年々緩衝地帯を広げていきました。当時のイギリス政治家のアーサー・バルフォアは「5年ごとに議論を重ねる度、インドへの入り口を守るために我々が守らねばならない新しい領域が足されていることに気づく。それらの入り口はインドからどんどん遠ざかっている。一体どれほど西に動かされるのだろうか」と苦言を呈しました。[22]

このように、大陸では国同士が距離的に近く、防御に役立つ障壁もありません。緩衝地帯を作ろうにも、その行為自体が「攻撃の意志あり」と他国には映り、お互いを信用できません。**この攻撃有利の状況が、大陸で安全保障のジレンマを構造的に悪化させます。**

海洋国家の強みは、「強い陸軍を必要としない環境」にある

大陸国家と違い、海洋国家は距離と海に守られているため、防衛に余裕があります。イギリスがかつて超大国になれたのは、海に囲まれた地理が一因です。**イギリスは島国だったおかげで、フランスやドイツなど強力な大陸国家と陸軍力で対峙《たいじ》する必要がありませんでした。**そして、陸軍力に国力を消耗しなくて良い分、海軍に集中できました。海軍戦略家アルフレッド・マハンは、国家の海軍力に影響を及ぼす条件として、この側面を強調しました。

> もしある国が陸上で自国を防衛する必要がなく、もしくは陸上で領土拡大の誘惑に駆られることがないような場合、その国は大陸に国境を持つ国と比べて、目標を海に絞ることができるという点において有利である。海洋国家として、イギリスはフランスおよびオランダより遥《はる》かに有利であった。オランダは、その独立を保つために大きな陸軍を維持して金のかかる戦争を続ける必要に迫られたため、早期に国力を消耗してしまった。[23]

アメリカも、イギリスと同じ恩恵を受けています。アメリカは陸の国境を有するといっても、接するのはカナダとメキシコという比較的弱い国だけ。両国から攻撃を受ける可能性は、ほぼゼロです。

そのため、アメリカはわざわざ両国を攻撃したり、間に緩衝地帯を設けたりする必要がありません。

そして、**強い陸軍が必要ないので、アメリカは海軍と海外基地に国力を投じる余裕があります。**

この意味で、**大国と陸の国境を接しないことは、それ自体が強みといえます。**どんな国でも陸軍は必要ですが、その負担は陸の国境の有無で大きく異なります。つまり、**イギリスやアメリカのような海洋国家の強さを真に支えるのは「強い海軍」ではなく、「強い陸軍を必要としない環境」なのです。**

アメリカが持つ最大の武器は海軍ではなく、「海そのもの」ともいえます。安全保障のジレンマの研究における第一人者であるロバート・ジャービスは、海洋国家と大陸国家の違いをこう指摘しました。

> 海、大河、山脈は緩衝地帯と同じ役割を果たす。通行が困難なため、優勢な兵力に対する防御が可能になる……すべての国が自給自足の島国であれば、無政府状態の問題はずっと少なくなるだろう。沿岸防衛へのわずかな投資と小さな陸軍があれば、侵略を撃退するのに十分である……アメリカやイギリスが自然状態から逃れることができたのは、その地理的位置がこの理想に近かったからだ……攻撃が容易な国境は不安定になりがちである。そのような環境に置かれた国家は拡大したり他国に吸収されたりする可能性が高い。既存の領土を守るための最善の方法が攻撃となるので戦争が頻発することはほぼ避けられない。[24]

おさらいですが、原則として、国際情勢は防御有利で安定、攻撃有利で不安定になります。防御が有利であれば、相手に攻撃される心配がないので、お互いを信用し、積極的に国際協調が成り立ちます。**実際に、軍備縮小の協約は海を隔てる国同士で成立しやすい傾向にあります。**大国が歩み寄る形で最初に結ばれた軍縮条約は、1922年のワシントン海軍軍縮条約です。これは第一次世界大戦後の世界で、アメリカ、イギリス、日本、フランス、イタリアが保有できる軍艦の数を共に制限し、建艦競争に歯止めをかけました。一方で、同時期に成立したベルサイユ条約は陸軍の縮小を扱ったものの、軍縮をするのはドイツだけで、戦勝国は自分たちの陸軍を縮小しませんでした。

フランスは海軍を縮小しても、陸軍は縮小しませんでした。海はそれ自体が防御力を持つため、多少軍艦が減っても安全を保てます。しかし、陸はそうではありません。フランスはドイツと陸続きの国境を共有していたため、「いつまたドイツに攻められるかわからない」という不安を捨て切れませんでした。大陸国家であるフランスにとって、海軍を縮小する余地はあっても、陸軍だけは縮小するわけにはいかなかったのです。

ただ、その事情はドイツも同じでした。第一次世界大戦の講和のためのベルサイユ条約でドイツは厳しい軍備制限を課され、戦車を持つことすら許されませんでした。しかし、三方を陸で囲まれた大陸国家として、この制限では自分たちを守るのに不十分でした。フランスがドイツを恐れていたように、ドイツもフランスを恐れていたのです。条約が結ばれてから4年後の1923年、ドイツの不安は、現実となりました。フランスが、ドイツのルール地方を武力で占領したのです。ルール地方はドイツの鉄鋼の8割を生産していた非常に重要な工業地帯であり、イギリスさえフランスのこの突然で強硬な行動を非難しました。この出来事により、ドイツ国民は不安を感じ、条約を破ってでも再び軍備を増強することを求める声が高まりました。結局、国際法はドイツを守ってくれず、ドイツは弱か

図表1-6　海洋国家と大陸国家

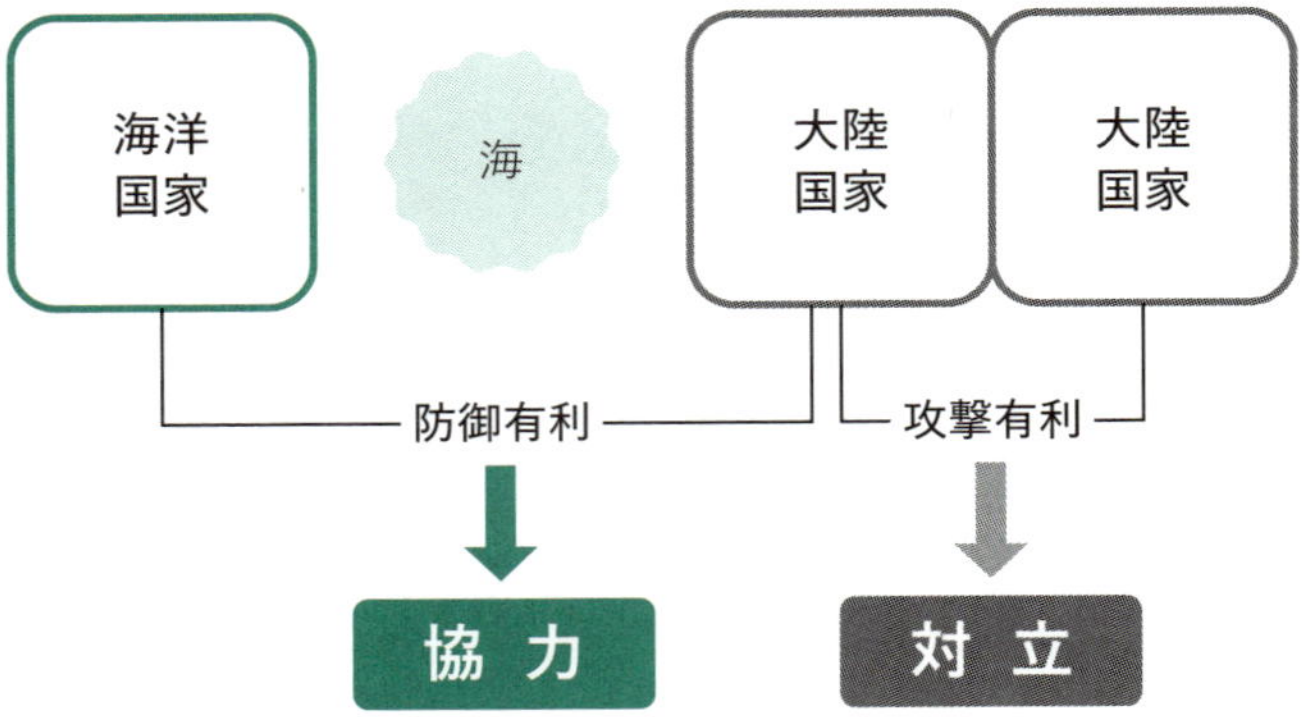

った故にルール地方を取られたからです。この不安を汲《く》み取って軍拡を推し進めた人物こそ、ヒトラーでした。

このように、海軍の縮小は比較的簡単に進められた一方で、陸軍はむしろ強化されました。これは、海と陸で安全保障のジレンマの作用が異なることを示しています。**海を挟む国同士は防御有利なので協力、反対に陸で繋がる国同士は攻撃有利なので対立します。**もしくは陸で繋がっていても険しい自然的障壁で隔てられている国同士は協力、反対に狭い海でしか隔てられていない国同士は対立します。そろそろ、なぜ中国やロシアばかりが「怖い国」で、アメリカが「怖くない国」なのかがわかってきたのではないでしょうか？　次は、海洋国家と大陸国家の二項対立が、どのように世界的な勢力均衡を形作るのかを見ていきます。

勝率6割。「最強の国」アメリカは実は弱い

世界の勢力均衡を考える上で重要なのは、「アメリカの弱さ」を知ることです。海がアメリカを他の大国から守っているならば、その逆もまた成立します。つまり、**海は他の大国をアメリカから守っています。**海があることで、アメリカは他国を簡単に攻められません。**現代の世界で、多くの国がアメリカを怖がっていない理由は、海がアメリカの勢力を抑えているからです。**太平洋と大西洋という広い海があることで、アメリカはイギリスやフランス、ドイツ、日本などの国々を征服するのが難しくなっています。特に中国やロシアは、陸軍が強すぎる上、戦略縦深も深いので、侵略に対する無類の強さを誇ります。冷戦時代やその後も、アメリカはこの2国と激しく対立しましたが、直接本土に攻め込もうとは、一度たりとも検討さえしませんでした。

アメリカは、あまりにも強い「無敵の国」と思われがちですが、そうではありません。いくら最強の軍隊を持っていても、2つの大洋を越えて他国に攻め込むのは難しいものです。**第二次世界大戦後、アメリカは29回の戦争に参加しましたが、そのうち勝利したのは17回、引き分けは3回、敗北は9回でした。勝利したのは全体の6割だけで、決して「無敵」ではありません。**[25] しかも、主要な戦争に絞ると、朝鮮戦争は引き分け、ベトナム戦争は敗北、湾岸戦争は勝利、アフガニスタン紛争は敗北（タリバンを殲滅《せんめつ》できず）、イラク戦争は引き分け（撤退まで国内で戦闘が続いたため）でした。唯一勝利

した湾岸戦争も、アメリカ単独ではなく、「38か国からなる多国籍軍対イラク一国」という圧倒的な優勢の下で達成されました。最強のアメリカといえども、大国に直接戦争を仕掛けたことは戦後一度もありませんし、中小国に対してさえ、膨大な戦力を投じてやっと6割勝てた程度です。

2022年のウクライナ侵攻に際して、アメリカはウクライナに武器を供与しましたが、初めの約2年半は、その武器でロシアの領土を攻撃しないよう念を押しました。将来起こり得る台湾侵攻に関してもさまざまな想定がありますが、ほとんどの想定が「アメリカは中国本土への攻撃を避ける」としています。実際、1950年の朝鮮戦争でアメリカは中国軍と戦いましたが、中国本土を攻撃することは避けました。

今日の世界で反米連合が存在しない理由は、アメリカがそれほど圧倒的に強いわけではないからです。前述の通り勢力均衡論の原則では、潜在覇権国を封じ込めるために、他の国々が連携して対抗するとされています。この原則自体は依然として正しいですが、より正確に理解するためには、海と陸で勢力の伝わり方が異なることを考慮する必要があります。

アメリカは南北アメリカ大陸において、すでに「地域覇権国」としての地位を確立しています。この地域では、アメリカに対抗できる国は存在せず、基本的に他の国々は外交的にアメリカに従属しています。キューバやベネズエラのように反米の立場を取る国もありますが、これらの国々はアメリカ本土に対して深刻な脅威を与える力を持っていません。アメリカ大陸の中で、他の大国と同盟を結んでいる国は1つもありません。冷戦時代に、キューバがソ連の核ミサイル基地を建設しようとしたことがありますが、アメリカは核使用をちらつかせてまで猛烈に反対、基地建設を取りやめさせました。

しかし、**アメリカの勢力も、海を越えた途端に弱まります。**アメリカの東西には大西洋と太平洋という2つの大洋があるために、他の大陸では、南北アメリカ大陸で確立しているような支配力を発揮できません。これが理由で、アメリカは世界覇権国とは見なされておらず、潜在覇権国とも認識されていません。

現代世界にはロシア、中国、イラン、北朝鮮などの反米国家が複数存在しますが、これらの国々がNATOや日米安保に当たる対抗連合を組んでアメリカを封じ込めようとしないのは、そもそもそうしなければならないほど、アメリカから存立を脅かされていないためです。

本当の潜在覇権国は常に大陸にある

むしろ注目するべきなのは、「アメリカよりもロシアや中国を恐れている国が多い」ということです。

ヨーロッパでは、イギリスやフランス、ドイツを含むほぼすべての国がロシアを潜在敵国とみなしてNATOを組んで対抗しています。東アジアでも、日本、韓国、台湾、フィリピン、オーストラリアなど多くの国や地域が共通して中国を脅威と見ており、アメリカと共に緩い「対中連合」を形成しています。この現状はある重要な法則を明らかにしています。それは、**大陸国家は海洋国家よりも潜在覇権国と認識されやすく、対抗連合も形成されやすいという法則です。**

勢力均衡論の文脈において潜在覇権国として取り上げられる国は、多くの場合「最強の国」ではなく「最強の大陸国家」です。現代の潜在覇権国は世界最強のアメリカではなく、大陸最強の中国です。冷戦時代ではアメリカではなく、大陸で最強のソ連、2度の大戦ではドイツ、さらにその前にはスペイン、フランスとすべて大陸国家であるのに対して、強大な勢力を誇った海洋国家であるイギリスとアメリカには対抗連合が形成されませんでした。

大陸国家が脅威と捉えられやすい傾向は、陸上の方が海上よりも勢力が伝わりやすい性質を反映しています。国家が領土の保全を至上目的とする以上、国家にとって最大の脅威は近接する国の陸軍です。陸軍は陸を直接伝って国境を越え、領土を占領し、占領地域内の政治を支配する能力を持つからです。上陸という極めて難しい段階を踏まなければならない海軍と違い、陸軍は他国に攻め入るのがより容易なのです。

このことから、たとえある海洋国家が経済的・軍事的に最大の勢力を保っていたとしても、勢力均衡は2番手の大陸国家に対して働きます。ヨーロッパはアメリカよりもGDPがその10分の1未満、軍事費が8分の1未満のロシアの方を恐れています。日本も遠く離れたアメリカではなく、近くの中国を警戒しています。18世紀から20世紀にかけて超大国だったイギリスを恐れる国はあまり多くありませんでしたが、20世紀に入ってから大国化しつつあったドイツを恐れる国はたくさんあり、2回の大戦にまで発展しました。

図表1－7　時代ごとの潜在覇権国と対抗連合

	潜在覇権国	対抗連合
現代(2010-)	中国、ロシア	**アメリカ**、**日本**、**イギリス**、フランス、ドイツ
冷戦(1945-1989)	ソ連	**アメリカ**、**日本**、**イギリス**、フランス、西ドイツ
第二次世界大戦(1939-1945)	ドイツ、日本	**アメリカ**、**イギリス**、フランス、ソ連、中国
第一次世界大戦(1914-1918)	ドイツ	**イギリス**、**アメリカ**、**日本**、フランス、ロシア
ナポレオン戦争(1803-1815)	フランス	**イギリス**、ロシア、オーストリア、プロイセン
ルイ14世の戦争(1667-1714)	フランス	**イギリス**、**オランダ**、オーストリア、スペイン
三十年戦争(1618-1648)	スペイン、神聖ローマ帝国	**オランダ**、スウェーデン、デンマーク、フランス
フェリペ2世の戦争(1556-1598)	スペイン	**イギリス**、**オランダ**、フランス
カール5世の戦争(1519-1556)	スペイン、神聖ローマ帝国	フランス、オスマン帝国、プロテスタント諸侯

太字は海洋国家(第二次世界大戦時の日本を除く)

ある研究によると、過去500年間で対抗連合が形成されたすべての機会のうち、最強の海軍国に対して成立したのは全体の16％に過ぎなかった一方で、最強の陸軍国に対しては43％成立しました。[26]これは歴史の中で、勢力均衡が確かに大陸国家の方に働く傾向にあったことを示しています。

国家にとって真の脅威とは、海の向こうの最強の国ではなく、陸で接する強い国なのです。仮にあなたが川辺に立っていたとして、屈強な暴漢が対岸に、細身の暴漢が隣にいたとすれば、どちらをより怖がるでしょうか？　**純粋な力が強くても、その力を効果的に行使できるかどうかは置かれた環境によって変わるのです。**

「招かれし帝国」アメリカ

前ページの時代ごとの潜在覇権国と対抗連合の表には、もう1つ注目するべき法則が隠されています。それは、**海洋国家はほぼ必ず対抗連合に参加することです。**現に、アメリカは対中連合に属して、他の国々と共に中国に対抗しています。冷戦時には対ソ連連合、その前は対ドイツ連合に属していました。イギリスも、多くの場合ドイツ、ロシア、フランス、スペインなどの大陸の潜在覇権国と敵対し、他の国々と一緒に戦いました。

なぜ、海洋国家はいつも対抗連合に参加するのでしょうか？　まず挙げられる理由は、**大陸諸国が海洋国家の助けを求める点です。**ここでいう「大陸諸国」とは、潜在覇権国以外の対抗連合に属する大陸国家です。今の世界では、ヨーロッパ諸国や日本、韓国、フィリピンなどがこれに当たり、潜在覇権国（ロシアと中国）からの脅威を常に近くで感じている国です。これらの国々はすべての勢力を足し合わせても、潜在覇権国に対抗できない場合があります（今の世界の説明では、日本やイギリス、フィリピンなどの島国も、潜在覇権国の影響をアメリカをはじめとする遠く離れた国に比べて受けやすいので、「大陸諸国」とします）。

そこで、救世主となるのが海洋国家です。海洋国家は遠い海の向こうにあって、大陸諸国には直接的に脅威にはならない「怖くない国」です。大陸国家がすぐ隣の大陸国家に助けを求めるのも有効ですが、安全保障のジレンマが発生しやすい問題があります。

例えば、日本と韓国が共に中国に対抗している今、仮に韓国が強力なミサイルを100発配備したとします。もちろんこれは日本にとって心強いものですが、同時に怖いとも感じます。怖がらせる「意図」はなくても、韓国はミサイルを日本に向けて撃つ「能力」を高めたからです。一方で、アメリカが同じミサイルを100発用意した場合、日本はそこまで怖いと感じません。アメリカが仮に日本にそのミサイルを撃つにしても、韓国から撃たれるよりは撃ち落とす余裕があるからです。要するに、協力を通して、近い国が強くなればこちらは損をするのに対し、遠い国が強くなっても損をしないのです。[27]

日本にとってアメリカは「強いけど怖くない国」です。ここに、アメリカが世界中に多数の同盟国を持つ理由があります。**アメリカは確かに強いですが、大体の国と海で隔てられているため、ユーラシアの大陸諸国（日本、イギリス、フランス、ドイツなど）に怖がられません。**それよりも、一番怖いのは近くの潜在覇権国（中国とロシア）なので、大陸諸国は積極的に米軍基地を誘致して、アメリカに戦争の際は助けてくれるようお願いするのです。

この大陸諸国の求めに応じて海洋国家が助けに行く関係は、過去500年にわたって世界覇権国の成立を防いできました。海洋国家イギリスは第一次・第二次世界大戦、ナポレオン戦争、スペインとの戦争に至るまで、ヨーロッパの大陸諸国からの要望に応じて、大陸に陸軍を派遣したり、航路の安全を守ったりすることで大陸諸国の補給を支え、潜在覇権国の封じ込めに寄与してきました（冷戦中と現代でも、イギリス軍はヨーロッパ大陸に駐留しています)。

また、第一次世界大戦から冷戦まで、ヨーロッパの大陸諸国はアメリカに参戦をお願いすることで、ドイツやソ連との戦いに勝ってきました。冷戦後も、東欧諸国はNATOとアメリカの庇護《ひご》を求めることで、ロシアの攻撃を未然に防ごうとしました。NATOに加盟していないウクライナがロシアに侵攻されたことは、大陸諸国が海洋国家の協力なしに潜在覇権国に対抗する難しさを象徴しています。歴史学者ゲイル・ルンデスタッドの言葉を借りれば、**アメリカは「招かれし帝国(Empire by Invitation)」であり、侵略ではなく、現地の国々に求められる形で勢力圏を拡大、世界規模の勢力均衡を維持してきたのです。**[28]

潜在覇権国にすら求められるアメリカ

アメリカを招くのは大陸諸国だけではありません。**アメリカは、潜在覇権国にすら招かれている側面もあります。**「ロシアと中国がアメリカの介入を望んでいる」というのは信じ難い話ですが、その側面は確かに存在します。

例えば、ソ連は冷戦時代に西欧に展開する米軍を恐れていたものの、米軍が完全に撤退することもまた恐れていました。なぜ、ソ連は米軍が残ることを望んだのでしょうか? それは、米軍の撤退がドイツに再軍備を促し、アメリカを凌駕する脅威が生まれかねなかったからです。初代NATO事務総長を務めたヘイスティングス・イスメイは、NATOの目的を「ロシアを締め出し、アメリカを引き込み、ドイツを抑える」と総括しました。[29] 注目すべきは「ドイツを抑える」です。**アメリカがドイツの防衛を肩代わりすることで、ドイツの再台頭を防ぐという意味です。** 実際に、当時のソ連大統領、ミハイル・ゴルバチョフは冷戦後のヨーロッパについて、「ヨーロッパとソ連の両地域において我々はアメリカが残留する必要性を理解している」として、米軍がソ連の安全に必要であるとしました。[30]

ドイツの再台頭を恐れていたのは、イギリスとフランスも同じでした。1970年代に冷戦の緊張緩和が進み、ソ連の脅威が和らいでも、この2国はアメリカがヨーロッパに残るよう求めました。アメリカが撤退すればドイツが再台頭し、また脅かされるからです。1989年のベルリンの壁崩壊の際も、イギリスとフランスは表では祝福しましたが、裏ではかなり不安を抱いていました。当時のサッチャー英首相はこのとき、「我々はドイツを2度も倒したのにまた蘇《よみがえ》った!」「ドイツはその性質上、ヨーロッパを安定させるどころか不安定化させる」などと、いずれ再統一されるであろう東西ドイツが強大化することを恐れていました。

また、駐英フランス大使には「フランスとイギリスは、手を取り合って新しいドイツの脅威に向かうべきだ」、敵国ソ連のゴルバチョフ書記長にも「イギリスも西欧も東西ドイツの再統一を望んではいない。冷戦後の勢力地図が変わってしまうことは容認できない。そんなことが起こったら国際社会全体の安定が損なわれてしまうし、我々の安全保障を危うくする可能性がある」と、フランスとソ連に「東西ドイツ再統一を共に阻止しよう」と裏で協力を求めていました。西ドイツと良好な関係を保ったといわれる、当時のミッテラン仏大統領さえ、サッチャー英首相との夕食会では、「統一ドイツはヒトラー以上の力を持つかもしれない」と不安を漏らしたほどです。[31] このように、冷戦の終わりを象徴するような平和的な出来事にも、周辺国が心から歓迎できない地政学的事情があったのです。

中国も同時期に、日本に対して似たような不安を抱えていました。冷戦が終結してソ連の脅威が去ると、日本とアメリカは共通の敵を喪失し、日米同盟の根幹的意義が失われました。当時は日米の貿易摩擦問題も重なっていたので、「日米関係は今後悪化するのではないか」と囁《ささや》かれてもいました。もし日米が本格的に対立すれば、在日米軍は日本から引き上げることになります。一見、これは中国にとって、潜在敵国であるアメリカが去る＝喜ぶべきことのように思えます。しかし、実のところ中国の識者の多くは、この筋道を恐れていました。なぜなら、米軍が本当に撤退してしまえば、日本が台頭することになるからです。

ある中国人の識者は、日米同盟を瓶の蓋にたとえ、「アメリカの役目は、日本の軍事力が瓶の外に吹き出ないようにすることだ」と説きました。[32] イスメイの言葉に準《なぞら》えれば、日米同盟の意義は「中国を締め出し、アメリカを引き込み、日本を抑える」ことにあったのです。

中国が友好国でありながら北朝鮮の核開発を批判するのも、日本を潜在的に恐れているからです。北朝鮮が挑発的な行動を続ければ、日本人に強い危機感を抱かせ、専守防衛の理念や、核への嫌悪感という「蓋」を破らせてしまいかねません。こうした危機感から日本が核保有に踏み切れば、最も損をするのは中国です。同様に、日本の政治家が靖国神社に参拝するといった歴史問題に対して中国が敏感に反応するのも、戦前の軍国主義への反省という「蓋」が外れると、日本の軍拡を抑える力がまた1つなくなってしまうからです。この点でアメリカは、日本が単独で軍事行動を起こす能力と意志に歯止めをかけることで、中国をむしろ救ってきた面もあるのです。

アメリカの存在で世界は平和になりやすい

日本やドイツなどの大陸諸国に独自に力をつけさせるよりも、アメリカのような海洋国家が大陸諸国の防衛を請け負う方が、世界全体の平和を維持しやすいことを確認しました。

次のページの図は、①海洋国家と大陸諸国が同盟しない場合、②海洋国家と大陸諸国が同盟する平時、③海洋国家と大陸諸国が同盟する戦時の3つを比較したものです。

安全保障のジレンマが最も大きいのは、①海洋国家と大陸諸国が同盟しない場合です。これはソ連や中国が過去に恐れた通り、米軍が大陸におらず日本やドイツが単独で防衛するような状況です。潜在覇権国から見れば、これではすぐ近くに同程度の軍事力が平時から存在し、お互いに侵攻が簡単にできてしまう、典型的な安全保障のジレンマの大きい環境になります。

これを解決するにあたって、②海洋国家と大陸諸国が同盟する平時は、潜在覇権国に対抗する勢力

図表1-8　3種類の同盟

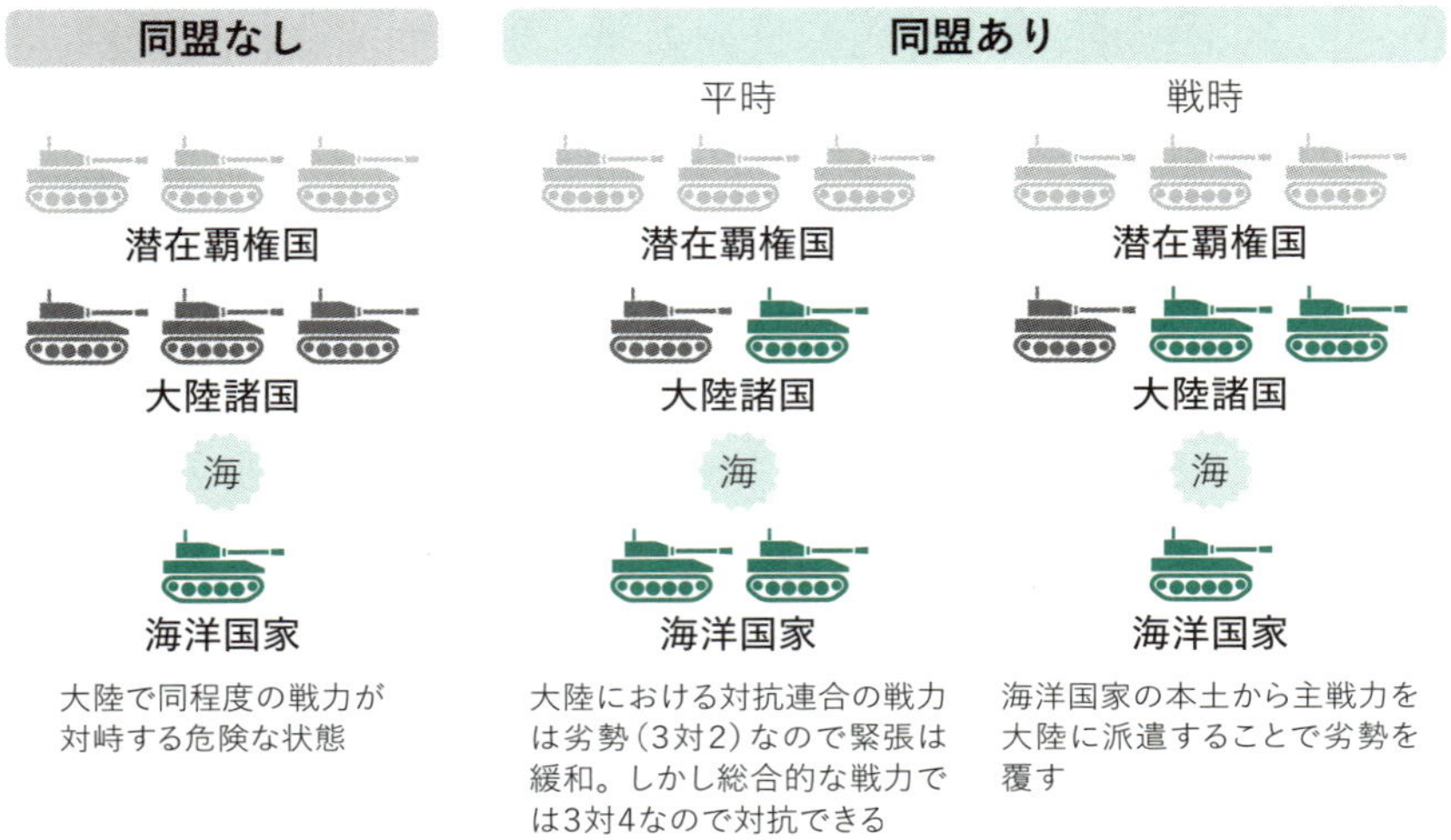
同盟なし
同盟あり
平時
戦時
潜在覇権国
大陸諸国
海
海洋国家
潜在覇権国
大陸諸国
海
海洋国家
潜在覇権国
大陸諸国
海
海洋国家
大陸で同程度の戦力が対峙する危険な状態
大陸における対抗連合の戦力は劣勢（3対2）なので緊張は緩和。しかし総合的な戦力では3対4なので対抗できる
海洋国家の本土から主戦力を大陸に派遣することで劣勢を覆す

を維持しながらも、安全保障のジレンマを軽減できます。この場合は、**同盟する大陸諸国の戦力と海洋国家の大陸駐留戦力の合計を潜在覇権国よりもあえて劣勢に留めることで、大陸において潜在覇権国を過度に刺激することを避けます。**しかし、これは対抗連合が全体として劣勢というわけではありません。海洋国家は主戦力を本土に取り置いておくことで、対抗連合の総合的な戦力は上回るようにし、③大陸で実際に戦争が勃発した際には本土から主戦力を送り込み、潜在覇権国に対処できるからです。

なぜNATOが必要なのか

基本的に冷戦時代のアメリカとNATO、ソ連の関係はこの原則に基づいていました。平時のヨーロッパの戦力（ヨーロッパのNATO加盟国＋在欧米軍）はソ連よりも劣勢でしたが、劣勢であることは必ずしも問題ではありませんでした。あくまでヨーロッパの戦力の役割は、アメリカ本土から主戦力が到着するまで、ヨーロッパ全土が占領されることを防ぐ点にあったからです。

地政学の父マッキンダーは、この点を強調しました。マッキンダーは第二次世界大戦中の１９４３年、ＮＡＴＯがまだ存在しなかった頃に、類似した構想である「北大西洋同盟」を提案しています。北大西洋同盟の主軸を構成するのは、アメリカ・イギリス・フランスの３国で、それぞれ役割があります。アメリカは兵力、農業、工業の「後方基地」、イギリスは外濠《そとぼり》を備えた「飛行場」、フランスは防御の能力を備えた「上陸拠点」です。[33]

マッキンダーの想定では、ソ連との戦争は次のように展開することになっていました。まず、ソ連がヨーロッパ全土の占領を目論《もくろ》んで西に進軍してきます。ここで最も重要な目標が、フランスを死守することです。なぜならフランスは、大西洋からの援軍を安全に上陸させるための拠点だからです。フランスを守る上では、イギリスが飛行場と援軍の中継基地としての役割を果たします。アメリカは軍需物資と兵力の後方基地で、遠く離れた場所で援軍の戦力を温存する場所です。

つまり、**ヨーロッパ大陸にいるＮＡＴＯ軍の役割は、それだけでソ連を押し返すことではなく、あくまでフランスに上陸拠点を残しておくことでした。**上陸拠点さえ残っていれば、アメリカの圧倒的な戦力をそこから上陸させ、反転攻勢に打って出ることができます。82ページでも紹介したノルマンディー上陸作戦は、上陸拠点を一から確保した点を除いて、まさにこの構想を具現化したような作戦でした。

図表1-9　後方基地 ― 飛行場 ― 上陸拠点

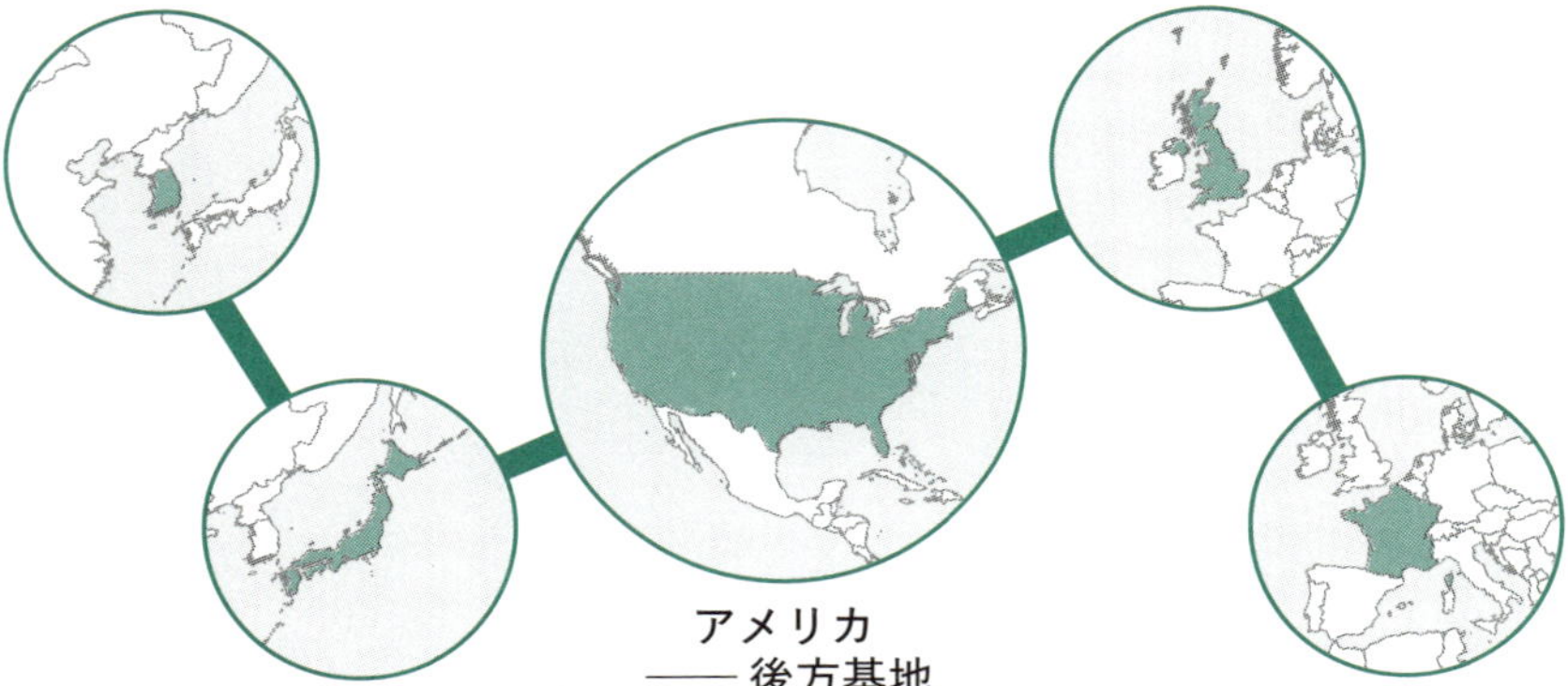

この構想を東アジアに当てはめると、アメリカ（後方基地）、日本（飛行場）、韓国（上陸拠点）になるでしょう。自衛隊と韓国軍、在日・在韓米軍の真の役割は、個別で潜在覇権国に対抗することではなく、アメリカ本土からの主戦力が到着するまで上陸拠点を残しておくことなのです。中国にとっても、日本が独自に軍事力をつけるよりもこの方が安心です。なぜなら、日本が強い軍事力を持っていれば、強い主戦力が常に近くにあって不安なのに対し、日米同盟であれば主戦力は遠く離れたアメリカ本土にあって、近くには弱い駐留戦力しかないからです。平時には、自らの優勢が保証されているのです。

このように中国とロシアは、アメリカに「大陸から出ていけ」と普段は言っていても、いざ本当に出ていってもらっては困るという事情がありま

す。ある国にとって最も恐れるべきなのは、遠い国ではなく、近い国です。大陸の潜在覇権国（中国、ロシア）にとって、近接する国（日本、ドイツ）が勢力を持つくらいならば、遠く離れた海洋国家（アメリカ）に持ってもらった方が、まだ安心できるのです。

PART 4のまとめ

海で隔てられる国同士は防御有利なので、協力しやすい。反対に、陸で繋がる国同士は攻撃有利なので、対立しやすい。

国境は持つこと自体が弱みであり、大陸国家は潜在的に領土拡大を通して国境を国の中核から遠ざけようとする。緩衝地帯があっても、この危険は完全には克服できない。

アメリカは他の大国との間に広い海を持つため、防御力は強いが、攻撃力が弱い傾向にある。アメリカが警戒されにくい理由は、他の大国が海でアメリカから守られているから。

中国やロシアが警戒されやすい理由は、他の大国と陸上で近接しているから。歴史的にも、対抗連合の多くは最強の大陸国家に向けて形成されてきた。

アメリカが日本とドイツの防衛を肩代わりすることで、中国とロシアは比較的安心できる。

PART 5

海洋勢力と大陸勢力の攻防

トランプ大統領が支持される理由

これまで、大陸諸国と潜在覇権国が海洋国家の関与を求める事情を明らかにしてきました。大陸諸国は海洋国家の支援を受けることで、自らの安全を保障できます。潜在覇権国も、近場の大陸諸国の台頭を防止する上で、海洋国家の関与に助けられます。

しかし、1つだけ未解決の疑問があります。それは、「海洋国家は何を得るのか」です。海洋国家の関与によって、大陸諸国が救われることはわかりましたが、海洋国家は何を目当てに大陸諸国を助けるのでしょうか？　海洋国家だって自国の生存が第一であり、わざわざ遠くの大陸諸国まで守ってあげる道理はないはずです。

例えば、日本やドイツはアメリカに「守ってほしい」とお願いしますが、アメリカにはそれを拒否する権利があります。アメリカが守らなければならない絶対的な義務はありません。もしこれを拒否して、日本とドイツが潜在覇権国に征服されたとしても、それはアメリカの責任ではありません。だとすれば、アメリカが外国を義務的に守る今の体制に、合理性はあるのでしょうか？　要するに、8

00か所の海外基地、100兆円以上の軍事費、数十万人もの米兵を海外に投じるよりも、ユーラシア大陸からは一切手を引いて、本土の防衛だけに集中する方が、より確実かつ楽に、アメリカの生存を守れるのではないでしょうか？

実は、このような主張は「非干渉主義」という、アメリカで長年根強く支持されてきた考え方です。[34]

非干渉主義は、他の大国から海で隔てられていて、直接的に侵略される可能性が低い海洋国家で支持されやすい発想です。イギリスでも、幾度となく登場してきました。

1723年にイギリスの初代首相ロバート・ウォルポールは、「私の政治方針は〔大陸政治に〕可能な限り一切関与しないことだ」として、ヨーロッパ大陸に介入する負担を減らすことを訴えました。[35]

ウォルポールのこの方針は、アメリカ人の思想にも広く影響を与えました。アメリカ初代大統領ジョージ・ワシントンは1796年、自身の辞任演説にて、次のように述べてアメリカ非干渉主義の原型を作りました。

> 諸外国に対する我々の一般原則は、通商関係を拡大するにあたり、できる限り政治的結びつきを持たないことだ……ヨーロッパには我々とは関係が薄いか全くない利害がある……従って、意識的に関係を結ぶことでヨーロッパの政治的波乱や、友好・敵対関係の衝突に我々を巻き込むのは賢明ではない……隔離された我々の位置は、異なった行動指針を可能にする。[36]

第５代のモンロー大統領はこの方針を受け継いで、有名な「モンロー教書」を発表しました。この教書では、ヨーロッパ諸国はアメリカに対して干渉するべきではないと同時に、アメリカはヨーロッパ諸国に干渉するべきではない、と表明しました。[37]

第一次世界大戦でも、アメリカは前半まで不参加を貫き、後半になってやっと参戦しました。そして戦後、ウィルソン大統領は国際連盟創設を提案し、アメリカの大陸情勢への関与を維持しようとしましたが、議会がこれに反対した結果、非干渉主義に戻ることとなりました。同様に、第二次世界大戦の際、ヨーロッパとアジアで戦争が激化しても「不参加を保つべき」との声が根強く残り、真珠湾攻撃を受けてようやく参戦に転じました。

戦後も「アメリカは孤立状態に戻るべき」との意見が少なからずありましたが、アメリカは国際連合やＮＡＴＯを通じて大陸政治に積極的に関わる方針に転換して、今日に至ります。それでも２０１６年と２０２４年にドナルド・トランプ氏が、「自国第一主義」を掲げ、世界から米軍を引き上げようと訴えて大統領に当選したことからわかる通り、非干渉主義は今日でもアメリカが取ってもおかしくない外交姿勢なのです。

では、非干渉主義は今日でも妥当なのでしょうか？　トランプ氏の訴えるように、海外から手を引いて、本土防衛だけに集中した方がアメリカにとって良いのでしょうか？　**実は、地政学的にいえば非干渉主義は理に適《かな》っていません。古典地政学者のマハン、マッキンダー、スパイクマンは、全員揃**

って非干渉主義を否定しました。そして、海洋国家は大陸に積極的に関わることを議論の大前提としました。この3人は、海洋国家のイギリスとアメリカの出身です。**その上で、「母国の安全を保つためには、非干渉主義を否定し、ユーラシア大陸情勢への関与が必要だ」と訴えたのです。**

では、一体なぜ海洋国家は大陸に関与しなければならないのでしょうか？　これが、いよいよ地政学で最も重要な考え方である、「海洋勢力と大陸勢力の戦い」に繋がります。

地政学、それは勢力均衡を操る術

まず、地政学では世界の大陸を一般的な見方とは異なる視点で捉えます。一般的に学校の地理の授業では、世界は7つの大陸（ヨーロッパ、アジア、アフリカ、北米、南米、オーストラリア、南極）で構成されると習います。しかし、**地政学はこれとは違い、世界は1つの大陸（ユーラシア大陸）と、それを囲む島々（北米、南米、アフリカ、オーストラリア、南極、イギリス、日本など）で構成されると解釈します。**なぜユーラシア大陸のみを「大陸」と表現するかというと、ここがそれだけ単一の陸地として別格の力を持つからです。

ユーラシア大陸は地球上の陸地全体の約4割を占める、地球最大の大陸です。人口に関しては世界全体の7割、そして世界のＧＤＰの6割が集中します。天然資源も豊富で、石油埋蔵量は6割を占め、

図表1-10 古典地政学の世界観

天然ガスの7割、石炭の5割がこの大陸に埋まっています。

本章のPART1では、世界を征服できる勢力を持つ国を「覇権国」と呼びましたが、この覇権国が出現し得る唯一の大陸が、ユーラシア大陸です。なぜなら、この大陸のみが圧倒的な人口、資源、工業力を有し、残りの島々を征服できるほどの勢力を持つからです。スパイクマンはこう言いました。**「ユーラシアを制する者は世界の運命を制する」。**[38]

ユーラシア大陸には、潜在的に征服を実現できる大国がたくさんあります。フランス、ドイツ、ロシア、中国など、ユーラシア大陸には大国が集中しています。これらの国々は陸で繋がっているので、構造的に安全保障のジレンマを抱えやすい環境にあり、常に「他の大陸国家を征服しなければならない」という潜在的な意識の下に動きます。

そうした攻防が行われるうちに、やがて潜在覇権国と呼ばれるような、群を抜いて強い国が現れます。そうすると、半ば必然的に勢力均衡の原理が働き、他の大陸諸国は対抗連合を組んで潜在覇権国を封じ込めようとします。しかし、大陸諸国が対抗連合を組んでもなお対抗し切れない、非常に強い潜在覇権国が登場することもあります。例えば、ナポレオンは一時ヨーロッパのほぼ全土を征服し、ヨーロッパ大陸に、他に対抗できる国がなくなったことがありました。第二次世界大戦時のドイツも同じです。第二次世界大戦直後のソ連も非常に強力で、フランスとドイツ、その他の西欧諸国が束になっても対抗し得ませんでした。

このように強力な大陸国家を放置していると、海洋国家まで危うくなります。普通は、ユーラシア大陸から海で隔てられていれば安全です。しかし、ユーラシア大陸を征服できるような大陸国家が成立した場合は話が別です。なぜなら、その国は、ユーラシア大陸の膨大な資源を活用して、圧倒的に強い海軍を創設し、海を越えて沖合の島々を攻撃できるようになるからです。上陸作戦は通常難しく、なかなか成功しませんが、圧倒的な戦力を投入すれば成功します。ユーラシア大陸を制覇した国は無敵の海軍を手に入れるので、いくら「上陸作戦が難しい」といっても、イギリスや日本だけでなく、広い海を越えてアメリカさえ征服できるほどの力を持ちます。

まとめると、次のようになります。

①ユーラシア大陸は圧倒的な勢力の源

②ユーラシア大陸の中で、勢力均衡の原理に基づき潜在覇権国の封じ込めが試みられる
③勢力均衡政策が失敗すると、潜在覇権国はユーラシア大陸全体を征服する
④「覇権国」となった国は、ユーラシア大陸の膨大な資源を活用して大海軍を創設する
⑤覇権国はその大海軍で沖合の島々を征服していく

　では沖合の島々にある国、すなわち海洋国家はどうやって征服を防げば良いのでしょうか？　③のユーラシア大陸が一度征服された時点では、もはや手遅れです。たとえ上陸して攻撃しようとしても、大陸の陸地がすべて抑えられているので、上陸地が残っていません。

　従って、**海洋国家が取るべき方策は、勢力均衡の操作となります。**②の時点で、勢力均衡は大陸の内部、つまり潜在覇権国と大陸諸国の間で発生します。しかし、③で勢力均衡が失敗した場合、海洋国家は危機に陥ります。よって、海洋国家は大陸にテコ入れして、大陸諸国（対抗連合）の勢力が潜在覇権国と均衡するようにしなければなりません。海洋国家がユーラシア大陸の勢力均衡を保つ方法はさまざまですが、概ね次の3つに集約できます。

①大陸諸国同士の協力を仲介する

　具体例：NATO設立。アメリカは冷戦時代に、イギリス・フランス・イタリアなど西欧の10か国に対し、潜在覇権国ソ連から攻撃を受けた場合は、すべての国が協力して守り合うよう呼びかけ、これがNATO設立に至りました。特にフランスは戦後も西ドイツを警戒していましたが、アメリカの仲立ちにより、西ドイツと協力関係を築けました。また、歴史問題で反発し合う日本と韓国に対し、アメリカがそれを乗り越え協力するよう働きかけているのも、この一環です。

②大陸諸国を経済的・軍事的に後方支援する

具体例：冷戦期の経済援助。アメリカは戦後荒廃していた西欧諸国と日本に対し、経済援助を行うことで復興を支援しました。こうすれば、大陸諸国が勢力を取り戻し、自力でソ連に対抗できるようになるからです。第二次世界大戦では、イギリスやフランス、中国、ソ連に軍需物資を提供しました。

③大陸諸国が攻撃された際は派兵する

具体例：アメリカの同盟。アメリカはNATOを組織するだけでなく、大陸の加盟国が攻撃を受ければ直接派兵することを確約しています。大陸の加盟国だけでは戦力が足りないからです。日本と韓国との同盟も同じ意図です。第二次世界大戦では、①と②でも対抗し切れないほどドイツが強力だったため、大陸に直接派兵しました。

これらの方法で、海洋国家は外部から勢力均衡を操作することによって、潜在覇権国がユーラシア大陸の外に出てこられないようにするのです。言い換えれば、ユーラシア大陸の国々がお互いを弱め合うよう促すことで、どの国も強くなりすぎないよう調整しているのです。**アメリカがユーラシア大陸に基地と同盟国を多数配置するのは、ロシアや中国のような潜在覇権国がユーラシア大陸を一挙に**

支配しないようにするためです。

政治学者ズビグネフ・ブレジンスキーは、ユーラシア大陸を1つの大きなチェス盤、各国を駒、アメリカをチェスの指し手に見立てました。潜在覇権国（ロシア、中国など）に対し、駒（イギリス、フランス、ドイツ、日本など）を戦略的に動かして、封じ込めていくというたとえです。今の国際政治は、単に大国同士の力比べではなく、大陸の潜在覇権国に対し、海洋国家アメリカがどの国をどう味方につけるかによって動いているのです。[39]

勢力均衡を操ったイギリス

アメリカ人海軍戦略家のマハンは、この「海洋勢力と大陸勢力の戦い」ともいうべき法則を、実際に4世紀にわたるヨーロッパ史に見出《みいだ》しました。17世紀からの400年間、ヨーロッパの政治は「ヨーロッパ大陸を支配しそうな大陸国家」をイギリスが勢力均衡を操って阻止する構図で展開しました。イギリスのチャーチル元首相はこの歴史についてこう綴《つづ》りました。

400年もの間イングランドの外交政策は、大陸で最も強く、最も攻撃的で、最も支配的な国に対抗することであり、特に低地諸国（イギリスの対岸）がそのような国の手に落ちるのを防ぐことであった。イングランドの政策は、ヨーロッパの覇権を握ろうとしているのがどの国であるかは全く考慮していない。問題は、それがスペインなのか、フランス王政なのか、フランス帝国な

図表1-11　ナポレオンの最大版図

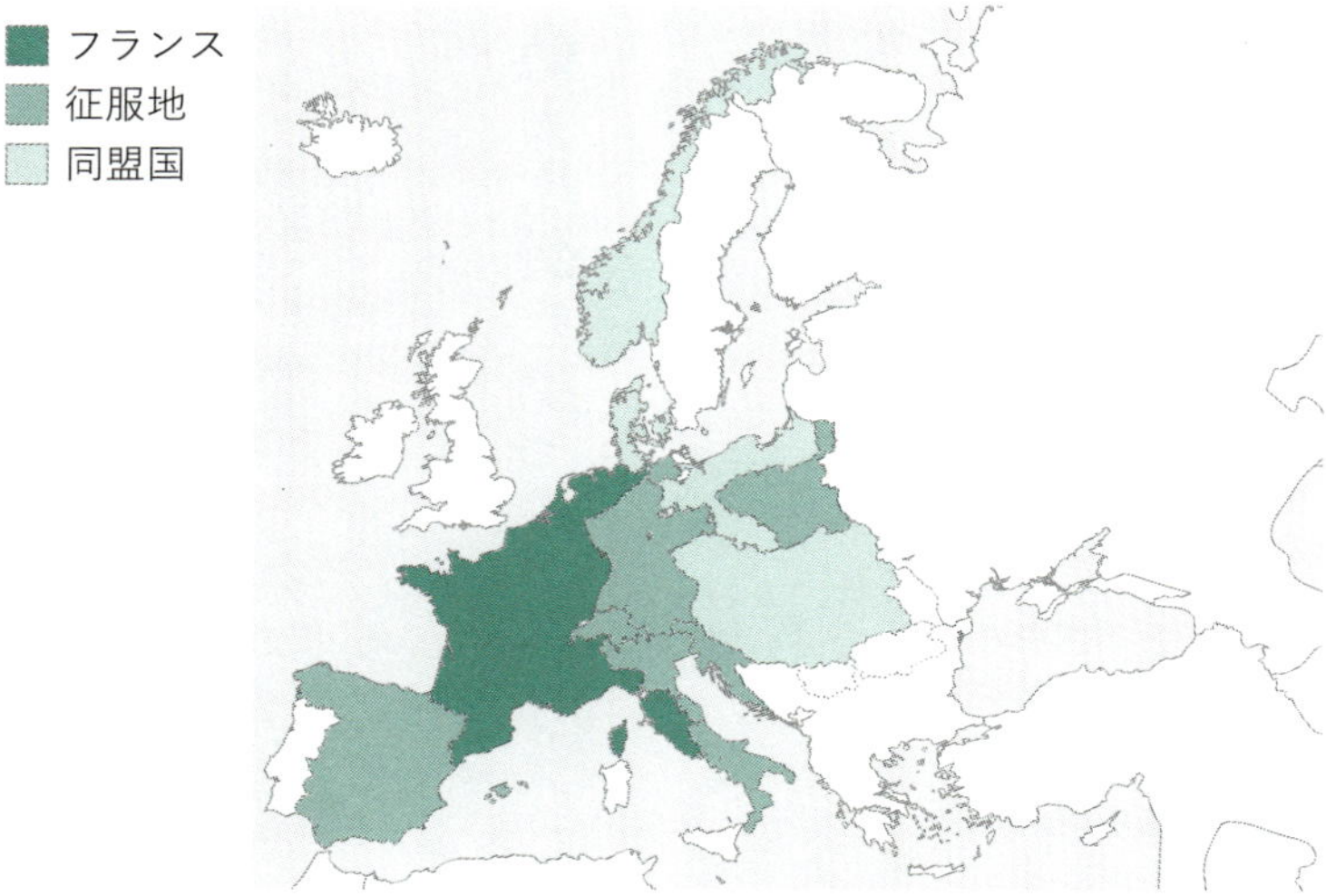

のか、ドイツ帝国なのか、ヒトラー政権なのかということではない。支配者や国家とは何の関係もない。関心を払うのは、最も強い支配者、あるいは潜在的に支配的な暴君が誰であるかのみだ。[40]

イギリス人地理学者のマッキンダーも、「単一の大陸国家が他のすべての大陸国家を上回る勢力をつけ、ユーラシア大陸全体を支配すれば、イギリスのような海洋国家は太刀打ちできない」と警告しました。

マッキンダーは**「ハートランド理論」**でよく知られています。この考え方によると、世界は中心地帯・周縁地帯・島《とう》嶼《しょ》地帯の3つに分けられるといいます（中心地帯は「ハートランド」、周縁地帯は「リムランド」と一般的に呼ばれます）。ハートランドとは、ユーラシア大陸の最も内陸の部分で、

図表1-12 マッキンダーの世界観

ハートランドが世界の中心にあり、リムランドと島嶼地帯が周りを囲んでいる

※「リムランド」はスパイクマンが付けた名前で、マッキンダーはここを「内側の三日月地帯（Inner Crescent）」と呼びました。

船で川を遡っても到達できない、完全に海からは隔絶されている場所です。**マッキンダーは「ハートランドを制する者が世界を制する」と述べました。なぜなら、ハートランドは資源が豊富で、かつリムランドの全方位に攻撃できる位置にあり、海洋勢力が海軍で攻撃できない奥地にあるからです。**[41] マッキンダーはこの理論を最初に唱えた1904年当時、ハートランドを制覇し得る国はロシアかドイツと予想しましたが、後にドイツを最大の脅威と認識し、「ドイツによるユーラシア大陸の征服を防ぐために、リムランドと島嶼地帯の国々が連帯し、包囲網を築くべき」と訴えました。[42] つまり、ユーラシア大陸の内側から外側に拡大しようとするドイツを、イギリスと同盟国が外側から内側に押し込むべき、ということです。たとえるなら、どんどん膨らむ風船（ドイツ）に、輪ゴム（フランスやロシアなど）をかけて抑え込むようなものです。ただし、それでも膨張を止められなかったため、風船は最終的に爆発しました（第一次・第二次世界大戦）。

なお、この勢力均衡策において、大陸勢力を海の方向から封じ込める性質上、海洋国家同士は連携する傾向にあります。例えば、日本はロシアが潜在覇権国だった時代はイギリスと同盟（日英同盟）、ドイツの時代まで続きました。第二次世界大戦では一時的に潜在覇権国側につきましたが、戦後はアメリカと同盟（日米同盟）、現在でも中国に対抗するべくこの関係が続いています。この点で、日本は元来「海洋国家連合」の一員であり、日英同盟と日米同盟は半ば地政学的運命といえます。

アメリカによる壮大なモグラ叩《たた》き

アメリカが非干渉主義の固い殻を破って第一次世界大戦に参加したのも、ドイツがヨーロッパ大陸全土を征服しかけた故の決断でした。第一次世界大戦までは、ユーラシア大陸の勢力均衡の操手はイギリスが担ってきました。このおかげで、アメリカはわざわざその役割を負う必要はなく、大陸政治に関わらなくても済んでいたのです。ところが、第一次世界大戦が勃発する頃にはドイツが増長する傍ら、イギリスの勢力が相対的に弱体化していて、ヨーロッパ大陸の対抗連合の国々だけでは対立し切れませんでした。第一次世界大戦中盤には、ドイツはロシアを打ち負かし、いよいよフランスを撃破するかと思われました。ドイツが本当にここでフランスを征服すれば、ドイツは大陸を手中に収め、イギリスはおろかアメリカさえ上陸できなくなってしまいます。イギリスにこれを防ぐ力が残っていない以上、アメリカが参戦し、ドイツが大陸を制覇することを自らの手で防ぐしかありませんでした。

第二次世界大戦でも同様に、当初はイギリスやフランスによってだけでドイツが封じ込められることをアメリカは期待しました。しかし、フランスが降伏し、イギリスが壊滅寸前になり、ソ連もドイツに押されている状況から、いよいよドイツがヨーロッパ大陸を制覇する可能性が現実味を帯びつつありました。東アジアでも同様に、日本が中国を降伏直前まで追い詰めつつありました。日本が大東亜共栄圏を確立し、東アジアでどの国も太刀打ちできない状態が成立する恐れがあったのです。アメリカは初期から、中国とソ連、ヨーロッパの連合国に軍需物資を提供していたものの、それだけでは日独の強大化を止められませんでした。よって、真珠湾攻撃をきっかけに参戦し、形勢を連合国の方に傾けさせ、結果としてドイツと日本による大陸征服を防ぐことに成功しました。

アメリカ人政治学者ニコラス・スパイクマンは戦時中の1942年時点で、アメリカが勝利したとしても、戦後も大陸からは手を引かず関与し続けることを主張しました。なぜなら、戦後には一転してソ連が圧倒的な力を持ち、アメリカの助けなしにはどの国も対抗できる見込みがなかったからです。今度はイギリスに代わってアメリカが、ユーラシア大陸の勢力均衡を調整する時代となりました。スパイクマンはイギリスとヨーロッパ大陸の関係をアメリカとユーラシア大陸の関係に当てはめ、「イギリスがヨーロッパ諸国と協力して潜在覇権国を抑えてきたのと同じで、アメリカもユーラシア諸国（イギリス、フランス、ドイツ、日本など）と協力して、ソ連を封じ込めるべき」と訴えました。そうしなければソ連がユーラシア大陸の膨大な人口と資源を掌握し、強力な海軍を創設し、太平洋および大西洋をも越えてアメリカを侵略できるほどの圧倒的な力を得てしまうからです。

マッキンダーやスパイクマンは、次のことを気にしていました。**どの国が大陸で一番強いか、そして支援するべき2番目以降はどの国か、**彼らが気にしていたのはこの2つだけです。その証拠に、スパイクマンは1942年、つまり日本とドイツが大陸で一番強かった時点では、ソ連と協力して日独を封じ込めることを支持し、それが成功すれば今度は日独と協力してソ連を封じ込めるよう提案しました。世論が日独打倒一色だった1942年に敵国と将来協力することを提案するのはかなり勇気のいることで、同様の主張をする識者はほとんどいませんでしたが、戦後はスパイクマンの予想した通りになりました。

アメリカにとって、勢力均衡策はモグラ叩きのようなものです。アメリカから見れば、モグラはすべて同じであり、特定のモグラを選り好みません。大事なのは、ユーラシア大陸という穴から最も飛び出たモグラをひたすら叩いて押し戻すことです。ドイツを叩き終わったらソ連、その次は中国、というように、かつて友好国だったかどうかにかかわらず、出すぎればどんな国であろうと叩きます。中国を押し戻せれば、別の国を叩くでしょう。

海洋勢力と大陸勢力の戦いは永遠の対立

イギリスやアメリカを例に、大陸国家と海洋国家連合の闘争の構造を見てきました。大国間争いが全世界を巻き込むようになった20世紀以降、その構図は大陸勢力と海洋勢力の闘争という形を帯びてきました。一度整理してみましょう。

第一次世界大戦

大陸潜在覇権国：ドイツ
海洋国家連合：イギリス、アメリカ、日本＋大陸諸国のフランス、ロシア

第二次世界大戦

大陸潜在覇権国：ドイツ、日本

海洋国家連合：アメリカ、イギリス＋大陸諸国のフランス、ソ連

冷戦

大陸潜在覇権国：ソ連

海洋国家連合：アメリカ、イギリス、日本＋大陸諸国のフランス、西ドイツ

基本的な構造は、大陸を制覇したい潜在覇権国に対して、海洋国家が大陸諸国と対抗連合を形成してそれを阻止する、というものです。 こうした歴史は、2回の大戦なら枢軸国対連合国、冷戦ならば社会主義対資本主義、あるいは独裁主義対民主主義など、どれも思想的な二項対立で語られがちです。

しかし、**2回の大戦も冷戦も、そしてその前の世界規模の戦争も、すべてに共通するのは、「海洋勢力対大陸勢力」という二項対立です。** どんな政

図表1-13　アメリカの勢力均衡操作

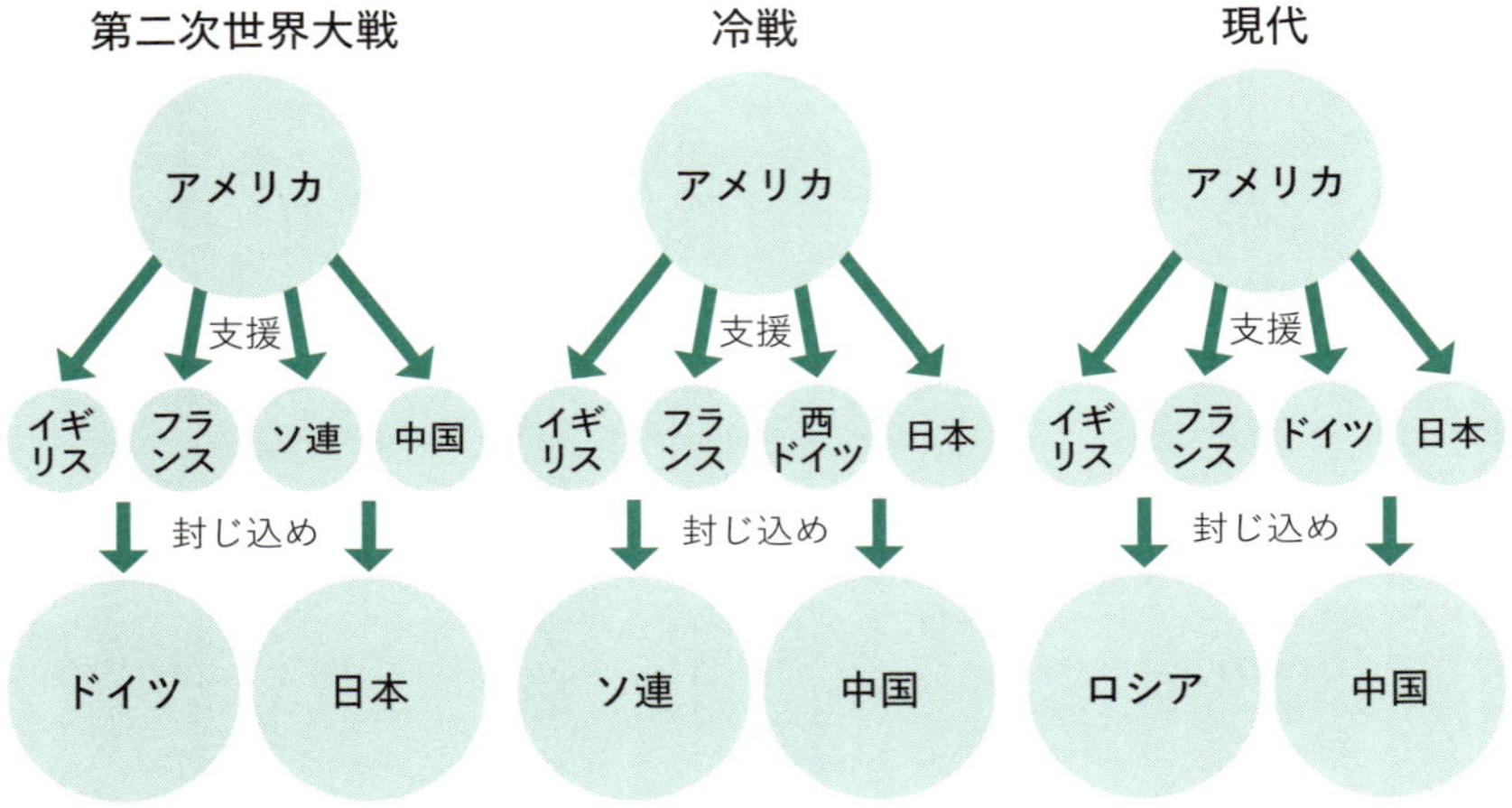

アメリカはユーラシア大陸でどの国も台頭しすぎないように勢力均衡を操作してきた

治的対立、思想的対立も時代とともに変わってきましたが、海洋勢力と大陸勢力の対立は不変です。

大陸の潜在覇権国と海洋国家連合が対立する構造は、今日でも変わっていません。最強の海洋国家としてアメリカが最も気にかけるのは、ユーラシア大陸内の勢力均衡であり、単一の大陸国家がこの大陸の全域を支配し得るほど勢力を持たないことです。イギリスが衰退した後の過去100年間、アメリカは勢力均衡の操作を受け継ぎ、ユーラシア大陸を制覇しかけたドイツ、日本、ソ連を封じ込めてきました。

現在、大陸で最強の国は中国です。海洋進出によって東アジアだけでなく、一帯一路などを通してユーラシア大陸全体での影響力を高めつつある中国に対し、アメリカはその周辺の国々と同盟網を構築し、中国の台頭を抑えようとしています。アメリカはただ「中国は独裁国家だから」とか「人権侵害をしているから」「経済的に競争関係にあるから」といった理由で対抗しようとしているのではありません。**アメリカが対抗する理由は、中国がユーラシア大陸を制覇しかねないほど強い潜在覇権国だからです。アメリカを根底で動かしているのは、「大陸の勢力均衡を保たなければ生存できない」という防衛本能なのです。**

アメリカが恐れていること、それは中国が自らと同じ地位を手に入れることです。「同じ地位」というのは、自らが属する大陸を支配し、他の大陸に干渉する能力のことです。アメリカは建国以来勢力を伸ばし、他の大国の軍事拠点・影響力を南北アメリカ大陸から排除することで、この大陸での覇権を確立しました。これによりアメリカは、遠く離れた別の大陸であるユーラシア大陸に介入する余裕があります。アメリカは、中国に同じことを実現してほしくないのです。

つまり、中国がこのまま勢力を伸ばせば、やがてユーラシア大陸の多くの国を従属させ、アメリカの同盟網や米軍基地を排除し、ユーラシア大陸を支配します。そして強力な海軍を創設し、最終的には太平洋を渡って、アメリカの周りに軍事基地を置いたり、アメリカ大陸に反米的な同盟国を得たりしてしまいます。アメリカはどうしても、中国がそれを実現することを許すわけにはいかないのです。

PART 5のまとめ

世界はユーラシア大陸と沖合の島々に二分される。

ユーラシア大陸は膨大な人口、資源、工業力を持つため、覇権国が出現する源になる。

海洋国家は、潜在覇権国がユーラシア大陸を支配して沖合の島々にまで攻めてこないよう、大陸の勢力均衡を外部から操ってその台頭を抑える。

古典地政学は、ユーラシア制覇を目指す大陸勢力と、それを外部から防ごうとする海洋勢力の攻防で世界を解釈する。

アメリカは、ユーラシア大陸の外にある唯一の大国であり、ユーラシア諸国（日・英・仏・独など）と大陸勢力（中・露）の勢力均衡を外部から操ることで、今の世界情勢の根幹を形作っている。

本章の前半でも述べた通り、アメリカは私たちが思っているほど強い国ではありません。絶対的な力量では群を抜いていても、北米大陸からユーラシア大陸までの長い距離を経ると、力が大幅に減衰するからです。アメリカは、単独で中国のような大陸の潜在覇権国に対抗できない以上、ユーラシア大陸か、その付近に同盟国を必要とします。この点で、日本とイギリスは飛行場として、韓国とフランスは上陸拠点としてアメリカにとって欠かせない同盟国なのです。

アメリカが比較的「良い国」であるのも、アメリカは「弱い」故に、これらの国に協力をお願いする立場だからです。もちろん同盟国がアメリカに依存している面もありますが、決してアメリカが一方的に「守ってあげている」わけではなく、「守らせてもらっている」面もあり、自国の長期的な安全のために、同盟国に良い態度を維持しなければならないのです。アメリカは同盟国が自らに同調するよう、そして同盟国の領内に米軍基地を置かせてもらう以上、「同盟国に嫌われてはならない」という必要に迫られているのです。

中国やロシアが周辺国に高圧的な態度を取る理由は、この逆で、自国の安全を保つ上で他国に依存せず、配慮する必要もないからです。また、大陸で大きな勢力を持つと、ほぼ必然的に周辺国に警戒されてしまいます。距離が近すぎて、お互いに安全保障のジレンマを構造的に抱えてしまうからです。

だからこそ、歴史的に海洋国家は「連合」として多国間同盟を築いてきた傍ら、大陸潜在覇権国はほぼ単独で戦ってきました。「アメリカ包囲網」「イギリス包囲網」という言葉はありませんでしたが、「ドイツ包囲網」「日本包囲網」「ソ連包囲網」「中国包囲網」という言葉は存在しました。アメリカはその時々の潜在覇権国に応じて、諸国家を対抗連合として勢力をひとまとめにすることで、潜在覇権国と対抗連合の勢力を拮抗させ、ユーラシア大陸の勢力均衡を維持してきたのです。

アメリカは、潜在覇権国が変われば同盟国も平気で変えます。第二次世界大戦では、中ソと協力して日独に対抗したと思えば、戦後には一転して、日独と協力して中ソに対抗しました。**アメリカにとってもどの国にとっても、「永遠の同盟国」は存在せず、あるのはどう勢力を拮抗させるかだけなのです。**

世界情勢は、表で各国の首脳たちが経済や人権などについて語る中で、根底では今でも海と陸の勢力均衡が動かしています。地政学の父マッキンダーは、生涯最後の論文をこう締めています。

> 全人類の生活が均衡に達したとき、初めて幸福な世界が生まれる。均衡こそ自由の基礎である。

第2章

ロシア

平野に呪われた国

第2章のPOINT

- 領土拡大は、ロシアの伝統的な国是。
- ロシアは、平野という地理的脆《ぜい》弱《じゃく》性《せい》から攻撃的にならざるを得ない。
- 地政学は１００年前からウクライナ戦争を予言していた。
- ヨーロッパ情勢の構造を紐《ひも》解《と》く鍵は、東欧を「緩衝地帯」として見ること。
- ロシアは分散した海岸・海氷・海峡の三重で海から隔絶されている。
- ロシア最大の武器は、天然ガス。

――国境を守る術《すべ》はない。それを広げる以外には。[1]

ロシアの行動原理を象徴するこの格言を残したのは、第8代ロシア皇帝エカチェリーナ二世。すべてのロシア皇帝の中で、初代ピョートル一世以外で「大帝」の称号を与えられた唯一の皇帝です。

それでは、なぜこの皇帝がこれほどまでにロシア人に崇拝されているのでしょうか？　その理由は、エカチェリーナ二世がロシア史上最も重要な領土拡大を成し遂げたからです。彼女はその治世で周辺の大国と戦争を行い、西に現在のウクライナからリトアニアに至る東欧地域を獲得しました。そして、彼女の最も偉大な功績といわれるのが、クリミア半島を併合したことです。これらの領土拡大により、ロシアは一気に大国の座を手にしました。

しかし、世界史好きな人でない限り、「クリミア併合」という言葉で頭に浮かべる人物は、プーチン大統領でしょう。２０１４年、プーチン大統領はクリミア半島を武力併合し、ソ連崩壊以来ウクライナの手中にあったここを23年ぶりにロシアの支配下に取り戻しました。[2]　ロシア人はクリミア併合を「第二次世界大戦の勝利以来の快挙」と称賛、プーチン大統領は一躍国の英雄となり、支持率は65％から85％に跳ね上がりました。

ロシアで崇拝される2人に共通する点は何でしょうか？　それは、領土拡大を行ったことです。

2人ともロシアの領土拡大と、そのために武力を行使することを躊躇《ためら》いませんでした。エカチェリーナ大帝はポーランドを外交的に服従させることを目指しましたが、それが不可能とわかると、迷わず武力併合に踏み切りました。[3] 同様に、プーチン大統領も、隣国が敵対的な態度を見せる度に軍事介入を行い、世界中の非難を浴びることも厭《いと》いませんでした。

領土拡大は、ロシアの指導者が最優先で取り組んできた課題です。 ロシアは700年前にはモスクワ周辺を治める小国に過ぎませんでしたが、現代では端から端までほぼ地球半周の長さを有する、世界で最も広大な国となりました。**ロシアで今日でも尊敬される指導者は皆、領土を拡大しました。一方、領土を失った指導者は、ことごとく嫌われています。** プーチン大統領はソ連崩壊を「20世紀最大の地政学的悲劇」と表現しましたが、それも無理はありません。ソ連崩壊を招いたミハイル・ゴルバチョフや、東欧の旧衛星国を西側に譲り渡したボリス・エリツィンがロシア人に好かれていないのも、ロシア独特の領土への強い執着が背景にあります。

ロシアの行動は、しばしば理解し難いものです。1939年にソ連がドイツと共謀してポーランドに侵攻したとき、イギリスのウィンストン・チャーチルは「ロシアの行動は謎に包まれている。それはエニグマ暗号機のように理解不能だ」と述べました。[4]

2022年のウクライナ侵攻でも、西側諸国の多くの人々がロシアの行動に困惑しました。一部の人々は「プーチン大統領は帝国主義者で、ソ連に今でも憧れを持っている」と近年の状況を解釈します。この根拠としてよく持ち出されるのが、「ソ連が恋しくない者には心がない」というプーチン大統領の２０００年の発言です。ところが、この後にはもっと大事な部分が続きます。「だが、ソ連に戻りたい者には脳がない」。領土拡大はプーチン大統領特有の個人的趣味ではなく、ロシアの指導者が過去何百年にもわたって共通してこだわってきた国策です。ウクライナ戦争は何もないところから突然起こったものではなく、プーチン大統領が生まれる遥《はる》か前から繰り返されてきた領土拡大政策の一部に過ぎません。よって、現代のロシアの行動を深く理解するには、**プーチン大統領の「心」よりも、ロシアという「国」として、なぜそこまで領土拡大にこだわるのかを考えなければなりません。**

本章では、チャーチルが「謎」と表現したロシアの行動を、地理を手がかりに解き明かします。**ロシアの行動を根底で突き動かしているのは、ロシア独特の地理的条件であり、ロシアの指導者はいかに与えられた地理的強みを活《い》かし、弱みを克服するかを常に考えます。**ロシアが地理に特段に囚《とら》われる性格は、ロシア地理学会の歴史が明らかに示しています。この学会は１８４５年、皇帝ニコライ一世が次の文言とともに創設しました。「祖国を愛し、ロシアとロシア人の未来に不滅の信念を持つ者たちのために」。ロシアにおいて地理の研究は、初めから政治と深く結びついていたのです。それは今でも変わりありません。現在、この学会の会長を務めるのは、名高い地理学者などではなく、前国防相セルゲイ・ショイグ氏です。そして、理事長を務めるのはウラジーミル・プーチン氏――ロシア大統領です。[5] ロシアの国家・軍事戦略は、今でも地図を見ることから始まるのです。

さらに、地政学そのものもロシアと切り離しては語れません。本書の中核を成す、英米で議論された古典地政学は、長年にわたり両国の最大の脅威であったロシアにどう対抗するかという問題意識から生まれました。地政学の父、ハルフォード・マッキンダーが記した地政学で最も重要な論文『歴史の地理的枢軸』は、大陸勢力の雄・ロシアの拡張をいかに防ぎ、海洋勢力の雄・イギリスをいかに守るかに焦点を当てました。同様に、「リムランド理論」で知られるニコラス・スパイクマンも、冷戦が始まる前から、ソ連の勢力拡大を封じ込め、アメリカを救うことを訴えていました。マッキンダーの時代から地形は一切変わっていません。ウクライナ戦争も、長い歴史の中で繰り広げられてきた海洋勢力と大陸勢力の対立が、少しばかり可視化されたに過ぎないのです。

PART 1

平野の呪い

ロシアを数百年悩ませる地形の呪い

強い国は往々にして、元々強いのではなく、元来の弱さを埋め合わせるために強くならざるを得ないものです。ロシアもそのような「弱点を克服して成り上がった大国」です。戦後アメリカで最もロシア事情に精通し、後にアメリカの対ソ政策を主導したジョージ・ケナンは、1946年に、ロシアの行動はその地理的な脆弱さに由来すると指摘しました。

国際問題に関するクレムリンの神経過敏症的な見解の底には、ロシアの伝統的、本能的な不安感がある。元来これは、獰猛《どうもう》な遊牧民と隣合わせに、広大なむき出しの平野に住もうとした、平和な農耕民の不安であった。その上に加わったのが、ロシアが経済的に進んだ西方と接触するようになったとき、その地域のより有能で、より強力で、より高度に組織された社会に対する恐怖だった。[6]

ケナンはその翌年にも、ロシアの拡張主義が平野に起因していると述べました。

〈ロシアは〉広大で無防備な平野で、何世紀にもわたって繰り広げられた遊牧民同士の不明瞭な戦いから教訓を得ている……アメリカの対ソ政策の主たる要素は、ソ連の膨張傾向に対する長期の、辛抱強い、しかも確固として注意深い封じ込めでなければならない。[7]

ロシアは平坦《へいたん》な地形に国の命運を左右されてきました。ロシアの始まりは9世紀から13世紀にかけて、今のウクライナからロシアの辺りにあったキエフ・ルーシという国です。この国は一時ヨーロッパ最大の版図を誇るほど栄えましたが、13世紀にモンゴル帝国の侵攻を受けて滅びました。**モンゴル帝国が５３００km離れたキエフを攻撃できた理由は、ユーラシア大陸を貫く広大な平野にありました。**モンゴル軍の騎馬部隊は、この天然の高速道路を遥々縦断してきたのです。

国をなくしたロシア人たちは、北の森林地帯に逃げ込みました。ここも平地で安全ではないにしても、辛うじてモンゴル軍との直接的な戦闘は避けられました。モンゴル軍の武器である馬と弓は、森の中では木に引っかかって使えなかったからです。

こうしてロシア人たちは現在のモスクワ辺りに落ち着いて、２００年にわたってモンゴル帝国に服従することとなりました。しかし、ロシア人たちはこの支配体制の下で徐々に勢力を増していき、１４８０年には服従を正式に拒否。ようやくモンゴル帝国の支配を抜け出したのです。

図表2−1　北ヨーロッパ平野

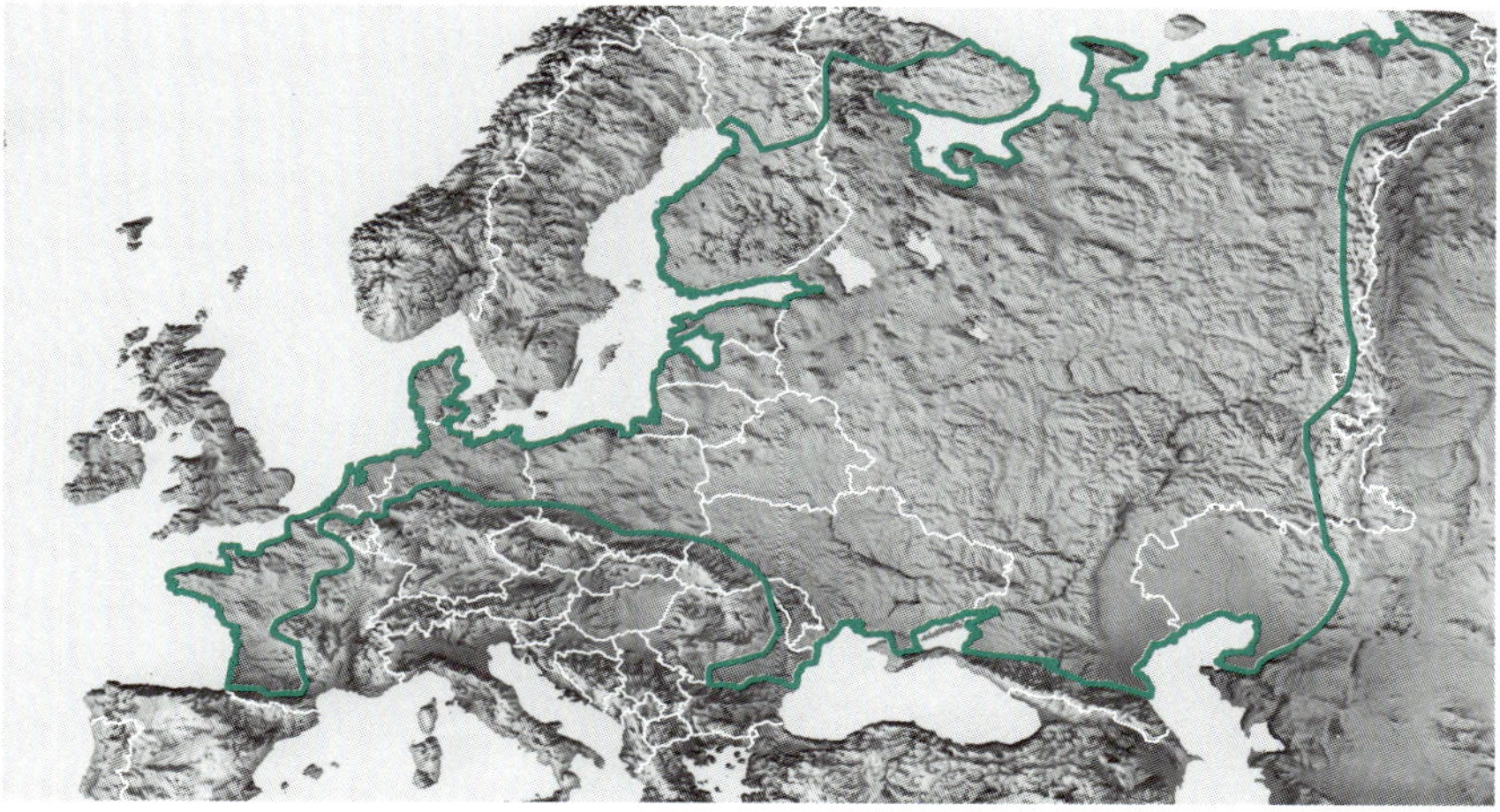

ロシアはヨーロッパの大国と平野で繋がっている

モンゴル帝国の支配を破ったロシア人たちは、今度は東へ急速に領土を拡張していきました。元々ウラル山脈の東側には人が多く住んでいなかった上に、銃を得たロシア人とコサック（ロシア辺境地の戦士集団）は、先住民の抵抗に見舞われても比較的容易に制圧することができました。こうしてロシアの領土は、1700年までにユーラシア大陸の東端に到達。すでにこの頃には、世界最大の面積を誇っていました。**しかし、これほど広い領土を獲得してもロシアは依然として地理の呪いからは解放されませんでした。**その原因は、西にありました。ロシアの西は依然として開放されていて、西の敵勢力から守ってくれる自然的障壁が何もなかったからです。

ロシアを今日まで悩ませてきた諸悪の根源は、北ヨーロッパ平野です。この平野はフランスのピレネー山脈からロシアのウラル山脈まで広がり、その内側にフランス、ベルギー、オランダ、ドイツ、デンマーク、ポーランド、リトアニア、ラトビア、エストニア、フィンランド、ベラルーシ、ウクライナ、モルドバ、ルーマニア、ブルガリア、カザフスタンと多数の国を含有する、非常に広い平野です。過去500年の間にロシアを本格的に脅かした敵勢力は、すべてこの北ヨーロッパ平野からやってきました。

1605年にはポーランド、1707年にはスウェーデン、1812年にはフランス、1914年と1941年にはドイツが、この平野から来襲してロシアを滅亡寸前まで追い詰めました。**ここの敵を誘い込む力は凄《すさ》まじく、1812年から1941年までの侵攻をすべて数えると、ロシアはこの平野だけで33年に1回の頻度で侵攻を受けたことになります。**[8]

ロシアは弱いから広い

障害物が何もない平野で、敵の侵攻を防ぐにはどうすれば良いか。ここで、本章冒頭のエカチェリーナ大帝の格言に重みが出てきます。

―国境を守る術はない。それを広げる以外には。

平野は攻撃が有利の地形です。ここで防御を有利にするには、少しでも外敵との距離を確保しなけ

ればなりません。そこで、ロシアは東方の征服が概《おおむ》ね完了した18世紀以降、西に目を向け、100年かけてウクライナからポーランド、バルト三国、フィンランドまでの一帯を征服、西の戦略縦深を深める大征服事業を敢行しました。こうした一連の領土拡大は、決して無駄ではありませんでした。前章でも触れましたが、1812年にナポレオンのフランス軍がロシアに侵攻した際、ロシア軍は直接の戦闘を意図的に避けつつ後退し、フランス軍の補給線を延ばし切りました。その後、フランス軍がモスクワに到達したとき、ロシア軍はさらにウラル山脈の奥に後退しており、フランス軍はロシア軍の帰りを待っている間に厳しい寒さと食糧不足に苦しんで撤退を余儀なくされました。

1941年には、ドイツ軍がナポレオンと同じ罠《わな》にはまりました。ヒトラーは、「ナポレオンと同じ轍《てつ》は踏むまい」と規格外の大軍団を動員して、冬が来る前にソ連との戦争に決着をつけるつもりでした。しかし、その望みは叶《かな》わず、延びすぎた補給線、冬将軍の影響を受け、待ち構えるソ連軍に撃退されました。

2つの大戦争は、ロシア人の心に強烈な恐怖心を植え付けました。最終的には勝ったとはいえ、フランスとの戦いでモスクワが火の海に包まれ、ドイツとの戦いでは2660万人、当時の全人口の13・5%に匹敵する犠牲者を出しました。[9]

ロシアの西の世界への神経質な態度の源泉には、この平坦で外国軍の侵入を容易に許してしまう地理的繋《つな》がりがあります。これは、そもそも国境が存在しない日本との大きな違いです。日本では、全国どこの海岸に立とうと目の前に海以外のものはなく、その向こうに別の国があることを体感しにくいものです。ロシアは違います。ロシアとその西の国々との国境には自然的障壁が存在せず、あっても川か、薄い柵だけです。立つ箇所によっては、かかとにロシア、つま先に別の国があります。ロシアと西の世界は政治的に隔てられていても、地理的には繋がっています。というより、地理的に繋がっているからこそ政治的な隔たりを求める、といった方が正しいでしょう。**ロシアは強いから広いのではなく、弱いから広くならざるを得ないのです。**ロシアの広さは、ロシアが抱く大きな恐怖心そのものなのです。

「ウクライナ戦争の責任は欧米にある」

ロシアの地理的脆弱性は、ウクライナとロシアの軋轢《あつれき》にも直結する重要な側面です。２０１４年、ロシアがウクライナ領クリミア半島を侵攻・占領した際、当然ですが、欧米の首脳たちは口を揃《そろ》えて「ロシアに一方的な責任がある」と非難しました。しかし、欧米の人々がロシアを責める中で、この見方を真っ向から否定して物議を醸した人物がいました。それが国際政治学者のジョン・ミアシャイマー氏です。

ミアシャイマー氏は、「世界で最も嫌われる学者」と呼ばれることもあります。それもそのはず。ミアシャイマー氏は、「ウクライナ危機の責任のほぼすべてが欧米にある」という、大多数の意見とは正反対の持論を展開したからです。ミアシャイマー氏は２０１４年の記事の中で、ロシアが戦争を起こした真の動機は、長年の欧米によるロシアを追い詰める外交政策にあったと指摘しました。

欧米における通説によれば、ウクライナ危機の責任はほとんどがロシアの野心にあるという……しかし、この通説は間違っている。この危機の真犯人は、アメリカとヨーロッパの同盟国だからだ。この問題の真の根源は、NATOの東方拡大による、ウクライナをロシアの影響力から切り離し、欧米に統合しようとする戦略にある……1990年代半ば以来、ロシアの指導者たちはNATO拡大に断固として反対してきた。そして近年では、ロシアにとって戦略的に重要な隣国が欧米の砦《とりで》と化すことを決して容認することはない、と明言してきた……プーチンは、NATOの海軍基地が置かれる恐れのあるクリミア半島を占領した上で、ウクライナが欧米への接近を止めるまで情勢を不安定なままにするつもりだ……プーチンの反発は驚きには値しない。結局、ロシアの裏庭に進出し、その核心的な戦略的地位を脅かしてきたのは欧米だったのだから。プーチンはこのことを繰り返し強調してきた。それにもかかわらず、欧米の指導者たちが不意を突かれた理由は、彼らが国際政治について誤った見方をしていたからに他ならない。彼らは現実主義の論理は21世紀には不要であり、法の支配、経済的相互依存、民主主義などの自由主義原則によって、ヨーロッパの統一と自由が保証されると思い込んでいるのだ。しかしこの壮大な構想はウクライナで失敗した。[10]

ミアシャイマー氏は、1990年代の早い段階からウクライナ戦争を予見していた数少ない学者でした。それが可能だった理由の1つは、ロシア視点の地理的現実を直視していたからでしょう。ミアシャイマー氏は早くも1993年の記事でこう述べていました。

ロシアとウクライナの関係は今後悪化する可能性が十分にある。第一に、両国は安全保障の軋轢が発生しやすい条件を持っている。ロシアとウクライナのように、無防備で長い国境を共有する大国は、しばしば安全保障上の懸念から対立に陥る……ロシアとウクライナが戦争をすれば大惨事になるだろう。大国を巻き込む戦争は莫大《ばくだい》な犠牲と世界的な混乱を引き起こし、他の国々を巻き込む可能性さえある。ロシアがウクライナを再征服するようなことになれば、ヨーロッパ全体の平和が損なわれるだろう。[11]

2014年には、あらためてウクライナが特異な地政学的立場にあると指摘しました。

プーチンの行動を理解するのは容易だ。ウクライナは、かつてナポレオン時代のフランス、帝政ドイツ、ナチス・ドイツがロシアを攻撃するために通過した広大な平地に位置している。そのため、ウクライナはロシアにとって戦略的に非常に重要な緩衝国家なのだ……アメリカは地政学の基礎の基礎を理解するべきだ。すなわち、大国は常に自国領土近くの潜在的脅威に敏感である……仮に中国がカナダとメキシコと軍事同盟を結んだら、と想像してほしい。アメリカは必ず激怒するはずだ。[12]

図表2-2 NATO東方拡大とウクライナの位置

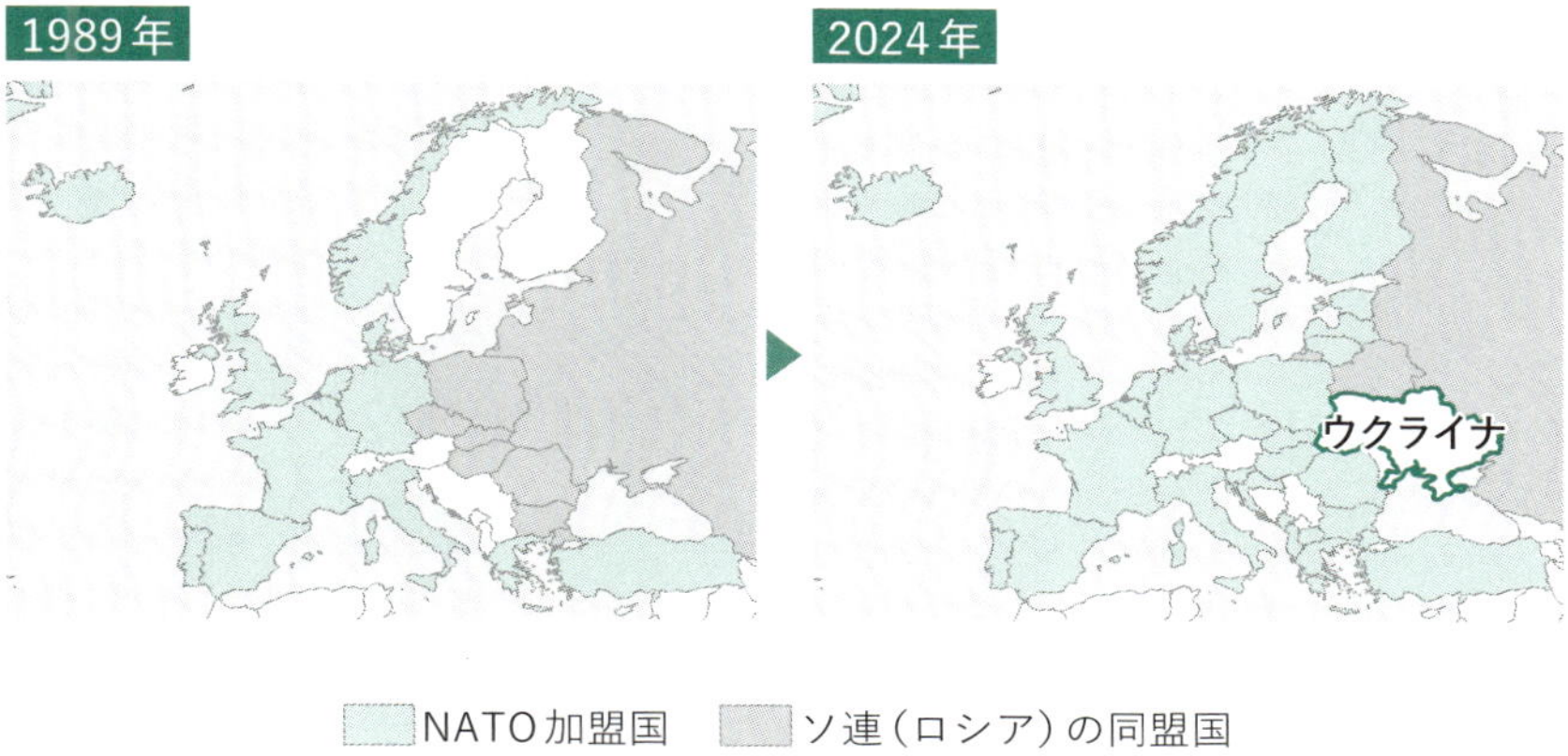

ミアシャイマー氏は、「この問題を解決する唯一の方法は、ウクライナを緩衝国家に留《とど》めておくことだ」と言います。**欧米は、ロシアの置かれた立場を冷静かつ現実的に考え、ウクライナを欧米にもロシアにも寄り切らない中立緩衝国であり続けさせることこそが、長期的な平和に繋がると言うのです。**

ミアシャイマー氏の議論は、地政学の観点から捉えると非常に興味深いものです。というのも、ロシアに関してこれと驚くほどそっくりの主張が、ウクライナ危機の100年前になされたからです。その主張を行った人物こそ、地政学の父、ハルフォード・マッキンダーです。

東欧を制する者は世界を制する

ウクライナ情勢が徐々に悪化し始めた冷戦終結

後の時代と、その100年前の第一次世界大戦終結後の時代には、ある共通点があります。**それは、楽観論が蔓延《まんえん》していた点です。**

冷戦終結後は、40年以上世界を二分してきた冷戦構造がようやく融解し、アメリカ率いる西側陣営とソ連率いる東側陣営が和解した時代です。欧米人は、この事実をもって、「ようやく世界から大国間争いが永遠になくなるときが来た」と安堵《あんど》しました。「これからの時代には、欧米流の自由民主主義が全世界に広がり、ロシアや中国も欧米と手と手を取り合って平和を謳歌《おうか》する」と、多くの人々が大真面目に考えていたのです。

実は、このような楽観論は第一次世界大戦終結後にも広がりました。第一次世界大戦は、当時の時点で人類史上最大規模の破壊・被害者を出した戦争でした。これほどの戦争を経た結果、人々は平和の尊さをあらためて噛《か》み締め、「こんなに大きな戦争はもう二度と起こらないはずだ」と確信していました。実際、当時この戦争は「戦争を終わらせるための戦争(The War to End Wars)」と呼ばれていたほどです。[13] 当時のウィルソン米大統領も、この戦争における民主主義陣営(イギリス、フランス、アメリカなど)の勝利をもって、「民主主義こそ人類の理想であり、それを世界中に届ける責務がある」と発表しました。冷戦終結後と奇妙なほど似ています。

この楽観論に一喝したのがマッキンダーでした。マッキンダーが1919年に著した『民主主義の理想と現実』は、次の序文から始まります。

> 目下我々の頭の中は、未《いま》だに一切を巻き込んだ戦争の生々しい記憶でいっぱいである……こういうときには、疲れ切った人たちがもう戦争はごめんだと思う単純な理由から、得てして永久的な平和が訪れるかのように錯覚する誘惑に陥りやすい。けれども国際的な緊張は、最初はゆっくりでも、どのみちまた増加の一途を辿《たど》るだろう……もし我々が将来戦争のない世界を作ろうという国際連盟の理想を貫徹したいならば……地理的な事実をよく弁《わきま》えた上で、これらの影響に対処する方策を考える必要があるだろう。[14]

要するに、「戦争直後に一時的に広がる平和への願いは次第に薄くなるので、そのような一時の感情で揺らがない、長期的で地理的現実を踏まえた平和体制を構築するべきだ」と訴えたのです。では、マッキンダーの考えた平和体制とは一体どんなものだったのでしょうか。一言でいえば、それは**東欧に緩衝地帯を作ること**でした。

今のドイツとは違い、第一次世界大戦まで、ドイツの領土は今日よりも東に大きく突き出ていて、ロシアと長い国境を共有していました。しかし、戦争でドイツと同盟国のオーストリア・ハンガリー帝国が敗れたため、連合国はここ一帯の国境を新たに引き直す機会を得ました。**そこでマッキンダーは、ここに複数の新たな独立国家を設けることを提案しました。**

なお、ここに独立国家を作り出すことは戦争終結前からほぼ決定していましたが、その主目的はあくまで民族自決、つまり「各民族は自分たちの独立国家を持つべき」という理念を叶えるためでした。

図表2-3　第一次世界大戦後の緩衝地帯

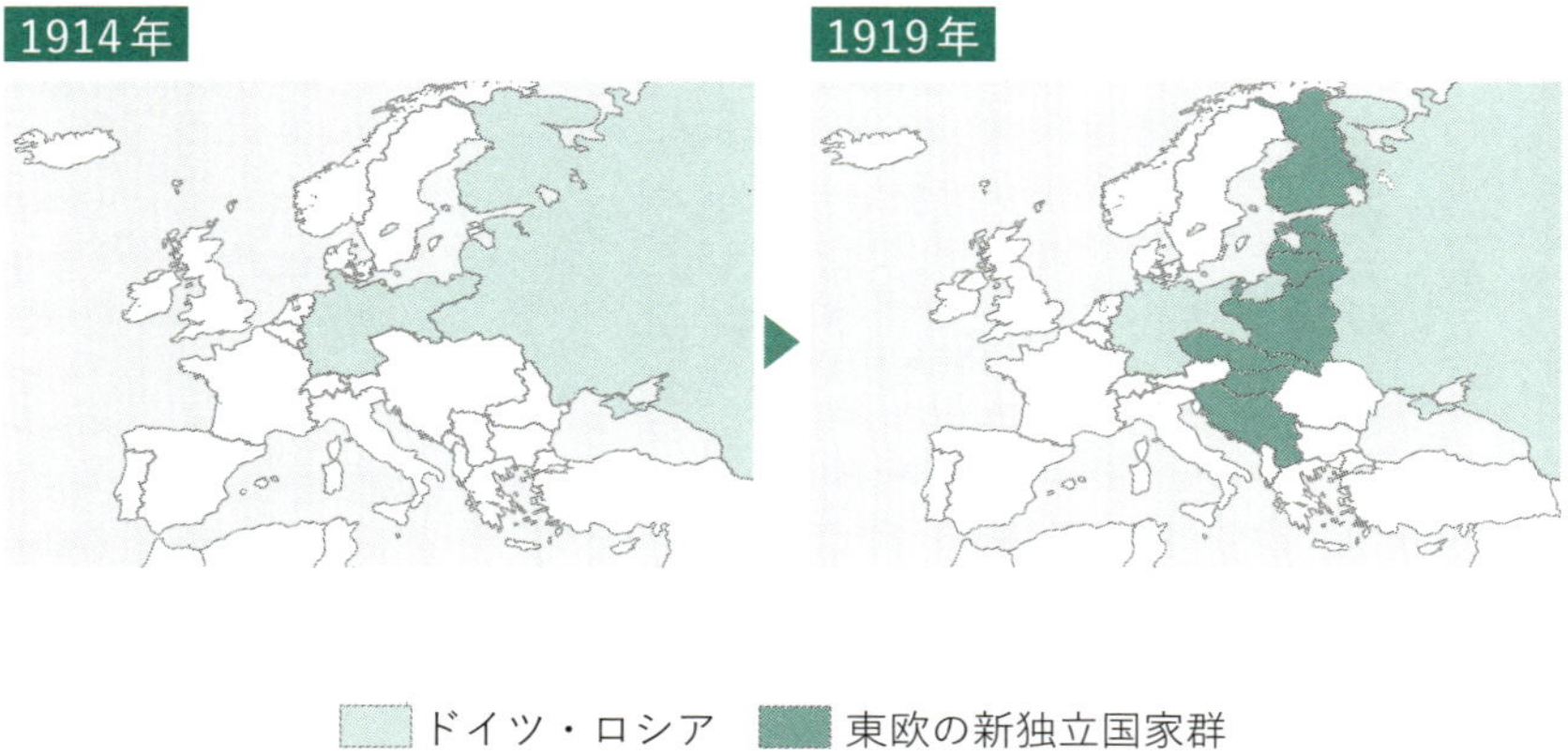

しかし、マッキンダーが論じたのは、東欧に独立国家群が誕生する地政学的意義でした。

マッキンダーの唱える「東欧に独立国家群が誕生する地政学的意義」は、大きく分けて2つありました。

まず1つ目が、ドイツのハートランド支配を防げることです。マッキンダーにとって、この戦争で最も注目に値したのは、ドイツがロシアの一部を一時的に占領したことでした。この戦争でドイツとロシアは敵対関係にありましたが、ロシア国内は革命で混乱しており、ドイツはこれに便乗してロシアを打ち倒しました。そして講和条件として、現代のウクライナからエストニアにかけての地域を割譲させたのです。このときのドイツは、広大な領土を獲得した上に、ロシアを従属させるという、ユーラシア大陸の覇者のような状態でした。マッキンダーは、「もしこの時点でドイツが戦争を終わらせていれば、時間をかけてハートランドの膨大な資源を大艦隊の創設に動員し、イギリスやアメリカなどの島《とう》嶼《しょ》地帯を征服する力を得ていただろう」と振り返りました。

結果的に負けたとはいえ、マッキンダーにとってドイツが一時的にでもハートランド支配を確立したことは大きな脅威に映りました。**そこで、二度とドイツがハートランドを支配できないよう、東欧に独立国家群を設けることを訴えたのです。**東欧がドイツに取られなければ、ドイツはその東のハートランドに進むことはできません。いわば東欧には、ドイツの東進を止める防壁としての役割が期待されたのです。マッキンダーは、東欧の戦略的重要性を謳《うた》ったこんな格言を残しました。

東欧を制する者はハートランドを制する。
ハートランドを制する者は世界島を制する。
世界島を制する者は世界を制する。[15]

ドイツとロシアを分け隔てる緩衝地帯、東欧

「東欧に独立国家群が誕生する地政学的意義」の2つ目は、ドイツとロシアの緊張を構造的に和らげることです。第一次世界大戦の遠因は、ドイツとロシアの長年の対立でした。この一因には、両国が起伏がなく守りにくい平野で国境を接していることがありました。**そこで、ドイツとロシアの間に緩**

衝国が入れば、両国は物理的に離れ、お互いを恐れずに済みます。仲の悪い両国の喧嘩《けんか》を防ぐには、無理に仲良くさせるのではなく、強制的に引き離した方が良い、という理屈です。

しかし、ただ東欧に国を作るだけでは、いずれ強力なロシアかドイツが征服しようとします。よって、マッキンダーは東欧諸国が２国に十分対抗できる勢力を持てるよう、海洋勢力が経済的に支援することや、海上貿易を続けられるようバルト海と黒海の制海権を守ること、そして万が一どちらかの国が征服を試みた場合には、国際連盟が一丸となって軍事介入をするべきであることを提言しました。[16]

１９１９年、第一次世界大戦終結のためのパリ講和会議を経て、東欧にはマッキンダーの提言通り独立国家群が誕生しました。しかし不幸にも、マッキンダーが危惧した通り、その20年後の第二次世界大戦を防ぐことはできませんでした。比較的分厚いと思われた緩衝地帯でしたが、それでもドイツはポーランド、チェコスロバキアを突破し、ソ連にまで侵攻したのです。まさにこれは「東欧を制する」行為そのものでした。けれども、ソ連は辛うじてドイツの猛攻撃を克服し、その後反転攻勢で、今度はソ連がベルリンまで進軍、最終的に東欧を制したのはソ連となりました。

マッキンダーが20年前に警告した事態は現実となりました。マッキンダーの警告は、第一次世界大戦終結後の当時、ほとんど誰にも真面目に受け取られませんでした。しかし、第二次世界大戦が起こると、マッキンダーは一躍「2回目の大戦発生を的中させた学者」として、アメリカで話題になりました。そこで１９４３年、当時82歳になっていたマッキンダーはアメリカの外交誌に、「自身が20年前に唱えた理論がこれからも通用するか、そして世界が今後どう発展していくか」を問われ、こう答えました。

> この戦争の終結後にソ連がドイツを支配すれば、ソ連は地球最強の大陸国家となるだろう。のみならず、ソ連は防衛戦略上でも最強の地位を占める。ソ連はハートランドという地球最強の要塞に佇《たたず》んでいる……ハートランド理論は正当性を失うどころか、これまでよりも正しさを増している。[17]

かつて広大な緩衝地帯として維持されていた東欧は、この時点でその全域がソ連の勢力圏に組み込まれました。それまではドイツがソ連の拡大を抑えていたところが、ドイツの敗戦により、海洋勢力は直接ソ連と対峙《たいじ》しなければならなくなったのです。こうしてドイツは海洋勢力側の西ドイツと、大陸勢力側の東ドイツに分断され、その境界線は冷戦終結まで固く閉ざされました。

なぜロシア人はアメリカを信じられないのか

この境界線が40年ぶりに動かされたのが、１９９０年の東西ドイツ再統一のときでした。そしてこれは、その後30年間ゆっくりと進むＮＡＴＯ東方拡大の始まりでもありました。あまり注目されないこの側面ですが、冷戦後の数十年、東欧の緩衝地帯がどう動き、ロシアがそれをどう考えてきたのかを見てこそ、ウクライナ戦争も含めて今のロシア情勢が理解できます。

まず冷戦終結当時は、米ソが融和的関係に舵《かじ》を切っていたこともあり、東西ドイツ再統一自体に関してはは正式な異論は出ませんでした。しかし、東西ドイツ再統一後に、NATOの範囲をどう変えるべきかについては意見の対立がありました。**アメリカは、ドイツが1つになり次第、旧東ドイツ領までNATOを広げるつもりでいました。けれどもソ連はこれに反対し、東西ドイツ再統一がなされるには、統一ドイツがNATOを脱退しなければならないと条件をつけました。**再統一されて勢力が大きくなったドイツが野心的に東に拡大することを恐れたからです。両者は議論を重ねた末最終的に、「統一ドイツはNATOに留まりつつも、旧東ドイツ領にはNATOの軍事拠点を極力置かない」とする妥協案で合意しました。

しかし、このときの交渉は後の時代にある禍根を残しました。それが、NATO不拡大の「誓約」があったかどうかです。簡単にいえば、**現代でもロシアは「NATOがそれ以上拡大しないとアメリカは誓約したのに、それを破った」とアメリカを批判し、アメリカは「誓約はそもそもなかった」と否定する、言った言わない合戦が発生しているのです。**結局のところ、この問題の真実は未だに明らかになっていません。というのも、これは「正式な合意」があったかどうかではなく、関係者同士の「暗黙の了解」があったかどうかという、曖昧な話だからです。ロシアはこの暗黙の了解があったとする根拠として、当時のベイカー米国務長官の有名な「1インチ発言」を引き合いに出します。

もしアメリカがNATOの枠組みでドイツを加盟国として維持するなら、NATOの管轄権もしくは軍事的影響力は1インチたりとも東方に拡大しない。[18]

これに加えて、西ドイツのゲンシャー外相もソ連が再統一を認めるなら「NATOは東に、つまりソ連の国境には一切近づかない」と公に発言したことがあります。[19] 真相はどうであれ、ロシア人は「アメリカに欺かれた」という被害者意識を強く持っていることは確かです。**ロシアとアメリカが今日でも観念的に対立する1つの理由は、両者の冷戦終結の解釈の食い違いにあります。**ロシア人は、冷戦終結とは米ソの歩み寄りによってなされたものであったと捉えていて、ロシアの敗北の結果とは考えません。一方、アメリカ人は、「冷戦終結はアメリカが勝利した証拠だ」と考えます。実際、当時のブッシュ大統領は、次のように発言していました。

ソ連はドイツとNATOの関係に口出しできる立場じゃない。私が心配しているのはドイツがNATOに留まるべきではないという議論だ。知ったことか。私たちは勝ったが、あいつらは負けた。ソ連に勝利を奪われるわけにはいかない。[20]

ゴルバチョフは後に、こうしたアメリカ人の勝利者意識とロシアへの配慮の欠如に苦言を呈しています。

我々は冷戦に終止符を打った。米国の政治家は冷戦での共通の勝利を確認する代わりに自らの《冷戦での勝利》を表明した。ここに、新しい世界政治の基盤をぐらつかせた誤りや失敗の根がある。勝利者意識は政治でのあしき助言者であり、モラルを欠くものだ。[21]

NATO東方拡大の始まり

こうした双方の齟齬《そご》が解消されないまま、NATOは20年かけて東へと拡大していきました。1999年の第1回拡大ではチェコ、ハンガリー、ポーランド、2004年の第2回拡大ではブルガリア、エストニア、ラトビア、リトアニア、ルーマニア、スロバキア、スロベニア、2009年から2020年の間にはアルバニア、クロアチア、モンテネグロ、北マケドニアがNATOに加わりました。

一方、どんどん狭まる緩衝地帯を前に、ロシアは危機感を募らせていきました。例えば、1999年にNATOがユーゴスラビアを空爆した際、当時のエリツィン大統領は「これは、NATOがロシアの国境まで迫ったときに起こり得ることの最初の兆候である……戦争の炎はヨーロッパ全土に燃え広がるかもしれない」と不安を露《あら》わにしました。2007年にはプーチン大統領が、ミュンヘン安全保障会議で欧米の首脳たちを前に、NATO拡大を批判する演説を行いました。

NATOの拡大は、同盟の近代化やヨーロッパの安全保障の確保とは無関係であることは明らかである。それどころか、信頼関係を損ねる深刻な挑発行為である。この拡大が一体誰に対するも

図表2-4　拡大するNATO（2014年当時）

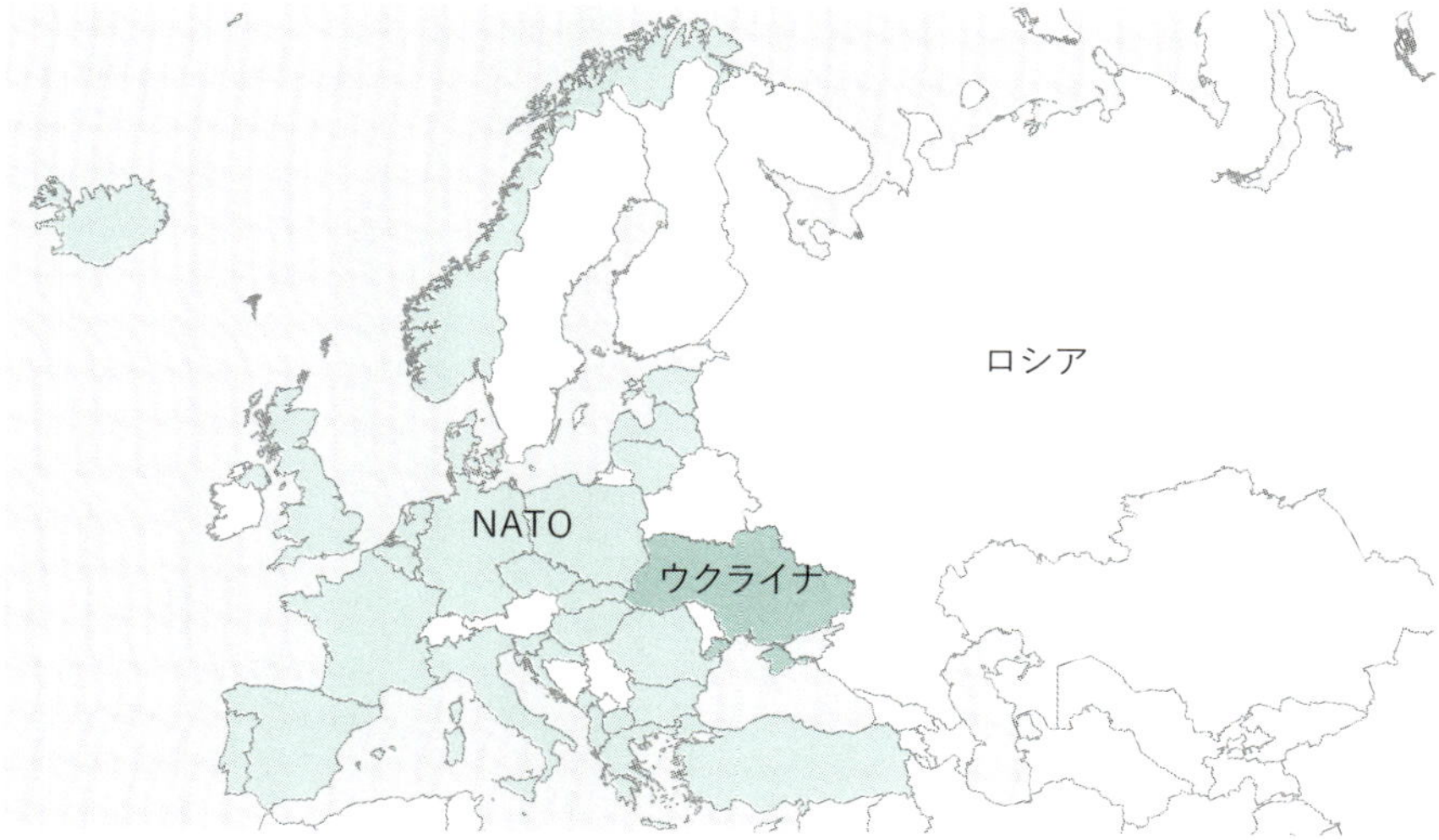

のであるのか、我々には問う権利がある。そして、ワルシャワ条約機構の解体後に西側諸国が与えた保証は一体どこにあるのか。その宣言は今どこへ消えてしまったのか。誰も覚えてさえいないようだ。しかし、私はこの場の皆さんに、当時の発言を思い出してもらいたい。１９９０年5月17日、ブリュッセルでのＮＡＴＯ事務総長ヴェルナーの演説を引用しよう。彼はこう言った。「我々がドイツ領外にＮＡＴＯ軍を置かないという事実は、ソ連に確固たる安全保障を与える」。その保証は今どこにあるのか？[22]

翌年の２００８年には火に油を注ぐように、ＮＡＴＯはブカレストでの会議で、ジョージアとウクライナをＮＡＴＯに引き入れることを検討しました。アメリカはこれに積極的に賛成していましたが、フランスとドイツは、ロシアを刺激しすぎることを恐れて反対しました。最終的には「(両国は)将来的にNATOに加盟する」との声明を出して、閉幕しました。

しかし、ロシアはこれに不満を募らせていきました。こうしたNATOの動きは、会議から4か月後のジョージア侵攻や、2014年以降のウクライナ戦争に影響したといわれています。実際、2022年からの全面侵攻に際して出した事実上の最後通牒《つうちょう》の中で、ロシアは3つの点を強調しました。**第一に、NATOがこれ以上拡大しないという法的拘束力のある確約をすること。第二に、NATOがロシア国境の近くに攻撃兵器を配備しないこと。第三に、1997年以降の加盟国からNATO関連の部隊を撤去すること。**1997年以降の加盟国というと、ドイツとロシアの間にある国のすべてが中立国になることを意味します。要するに、ロシアは東欧に冷戦直後や第一次世界大戦直後にあったような緩衝地帯を復活させるよう求めたということです。第一次世界大戦の時代から100年以上が経《た》つにもかかわらず、ここの地政学的関係は少しも変わっていないのです。

マッキンダーの亡霊

東欧の地理的現実と勢力均衡を重視する識者は、NATO拡大を最初から批判していました。1997年、1回目のNATO拡大が決定した年、アメリカの上級外交政策専門家50人が、クリントン大統領に、NATO拡大は「歴史的な過ちになる」と警告する公開書簡を渡しました。1940年代の冷戦初期に、アメリカがソ連と真っ向から対決することを訴えたジョージ・ケナンでさえ、このときはNATO拡大に反対しました。

率直に言えば、NATO拡大は冷戦後のアメリカの政策で最も致命的な誤りである……このような決定は、ロシア世論の民族主義的、反欧米的、軍国主義的傾向を煽《あお》り、ロシアの民主主義の発展に悪影響を及ぼし、東西関係に冷戦の雰囲気を復活させ、ロシアの外交政策をアメリカの望まない方向に向かわせるだろう。[23]

引き続きNATO拡大を推し進めたブッシュ政権とオバマ政権で国防長官を務めたロバート・ゲーツ氏も、後にNATO拡大についてこう振り返っています。

ゴルバチョフに統一ドイツのNATO加盟を渋々認めさせたのは大きな成果だった。しかし、ソ連崩壊後、迅速に〔ソ連の〕旧隷属国をNATOに編入したのは間違いだった……そして、ジョージアとウクライナをNATOに引き入れようとしたのは、明らかにやりすぎだった……ヨーロッパ人、ましてやアメリカ人は、ウクライナとジョージアを守るために自分たちの息子や娘を送る覚悟はあっただろうか？ 決してなかっただろう。つまり、NATO拡大は政治的行動であって、慎重に練られた軍事的取り組みではなかったのだ。同盟の目的を損ない、ロシアの核心的利益を無謀にも無視したのである。[24]

アメリカでは、冷戦が「思想の対立」だったという認識が一般的です。だからこそ、アメリカ人の多くが、「ロシアはNATO拡大を気にしない」と考えました。冷戦後のロシアはアメリカ同様、資本主義と民主主義を取り入れようとしており、思想の対立はもはや存在しないように見えたからです。第一次世界大戦直後の人々も同じ幻想を抱いていました。しかし、**マッキンダーのような現実主義者は、国際政治を頭の中の思想よりも、足元に広がる地理を通して見つめました。**国際政治は海洋勢力と大陸勢力の対立の産物であり、東欧はこの2つの勢力の境目にある。そして東欧は平坦であるため、戦争が起こりやすい傾向にある。よって、この境目に緩衝地帯を挟み込み、西欧とロシアの勢力均衡を保つことこそが、現実的な平和に繋がると訴えたのです。

マッキンダーがもし今日生きていたら、アメリカ人の「勝利者意識」も批判したでしょう。マッキンダーは第一次世界大戦直後、勝者（イギリスなど）が敗者（ドイツ）に全責任を負わせ、一方的に罰するべきではないと訴えました。

我々が必要とするものは、ドイツ人とスラブ民族（ロシア人を含む）の間の適正な均衡であり、しかもその両方が、それぞれ真の独立を享受できるような解決策でなくてはならぬ。かりそめにも東欧やハートランドにおいて、将来の野心に余地を残すような状態をそのままに放っておくわけにはいかない……我々はドイツ人にも、その本来の世界的地位にふさわしい限度のもの、そして一国民として決して恥ずかしくないだけのものを与え、同時に国際連盟の成立に先立つ諸《もろ》々《もろ》の

――条件を作り出すことができるようになるはずだ。[25]

ジョージ・ケナンも、「ロシアが威信をあまり損なわずに受諾できるような要求を提示することが肝要である」と似たようなことを述べています。[26]

もちろん、以上のようなことを考慮しても、平和を達成するのが難しいことは確かです。「なるほど、ロシアは自分たちを守りたいからウクライナを攻撃するのか。じゃあ仕方がない。ロシアを安心させるために、我々東欧諸国はNATOから脱退しよう」とは決してならないでしょう。東欧諸国にとっても最優先課題は「自国の生存」であり、NATO加盟がこの目的を達する上で非常に有用であることは明らかだからです。

アメリカはNATO拡大を行うにあたって、ロシアを脅かすつもりはなかったでしょう。しかし、平坦な地形で繋がる以上、NATO側もロシアを警戒せざるを得ないのです。ロシアの近くにある東欧諸国なら尚更《なおさら》です。NATO加盟がロシアを刺激することはわかっていても、加盟しなかったらしなかったで、万が一ロシアに攻められれば対抗しようがありません。ロシアがNATOを恐れる以上に、ウクライナはロシアを恐れているのです。

結局、これは「攻撃有利の環境では緩衝地帯は長持ちしない」という原則に行き着きます。もし、NATOとロシアの双方が、東欧を緩衝地帯のままにする取り決めをして、その取り決めが東欧諸国が信頼し切れるくらいしっかり維持されれば最も理想的でしょう。しかし、現実的にこれが起こらないのが国際政治の難しいところです。結局のところ、相手を絶対に信用することは不可能であり、その中で安全性を少しでも高めるためには、「戦略的に重要な場所を念のために自分の勢力圏に入れておこう」という決断に至るからです。とりわけ、ロシアのような独裁国家は情報が不透明で、意図が摑《つか》みにくいため、尚更信用が難しいのです。**このように、東欧では攻撃・防御有利性と攻撃・防御判別性がどちらも悪い方に傾いており、安全保障のジレンマが構造的に発生しやすい条件が揃っているのです。**この地政学的傾向は、東欧に火山噴火が起こって山脈でもできない限り、解消されないでしょう。

PART 1のまとめ

領土拡大はロシアの伝統的な国是であり、その根源には平坦で守りにくい地形がある。

マッキンダーはいち早く東欧の戦略的重要性を認識し、ここに緩衝地帯を作ることを提案した。

ロシアは、NATO東方拡大に伴う緩衝地帯の消失に危機意識を抱いている。

ウクライナは東欧に残された貴重な緩衝国であり、ロシアはこれを死守したがっている。

PART 2

海でも陸に囚われる

海を塞がれる恐怖心がクリミア併合に向かわせた

これまでの話で、ウクライナが大陸においてロシアを守る緩衝地帯として重要であることを強調してきました。**実はウクライナはもう1つ、ロシアにとって非常に大事な側面を備えています。それは、海への出口にある点です。**あらためてウクライナを地図上で見ると、その南には黒海が広がっていることがわかります。とりわけクリミア半島はそこに突き出ていて、黒海からアゾフ海のロシアの港への入り口を形成しています。**ロシアがクリミア半島にこだわる理由の1つは、ここがこの海に出入りする上で重要な海上交通の要衝（チョークポイント）だからです。**

時代は遡り18世紀初頭、ロシアはすでに広大な領土を持つ大国になっていたものの、ある問題を抱えていました。**それが海に面していなかった点です。**当時のロシアの領土は、ユーラシア大陸の北部に偏っていました。北極海に長い海岸線を持っていたので、一応海に面していたことにはなりますが、北極海は一年中氷が漂うので、実質的にここで海上貿易を行うことはできませんでした。このときは

図表2-5　ウクライナと黒海・アゾフ海

ロシアは2014年にクリミア半島を併合

大航海時代と呼ばれた頃で、スペインやフランス、イギリスなどの豊かな国は皆、海上貿易を行っていました。このことから、イギリス人作家ジョン・イーヴリンは「海を制する者は世界の貿易を制する。世界の貿易を制する者は世界の富を制する。世界の富を制する者は世界を制する」との格言を残しました。

そこで初代ロシア皇帝のピョートル大帝は、海に面する土地を確保するためにスウェーデンと戦い、バルト海沿岸の領土を奪取しました。そしてここに港湾都市サンクトペテルブルクを設け、初めて本格的に世界と海上貿易ができるようになりました。とはいっても、ロシアはこれで海に出られない問題から解放されたわけではありません。なぜなら、ここは依然として冬に港が凍り、貿易が止まってしまうからです。**そこでロシアが目をつけた「不凍港」の在り処《か》が、クリミア半島でし**

た。クリミア半島は十分南にあって、一年中氷とは無縁です。エカチェリーナ大帝がクリミア半島を併合して崇拝された理由は、ただ領土を広げただけでなく、この海上貿易に欠かせない貴重な不凍港を確保したからでもあります。

海が分散すると、海軍力も分散せざるを得ない

しかし、ロシアの海洋進出を阻む地理的障壁はまだ2つ残っており、これは現代でも残っているロシアの弱点です。**第一の障壁は、戦略的に重要な海域が分散していること。**ロシアの海岸は北極海、バルト海、黒海、太平洋の4つに分かれています。**これの何が問題かといえば、海軍力を分散して配置しなければならないことです。**元ソ連海軍元帥のセルゲイ・ゴルシコフは「ロシアはその地理的位置から困難が生じた。遠く離れた各海軍戦域それぞれで、与えられた任務を遂行できる艦隊を維持しなければならなかったからだ」と述べています。[27]

マハンによると、艦隊は1か所に集中する方が好ましく、イギリスのように地理的にすべての艦隊を1つの海域に集中できる国に対して、ロシアは海軍力で不利に立たされます。

このロシアの弱点が露呈したのが、日露戦争でした。当時、ロシアは海軍力でも日本より有利だといわれていました。これは数字で比べれば一目瞭然で、開戦時のロシアの全海軍力は80万トン。対して、日本は26万トンしかありませんでした。

図表2-6　海岸と海峡

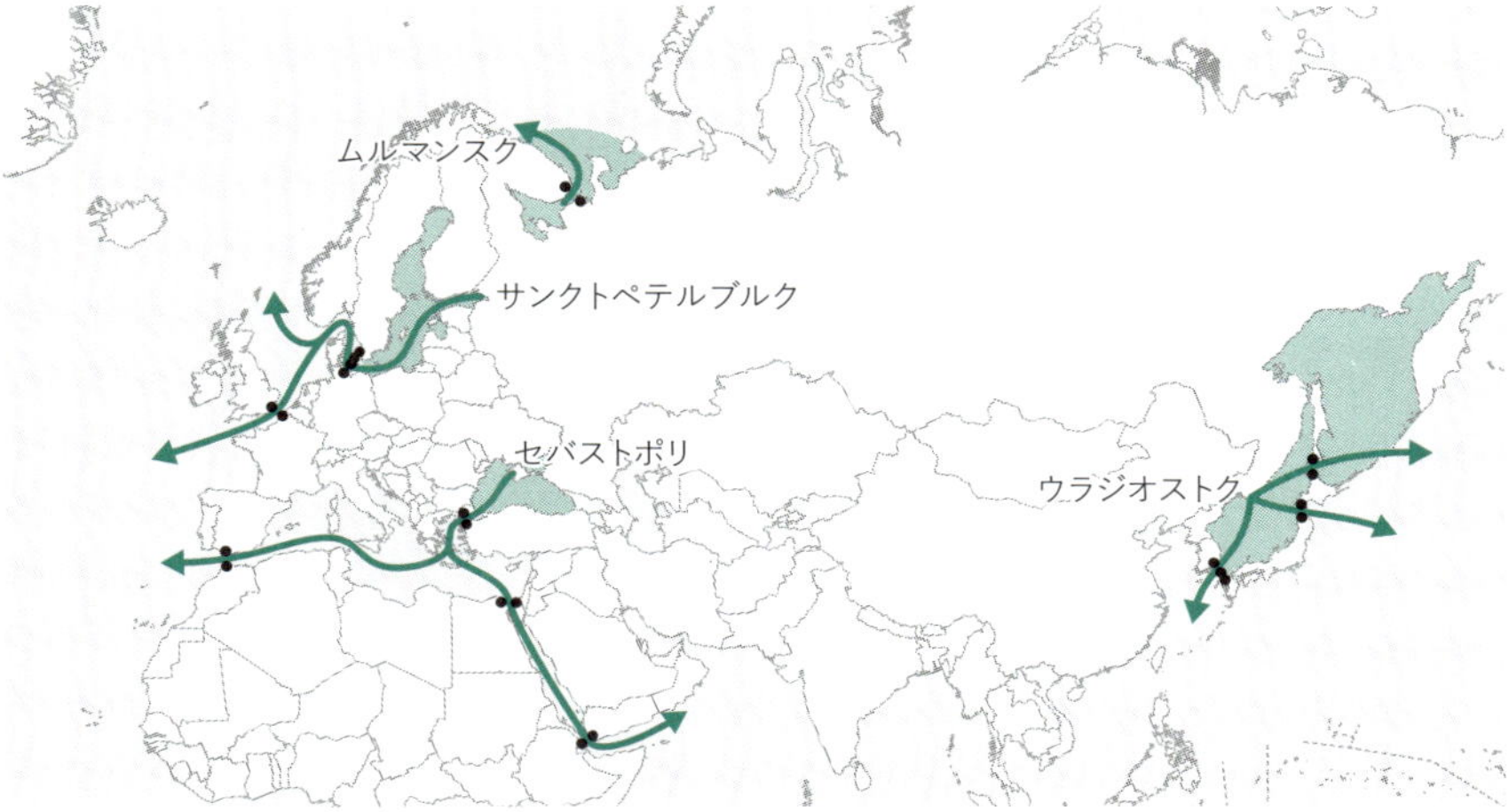

ロシアの海岸と海峡

しかし、太平洋艦隊に限ると話は変わります。ロシア太平洋艦隊は18万トンと、日本の26万トンが上回っていたからです。この差が日本に有利に働きました。開戦から程なくして、日本海軍はロシア太平洋艦隊をほぼ全滅にし、そして来援に駆けつけたバルチック艦隊も対馬沖で壊滅させました。ロシアはその海軍力をすべて合わせれば日本の3倍、太平洋艦隊とバルチック艦隊だけでも日本の1・8倍大きかったにもかかわらず、それぞれが分散していたために、その強い海軍力を活かせなかったのです。

外洋への出口が塞がれている

第二の障壁が、外洋への出口が塞がれていることです。**ロシアの海岸は、北極海を除いてすべて内海に面しています。**内海とは、陸地に囲まれ、狭い海峡によってしか外洋と繋がっていない海のことです。バルト海、日本海、黒海はすべて内海の定義に当てはまります。例えば、バルト海から大西洋に出るためにはまずデンマーク海峡（カテガット海峡とスカゲラク海峡）を出た上で、イギリス海軍がうろつく北海とイギリス海峡も通過しなければなりません。[28] 日本海から太平洋へ出るにしても、日本列島自体が蓋のように横たわっており、対馬海峡、津軽海峡、宗谷海峡のいずれかを必ず通らなければなりません。黒海はさらに海峡が多く、まずトルコ海峡（ボスポラス海峡とダーダネルス海峡）を出て地中海に、そこから大西洋に出るにはジブラルタル海峡（イギリス）を、インド洋に出るにはスエズ運河とマンデブ海峡を通る必要があります。開けた北極海に面するムルマンスクでさえ、その目と鼻の先にＮＡＴＯ加盟国のノルウェーとフィンランドがあるため、戦時には大西洋に艦船を送る上で制約を受けることとなります。

オホーツク海は、唯一安全な内海です。ここは西・北・東が本土に、南も千島列島と実効支配中の北方領土で囲まれており、ほぼロシアが独占できる状態にあります。ここは海底も深いので、核兵器を搭載した潜水艦を隠すためにも使えます。陸上に設置された核ミサイルとは違い、深い海に入り込んだ潜水艦を発見・攻撃することは困難だからです。南にはまるで車止めポールのように千島列島がオホーツク海の入り口を塞いでいるので、接近する航空機や水上艦船の侵入も阻止できます。この戦略的重要性から、**ロシアが日本に北方領土を返還する可能性は、今後もかなり低いと言わざるを得ません。**北方領土を返還すれば、車止めポールを数本抜くが如《ごと》く、外部の船や潜水艦が侵入しやすくなってしまうからです。

図表2-7 オホーツク海

とはいえ、**オホーツク海沿岸は経済的に全く発達しておらず、経済的な中心であるモスクワ周辺の海域がすべて内海であることは弱点です。**これがあるために、ロシアはクリミア半島を獲得しただけでは安心できませんでした。クリミア半島から出ても、結局黒海の入り口であるトルコ海峡がオスマン帝国や他の海洋国家に封鎖される危険が常にあったからです。

バルト海も同様に、ドイツやデンマーク、スウェーデンの意向次第で封鎖される可能性がありました。そうなれば、ロシア船はまるで、巣の入り口に石を置かれた蟻《あり》のように、外洋に出られなくなる恐れがありました。実際、2回の大戦ではドイツがデンマーク海峡を封鎖したせいで、ロシア船はここに閉じ込められただけでなく、同盟国であるイギリスやアメリカの船がソ連に支援物資をここから送れなくなりました。[29] そのため、英米の輸送船は北極海に面するムルマンスクか、イラン、ウラジオストクで陸揚げし、長い陸路でモスクワまで届ける羽目になりました。

ロシアはこれらの海峡が封鎖される脆弱性を克服するためにあらゆる方策を取ってきましたが、未だに抜本的な解決には至っていません。 例えば17世紀以来、ロシアはトルコ海峡を制するために何度もオスマン帝国を攻撃し、力ずくでここを奪おうと目論《もくろ》んできました。奪うのに成功した暁には、イスタンブールを「ツァーリグラード（皇帝の街）」に改称するつもりでもありました。しかし、オスマン帝国の抵抗や、英仏などの妨害により、完全にここを支配できたことはありません。第二次世界大戦後に、ソ連はトルコに対してこの海峡を共同管理することを、軍事的圧力をかけながら提案しましたが、かえってトルコを警戒させ、NATO加盟を促してしまいました。よって、今でもロシア船はここをNATO監視の下、通らなければなりません。

似たような出来事は、デンマーク海峡でもありました。第二次世界大戦末期、ソ連はドイツへの攻勢の一環として、デンマーク領のボーンホルム島に上陸しました。ただし、ソ連は何の打算もなくこの島を奪取したわけではなく、将来的に解放の見返りとして、ここにソ連の軍事基地を設置する権利をデンマークに要求するつもりでした。ここは、デンマーク海峡の目と鼻の先の重要な位置にあるからです。ところが、その後デンマークはNATOに加盟する意向を示し、その決定に抗《あらが》うほどの価値もこの島にはなかったため、ソ連は無償で島を返還することにしました。[30]

図表2-8　NATO湖になったバルト海

なお、当然ながら、デンマーク海峡は今も昔もNATOが最も重視する要衝の1つです。冷戦時代、NATOはソ連との戦争に至った場合、ここに即座に機雷と潜水艦を配置し、ソ連艦船の出入りを遮断する計画を持っていました。[31] 1980年代のNATOのある文書には、「『デンマーク海峡を』封鎖すれば、大西洋に危険を及ぼす潜水艦を100隻から150隻減らせる。将来の大西洋での戦いは、デンマーク海峡で50%が決まるといえるだろう」との記述があります。[32]

こう見ると、ロシアはどこまでも陸に囚《とら》われる「生粋の大陸国家」であることに気がつきます。北ヨーロッパ平野から来る脅威に対処することが陸の問題であることは自明ですが、興味深いのは、海に関しても陸の掌握が必要なことです。つまり、海峡を安全にするためには、その両岸を支配しなければならないということです。ロシアがどんなに立派な軍艦を持っていようと、海峡で陸から攻撃されるのであれば意味がありません。だからこそ、ロシアは海洋戦略を考える上でも、海峡という陸地をどうするか、との問題を扱います。実際、トルコとの戦争で海峡に派遣したのは海軍の軍艦ではなく、いつも陸軍でした。

また、同じ理屈で内海そのものも周りの沿岸を制しなければ制海権を握ることが困難になります。**ロシアが2022年からのウクライナ戦争で犯した失敗は、フィンランドとスウェーデンのNATO加盟を促してしまったことです。**これにより、バルト海の沿岸のほぼすべてがNATOの支配下に入り、いわゆる「NATO湖」と化しました。ピョートル大帝の時代から地道に進めてきたバルト海沿岸への影響力拡大を、ウクライナ戦争（とソ連崩壊）が一気に振り出しに戻してしまったのです。

PART 2のまとめ

ロシアは港の多くが冬に氷で閉ざされるため、不凍港を常に確保しようとする。クリミア半島はロシアの不凍港に繋がる要衝。

ロシアの海岸は4つに分散しているため、海軍力も分散する必要がある。

ロシアの海域はほぼすべてが内海に属し、外洋への出口が狭い海峡で他国から制約を受けやすい。

ロシアは海洋でも大陸でも陸に囚われる、生粋の大陸国家。

PART 3

ロシアの資源外交

天然ガスという武器

ロシアが持つ最大の武器は何か。**それは陸軍でもなく、海軍でもなく、はたまた核兵器でもなく、天然ガスと石油かもしれません。**２０２１年末からロシア軍がウクライナ国境に続々と集結しつつあったとき、アメリカ、イギリス、バルト三国、ポーランドなどがすでにウクライナにミサイルや弾薬といった兵器を提供し始めていました。この流れで、誰もが期待を寄せたのがドイツです。ヨーロッパ最大の経済大国でＮＡＴＯの中核を成すこの国が、一体どんな強い兵器を供与するのか。ウクライナとＮＡＴＯ加盟国は期待しました。しかし、ドイツが供与したものに一同はがっかりしました。**なんとドイツが供与したのは、ヘルメット５０００個のみだったからです。**元々ドイツが平和主義的で攻撃兵器の供与には慎重だったことを差し引いても、「もう少し踏み込んだ防御兵器を提供したり、ヘルメットにしてももっとたくさん供与できたりしただろう」と非難が殺到しました。ウクライナ外相はドイツの対応について「失望した」と語り、アメリカでも一部の議員が「ドイツは信頼できない同盟国」と苦言を呈するほどでした。この展開は、日本が湾岸戦争の際に資金援助だけをしたときの各

図表2-9　EUの天然ガスのロシア依存度

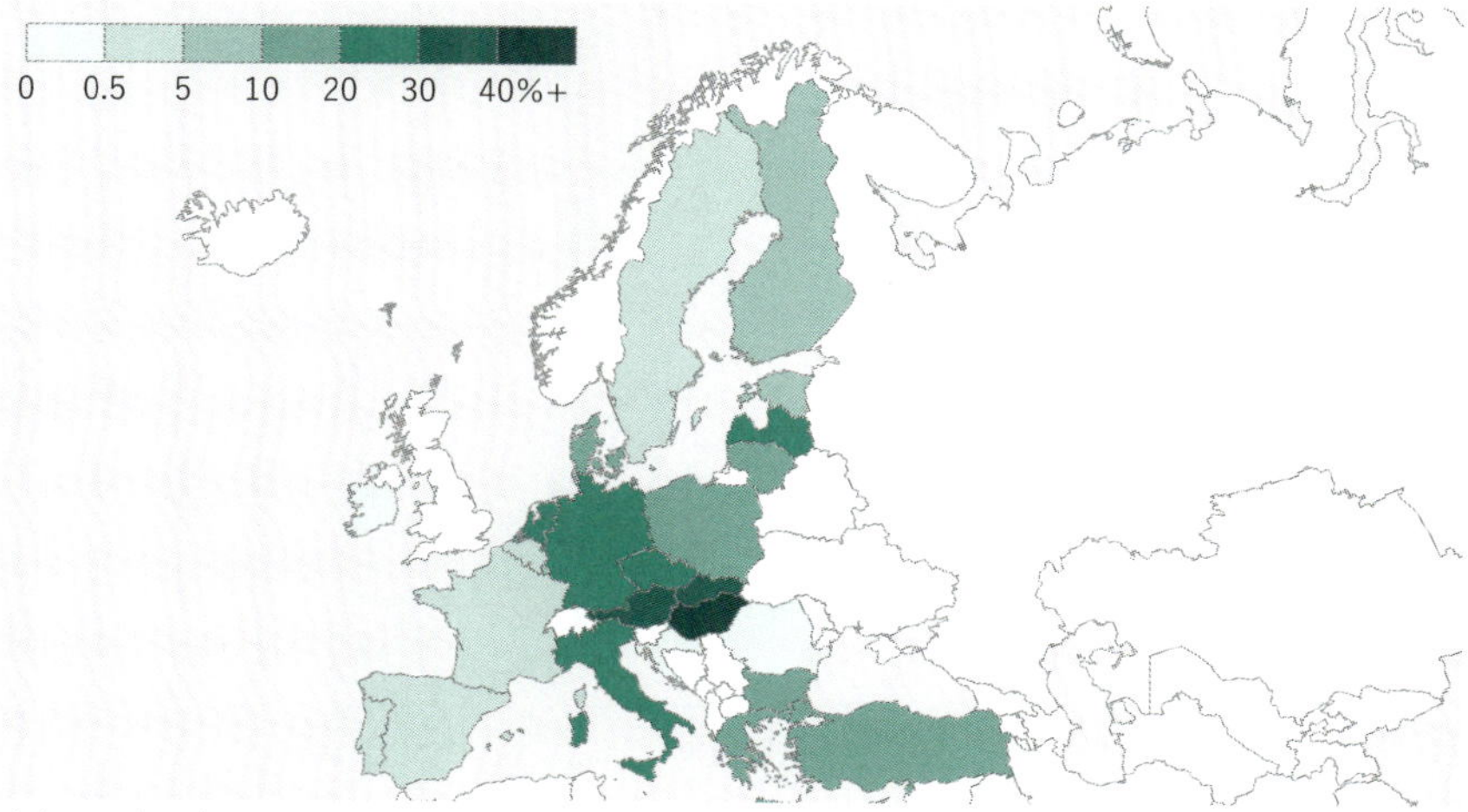

出典：IMF（2022）

国の落胆を彷彿《ほうふつ》とさせます。

では、一体なぜドイツはここまで兵器を出し渋ったのでしょうか。その答えは、ロシアへのエネルギー依存です。**ドイツは過去数十年、エネルギー資源をロシアから大量に輸入しており、ウクライナ侵攻前まで輸入全体に占めるロシア産エネルギーの割合は、石油が34%、天然ガスは55%に上っていました。**工業国であるドイツでは、大規模な電力と製造業にロシア産の安い天然ガスが大量に使われていました。また、厳しい冬にも暖房の燃料として天然ガスが欠かせませんでした。ドイツはハートランドからパイプラインを通って送られてくるこの必需品が、ロシアを刺激することで停止されるのを恐れたのです。

ハートランドの膨大な天然資源は、マッキンダーの分析の基礎でした。「ユーラシア大陸の奥深くには石炭や石油などの資源が膨大に眠っており、ロシアはこれを使ってユーラシア大陸全体の征服を敢行する」と予言したのです。天然資源の輸送を可能にしたのが、当時まだ新しい技術だった鉄道でした。鉄道が内陸まで延びれば、重量のある石炭なども大量に運べるようになります。鉄道がユーラシア制覇を可能にしたとまではいえませんが、マッキンダーの予言はある意味当たっています。ロシアはパイプラインという新たな陸上輸送手段で、ユーラシア各国にハートランドのエネルギーを供給しているからです。また、マッキンダーは特にドイツがハートランドの資源を欲しがることも予言していました。

今の勢力関係を破壊して、回転軸となる国家に有利な地位を与えることは、やがてユーラシア大陸周辺の諸地域に対するその勢力の膨張を促し、ひいてはまた莫大な大陸の資源をその艦隊の建設に役立てさせる結果にもなる。もし万が一ドイツとロシアとが合体したら、たちまちこの可能性が現実化する恐れがある……たとえ現在のロシアに代わって新しい勢力が内陸の一帯を支配する地位に立ったとしても、同地域の回転軸としての地理的な重要性が持つ意味は少しも変わらない。[33]

ガス漬けになったドイツ

ロシアは天然ガスを「政治的な武器」として用いてきました。端的にいえば、**ロシアに従順であれ**

ば価格を安く、反抗的であれば価格を高くしてきたのです。例えば２００４年、ウクライナで反露派の政権が誕生したとき、ロシアは翌年からウクライナ向け天然ガスの価格を１０００㎥あたり44ドルから２３２ドルに、一気に上げました。また、２００６年にはウクライナへの天然ガス供給を一時停止した結果、ここを通るパイプラインの目的地であるハンガリーで供給量が40％減、フランスとイタリアでも25％減になるなど、ヨーロッパ全体に大きな悪影響を与えました。[34] このように、ロシアはユーラシア大陸の国々を自らに依存させ、「反抗すれば天然ガスを値上げするぞ」と脅すのです。

しかし、一連のロシアの行動に対して多くの国が不信感を抱く中で、ドイツだけはロシアにより接近しました。２００５年にはロシアとドイツを直通するパイプライン計画「ノルドストリーム」に調印。ところが、これに対して国内外では猛反発が巻き起こりました。当時のポーランドの外相は、この計画が「１９３９年のドイツとソ連によるポーランド分割に匹敵する愚策である」と批判しました。

ドイツはその後も止まることなく、ロシア産天然ガスを欲しがりました。特に、２０１４年のロシアによるクリミア併合から1年余りしか経っていなかった２０１５年に、ドイツは2本目のノルドストリーム建設を発表しました。これにはアメリカさえ制裁をちらつかせるほどの反発を招きました。

しかし、ドイツとしては、原発からも石炭からも脱却する野心的な環境政策を貫徹するつもりであり、この期に及んで安くて環境に優しいロシア産の天然ガスを捨てるわけにはいきませんでした。また、自動車をはじめとした工業製品を安く作り続けるためにも、安いロシア産天然ガスは必要不可欠でした。

2022年からのウクライナ戦争を機に、さすがのドイツもロシア産天然ガスからの脱却を図りましたが、思うようには進みませんでした。例えば、アメリカやフランスは、ロシアをSWIFT（国際決済網）から締め出す制裁を科すことに賛成しましたが、ドイツを含むロシアに天然ガスを依存する国々は反対しました。[35] その後同盟国の反発に遭ったこともあり、ドイツは渋々この制裁に同意しました。ただし、ロシア国営ガス会社ガスプロム傘下の銀行だけは、制裁から除外するよう求めました。天然ガス代金の支払いにこの銀行との決済システムが必要だったからです。

ウクライナ戦争に対して欧米は大胆な制裁を発動しましたが、その裏では引き続き莫大な天然ガス代金をロシアに支払っていました。侵攻が始まってからの100日間だけでロシアに支払ったエネルギーの代金は、ドイツ単独で121億ユーロ（約1兆5730億円）、EU全体で570億ユーロ（約7兆4100億円）。**ロシアがこの間にエネルギー輸出で得た総額は930億ユーロ（約12兆900億円）といわれており、ヨーロッパはウクライナへの支援金よりも多額の代金をロシアに支払っていたことになります。**[36] アメリカやウクライナが、ロシア産天然ガスの輸入を止めるよう求めても、ドイツのショルツ首相は「現時点では、ヨーロッパの暖房、交通、電力、産業のためのエネルギー供給は、他の方法では確保できない。そのため、公共サービスの提供や市民の日常生活にとって不可欠な重要事項である」と、すぐに輸入を停止できないことに理解を求めました。[37]

図表2-10　EUの国別天然ガス輸入量

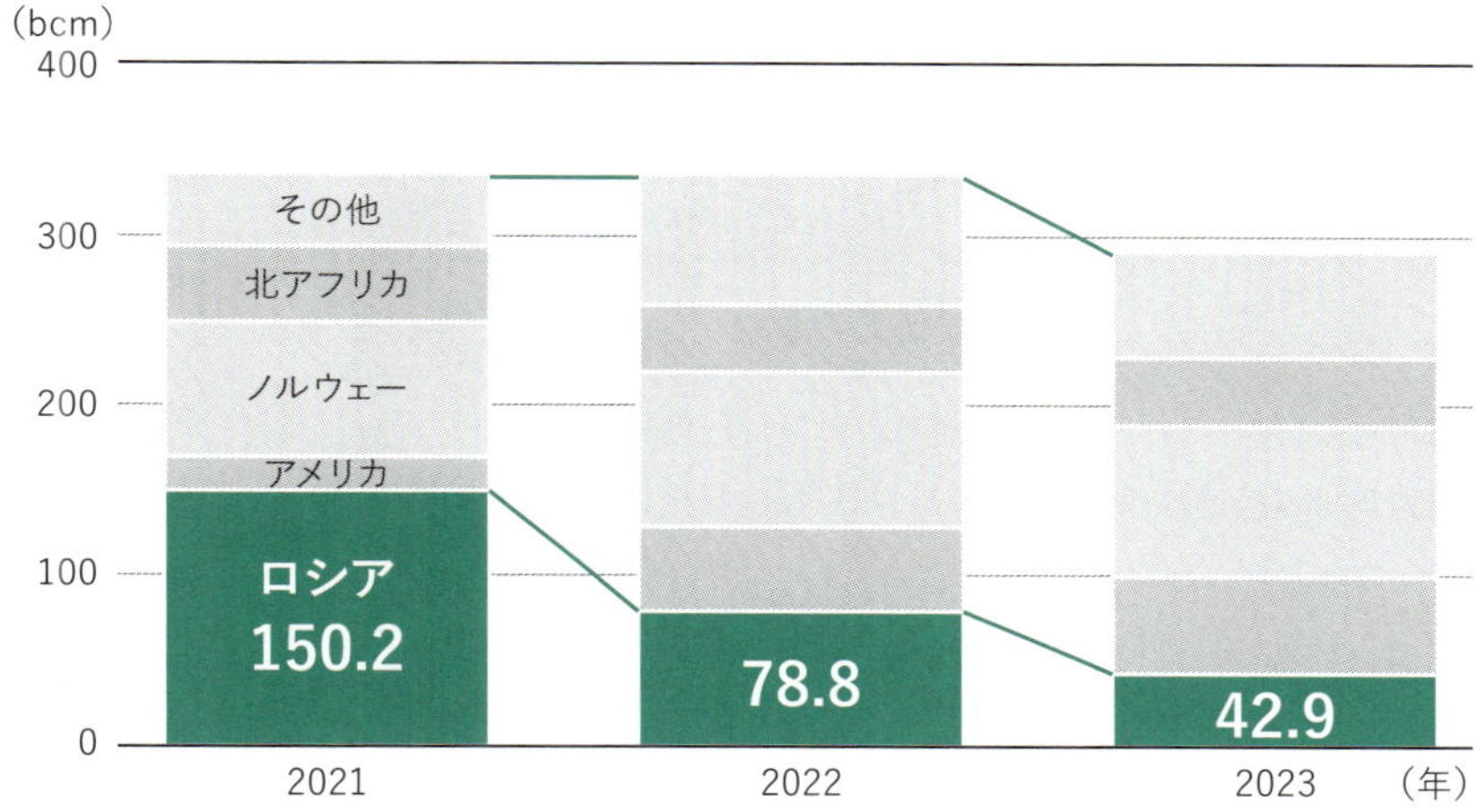

出典：European Commission based on ENTSO-G and Refinitiv

ガス依存からの脱却

ドイツ以外の国は、2000年代の早い段階でロシア依存から脱却しようと努めてきました。例えば、アゼルバイジャンなどのカスピ海沿岸国からのロシアを避けたパイプラインが、2020年にイタリアに開通しました。また、LNG（液化天然ガス）の輸入を中東のカタールやアメリカから増やす試みもなされました。

この動きはウクライナ侵攻以降一気に加速しました。ドイツすらノルドストリーム2計画を自ら取り消し、LNG施設の整備と、カタール、ノルウェー、アメリカ、アゼルバイジャンからの輸入増、節約などに努めました。その結果、**2021年に40%だったEUのロシアへの依存度は、2023年には8%まで低下しました。**[38] ウクライナ侵攻後の最初の冬に向けて、ヨーロッパではしきりに天然ガス不足が不安視されましたが、なんとか乗り切ることに成功したのです。

ロシアはかつてエネルギー資源輸出の3分の2を占めていたヨーロッパ市場から締め出されることを悟り、新たな輸出先開拓に乗り出し、中国とインドへの輸出を増やしました。今後数十年をこのままロシアは中国・インドへの輸出で乗り切るつもりなのか、それともヨーロッパ市場に以前の水準まで回帰できるか、こうした点は未知数です。

PART 3のまとめ

ロシアはヨーロッパを自国の天然ガスと石油に依存させ、ロシアに反抗的な場合は供給を制限することで影響力を発揮してきた。

ドイツは歴史的にハートランドの天然資源を確保しようとする傾向がある。ドイツのロシアへの依存は2022年からのウクライナ戦争まで加速した。

ウクライナ戦争により、ヨーロッパ諸国はロシアへのエネルギー依存を転換した。

東欧を境界とした海洋勢力と大陸勢力の攻防、ロシアの海への出口の渇望、ハートランドの膨大な天然資源といった地理的現実は、時が経とうと変わらない。

もしエカチェリーナ大帝が今日蘇《よみがえ》ったら、プーチン大統領に何と言うでしょうか？　２０１０年頃までの行いは褒めたかもしれません。エカチェリーナ大帝はヨーロッパを崇敬し、積極的にその文化、技術、思想を取り入れました。また、領土拡大の際も、まずは国内を安定させ、プロイセンなど西の国々の協力を取り付けた上で慎重に行いました。プーチン大統領も最初は不安定だった国内を安定させ、西側諸国との協力を推し進めました。

しかし、２０１０年頃からは西側への敵対姿勢を鮮明にし、周辺国への武力攻撃を行うようになりました。ジョージア侵攻やクリミア併合は上手くいきました。ドイツなどに安い天然ガスを提供することで、批判を抑制する根回しもエカチェリーナ大帝と重なります。ただ、２０２２年からのウクライナ戦争はそうもいきませんでした。ヨーロッパのほぼすべての国を敵に回して、戦いも長引いたため、負担を余分に増やしたからです。戦争の前にウクライナに穏健的に接していれば、戦争をせずとも目的は達成できたかもしれません。エカチェリーナ大帝は確かに「国境を守るには広げるしかない」と言いましたが、プーチン大統領には「現実的に広げるべきだ」と忠告することでしょう。

ウクライナにおける一連の戦争は、大陸勢力と海洋勢力の長い戦いのほんの一部です。マッキンダーがハートランド理論を唱えた１００年前から東欧の地理は一切変わっていませんし、ウクライナがドイツとロシアの間の緩衝地帯である位置付けも変わっていません。ウクライナ戦争は、どれほど時代が変わろうとも、その根底にある地理的現実は揺るがないことを物語っています。

第3章

中国

海洋国家になろうとする大陸国家

第3章のPOINT

アメリカと中国は対立するが、似た者同士。

今の中国の行動を理解するのに最適な資料は、アメリカの歴史教科書。

大国の勢力拡大には、3段階の地理的法則がある。

中国とロシアはお互いに不信感を拭い切れない。

北朝鮮は中国にとって「厄介な隣国」。

中国はロシア同様、海洋進出に際して陸に囚《とら》われる「生粋の大陸国家」。

「中国は我が国を見習うべきだ」。アメリカ人は中国にこう説教することを好みます。1998年、クリントン米大統領は北京大学を訪問し、未来の中国を担う若きエリートにこう説きました。

我々は自分たちの将来像を他国に押し付けようとはしないが、ある種の権利は普遍的なものであると確信している……尊厳をもって扱われる権利、自分の意見を表明する権利、自分たちの指導者を選ぶ権利、他人と自由に交際する権利、自由に礼拝する権利などだ。[1]

同じく、ジョージ・W・ブッシュ氏は大統領に就く2年前、中国がアメリカのような民主国家に変貌することを期待しました。

貿易の意義は、単に経済的利益に留《とど》まらない。それは道徳的な価値をも持っている。経済的自由は、自由の習慣を育む。そして、自由の習慣は、民主主義への期待を生み出す。保証はないが、チリから台湾まで良い実例がある。中国と自由に貿易を行おう。時間は私たちの味方となる。[2]

何ともアメリカ人らしい言葉です。アメリカは1970年代に国交を結んで以来、中国に対して先生のように振る舞ってきました。アメリカ式の資本主義と民主主義こそが「正解」であり、中国はこれに倣って己の「誤った」体制を改めていかなければならない、と。

PART 1

米中は「似た者同士」

―地理的によく似ているアメリカと中国―

中国がアメリカに憧れ、アメリカのような国になりたがっているのは本当でしょう。ただし、それがアメリカにとって本当に良いことかどうかは別の話です。**何しろ、中国が憧れているのはアメリカの資本主義でも、民主主義でもなく、「強さ」だからです。**

米中関係の分析では、対立している事実から両国の違いが強調されがちです。しかし、本章ではむしろ、**アメリカと中国の2か国が地政学的には「似た者同士」である**との観点で、今の中国の行動原理を探ります。アメリカと中国は、基本的な地理的構成から、大国への歩みまで実はよく似ています。中国は果たして今、何を目指しているのか。それは、過去のアメリカを見てこそ浮かび上がってくるのです。

ニコラス・スパイクマンは第二次世界大戦前半の1942年に、中国に関して今日の情勢と奇妙にも似ている、こんな予言を残しています。

> 戦後の主な課題は、日本ではなく中国である。かつての「天朝上国」の潜在国力は「桜の国」のそれを大きく上回り、一旦その国力が軍事力に転化されると、中国大陸沖合の島国である敗戦国日本の立場は極めて危うくなる……近代化に成功して国力を向上させ、軍備を充実させた4億人の人口を擁する中国は、日本だけでなくアジア地中海での欧米列強の立場も危うくする。中国はアジア地中海沿岸の大部分を支配する、広大な大陸国家となる。中国の地理上の立ち位置は、アメリカ地中海に対するアメリカのそれに似ている。強大となった中国によるアジア地中海への経済進出は政治的影響力を伴うことは疑いなく、この海域が米英日の海軍力に代わって、中国の空軍力によって支配される日の到来も視野に入ってくる。[3]

「アジア地中海」「アメリカ地中海」とは、それぞれ中国とアメリカの南の海域を指す、この時代特有の地政学的概念です。現代では対立する両国ですが、**スパイクマン曰《いわ》く、アメリカと中国の地政学的立ち位置はよく似ており、アメリカがかつて「アメリカ地中海」の支配を確立したが如《ごと》く、中国もいずれ「アジア地中海」の支配に乗り出すといいます。**これだけではよくわからないので、もう少し深掘りしましょう。

「地中海」の概念は、一言でいえば、「大陸と大陸の間の海」です。「地中海」は、文字通り「大地の真ん中」を意味するラテン語のmediterraneus（medius「真ん中」＋terra「大地」）に由来します。この語源の通り、ヨーロッパにある本物の地中海（ヨーロッパ地中海）はヨーロッパとアフリカの間に位置し、北から南にかけて、「ヨーロッパ――地中海――アフリカ」という地理的連鎖関係が成立しています。

この「大陸――地中海――大陸」の地理的連鎖関係は、ヨーロッパだけでなくアメリカとアジアにも当てはまります。アメリカには北米大陸と南米大陸があり、この2つの大陸をメキシコ湾とカリブ海（アメリカ地中海）が隔てます。アジアも同様に、ユーラシア大陸とオーストラリア大陸を南シナ海とその南の海域（アジア地中海）が隔てます。

まとめると、世界には「ヨーロッパ地中海」「アメリカ地中海」「アジア地中海」の3つの地中海が存在し、それぞれ次のような共通の連鎖関係を形成しています。

ヨーロッパ帯域

ヨーロッパ大陸――ヨーロッパ地中海――アフリカ大陸

アメリカ帯域

北米大陸――アメリカ地中海――南米大陸

アジア帯域

アジア大陸――アジア地中海――オーストラリア大陸

図表3-1　3つの地中海

また、3つの地中海は「海洋と海洋の間の海」でもあり、ヨーロッパ地中海はインド洋と大西洋、アメリカ地中海は大西洋と太平洋、アジア地中海は太平洋とインド洋を東西に繋《つな》いでいます。要するに、各地中海は南北の2つの大陸、東西の2つの海洋の間に挟まる位置にあるといえるのです。

スパイクマンは、「ヨーロッパ――アフリカ」「北米――南米」「アジア――オーストラリア」の3つの帯域のすべてにおいて、まず北の大陸に大国が興隆し、その大国が地中海と南の大陸に勢力を伸ばそうとする法則があるとしました。この法則は、「北の大陸の方が大国が生まれやすい」という地理的傾向から始まります。世界の陸地の7割が北半球に偏在する前提はもとより、安定して農業に適している気候帯である温帯も、北半球の西欧、北インド、東アジア、北米東部に集中しています。

このことから、ここ数百年間で大国と呼ばれた国——西欧諸国、インド、中国、日本、アメリカ——はユーラシア大陸か北米大陸で生まれました。それに対して、南の大陸には相対的に温帯が少ないだけでなく、その大部分が熱帯雨林または砂漠に覆われていることから、歴史的にアフリカ大陸、オーストラリア大陸、南米大陸では、大国が発達しませんでした。

アメリカが地域覇権国になるまで

北で発達した大国は次の3段階を踏んで、自らの帯域を支配しようとします。

①北の大陸で領土拡大
②地中海の制海権確保
③南の大陸の中立化

アメリカは、この3段階をきれいに踏んで大国に成り上がった国です。アメリカは今でこそ全世界で影響力を振るう超大国ですが、建国当初は北米大陸の隅に佇《たたず》む小国に過ぎませんでした。アメリカは1700年代後半の小国の状態から、1900年代前半に大国に成り上がるまで、先の3段階に当てはめると、①北米で領土拡大、②アメリカ地中海の制海権確保、③中南米の中立化の段階を踏んで、自らの帯域で確固たる支配を確立しました。では、アメリカがどんな歴史を経て勢力を広げてきたのかを、具体的に見ていきます。

①北米で領土拡大

１７７６年に独立を宣言した時点で、アメリカの領土は東海岸に細長く連なるだけで、そのすぐ周りをスペイン、イギリス、フランス、先住民に囲まれていました。**これら陸上の脅威を排除するため、アメリカは70年かけて土地購入・戦争・先住民の討伐を通して西へと領土を拡大していきました。**この北米での領土拡大の結果、アメリカの領土は東西は海、南北はカナダとメキシコという中小国に囲まれる状態を確立し、もはや陸伝いで攻撃される心配はなくなりました。

②アメリカ地中海の制海権確保

次に排除しなければならなかった脅威は、メキシコ湾とカリブ海の島々に残るヨーロッパ列強の領土でした。実際、１８１２年の米英戦争で、イギリス海軍はバミューダ諸島、バハマ諸島、ジャマイカなどを出撃拠点として、アメリカ沿岸部と首都の攻撃に使用しました。また、スペイン領のキューバとプエルトリコも潜在的な攻撃拠点になる恐れがありました。

そのため、アメリカ地中海に残る列強の領土と海軍力を排除し、将来の海からの攻撃を防ぐことはアメリカの次なる目標となりました。この状況を一気に改善したのが、１８９８年のスペインとの戦争（米西戦争）でした。**アメリカはこの戦争での勝利によって、キューバ、プエルトリコからスペイ**

ンを排除し、それぞれに海軍基地を設けました。これにより、アメリカ東海岸からパナマ運河に至る航路が遮断される危険は緩和されました。

イギリスの領土はまだカリブ海に残っていたものの、2つの大戦でドイツに対抗するため、イギリスは海軍力を自ら本国に引き上げました。また同時並行で、アメリカが海軍力を急速に強化したため、イギリスはアメリカ地中海での制海権を失いました。このとき以来、アメリカ地中海はアメリカの独壇場であり続けています。

③中南米の中立化

第2段階と同時並行で、アメリカは中南米からのヨーロッパ列強の排除と反米勢力の抑え込みを実行することによって、南北アメリカ大陸全体を完全に安全な状態にしました。この過程でアメリカは恐喝・武力行使・経済援助などを駆使してキューバ、ハイチ、ニカラグア、ドミニカ共和国で親米勢力の樹立・支援を行い、ヨーロッパ諸国がこれらの国々と結託してアメリカを攻撃することがないようにしました。

また、アメリカの東西海岸を結ぶ要衝であるパナマ運河を建設・支配する際も、現地の独立勢力を支援することで、持ち主であったコロンビアからパナマを切り離し、運河を1999年まで租借しました。中南米では冷戦期に東側陣営に入った国がある他、現代でもキューバやベネズエラのような反米国家が存在しますが、どの国もアメリカを脅かし得るほど強くありませんでしたし、キューバがソ連と組んで核ミサイルを配備しようとした際には、断固としてこれを許しませんでした。

ドイツと日本もアメリカと同じ道を歩みかけた

スパイクマンが地中海概念と前述の３段階を紹介した理由は、第二次世界大戦当時の日本とドイツの行動に、かつてのアメリカとの類似性を見出《みいだ》したからです。ドイツと日本の行動は、それぞれ次の通りでした。

【ドイツ】①ヨーロッパ大陸で領土拡大

オーストリアとチェコスロバキアの併合に始まり、西はフランス、東はソ連まで陸地の支配を広げました。

【ドイツ】②ヨーロッパ地中海の制海権確保

イギリス本国と英領インドの中間地点である地中海の制海権は、元々イギリスがジブラルタル、マルタ島、スエズ運河を拠点として握っていました。ドイツはイギリスをここから追い出すためにイタリアと同盟を組み、地中海のイギリス船を攻撃しました。

【ドイツ】③アフリカの中立化

ドイツ・イタリア連合軍は北アフリカに上陸。ここからイギリス軍を排除し、やがてはスエズ運河と中東の石油を手に入れようとしました。

【日本】①アジア大陸で領土拡大

日本はロシアと中国の脅威を遠ざけるため、朝鮮、台湾、満州、中国沿岸部に勢力圏を広げました。

【日本】②アジア地中海の制海権確保

1941年以降は南シナ海沿岸から欧米列強を追い出すため、仏領インドシナ、英領マラヤ（マレーシア）、蘭領東インド（インドネシア）、米領フィリピンを次々と占領。一時期とはいえ、南シナ海で輸送船が安全に通れる状態を確立しました。

【日本】③オーストラリアの中立化

オーストラリアはアメリカと同盟を組んでアジア地中海の占領地を脅かしていたため、日本はオーストラリア本土への空襲や、アメリカとの間に位置するソロモン諸島の占領によって、同盟を断ち切ろうとしました。

スパイクマンは触れていませんが、ロシアの南下政策も、ヨーロッパ・アジア大陸で領土拡大→ヨーロッパ地中海・アジア地中海の制海権確保という流れをとっていることがわかります。このように、アメリカ・ドイツ・日本・ロシアがどれも同じ法則で勢力を拡大した歴史から、スパイクマンは中国も例外ではないとし、「将来、中国が（当時の）日本と同じ3段階を踏んでアジア帯域の支配に乗り出す」と予言しました。スパイクマンはこれが的中したかを見る前に亡くなりましたが、現代の私たちはこの予言が実現しつつあるところを目の当たりにしている最中です。

中国はかつてのアメリカと同じ道を辿《たど》ろうとしている

地中海概念を踏まえてアメリカと中国を地図上であらためて見ると、両国には類似点が多いことに気がつきます。その類似点も、先ほどからの3段階を使って理解できます。

①北の大陸で領土拡大

まず国土ですが、**両国とも人口が東に偏っています。**アメリカ東部ではミシシッピ川と大平野が、中国東部では黄河と長江がそれぞれの人口集中地を形成しています。歴史的に、アメリカでは東の平野民が西のロッキー山脈と砂漠まで進出したことで、既存の領土を確立しました。中国も、黄河流域の農耕民がゆっくりと南と西に進出し、今の姿になりました。

中国は冷戦時代にロシアなどの内陸国との国境紛争を抱えており、陸上の脅威に晒《さら》されていました。しかし、1990年代には大体の国と国境を確定したおかげで、以前よりは安全な状態にあります。それでも、インドとはまだ領土問題を抱えています。

図表３-２　米中地理比較

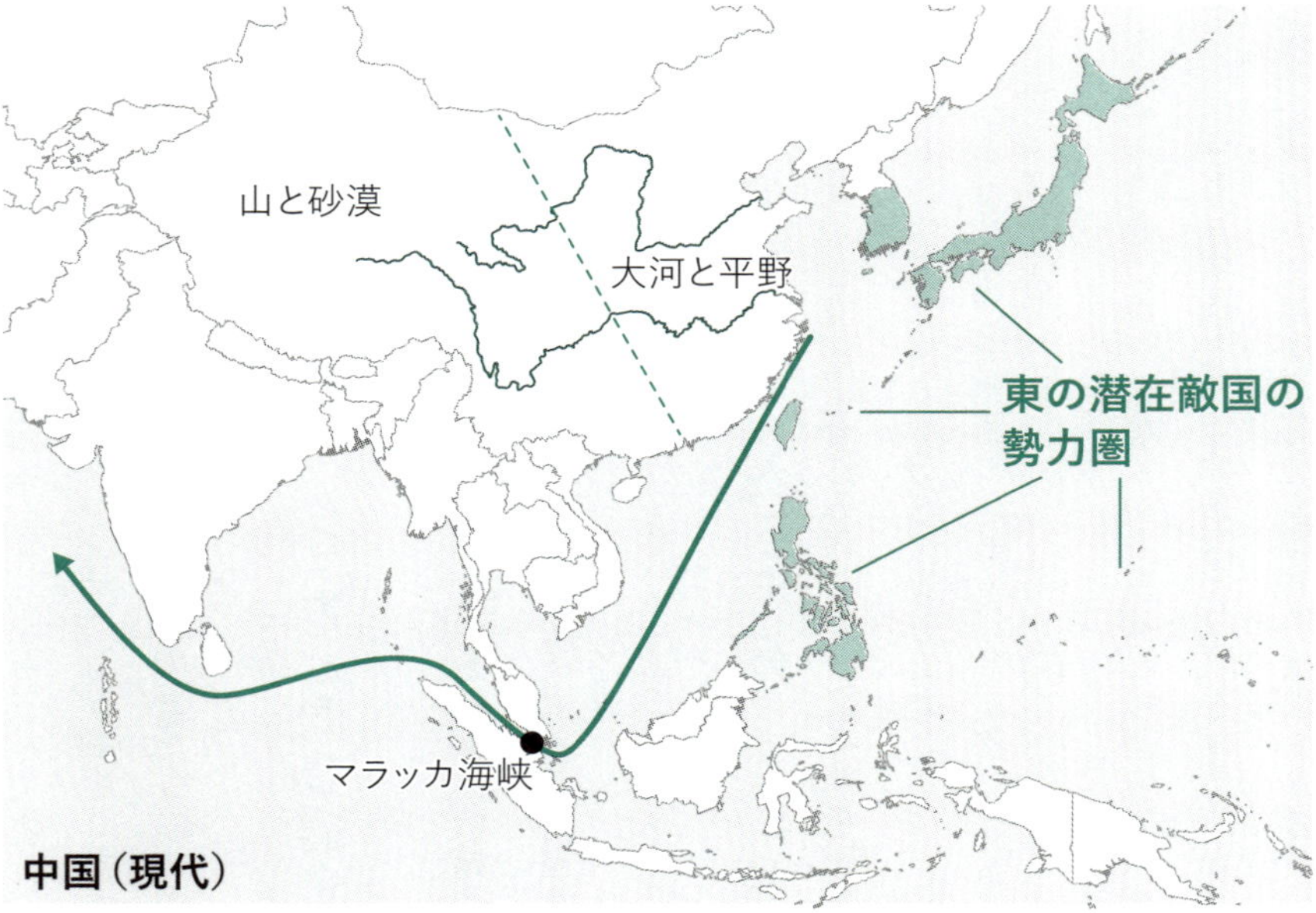
山と砂漠
大河と平野
東の潜在敵国の
勢力圏
マラッカ海峡
中国（現代）

山と砂漠
大河と平野
東の潜在敵国の
勢力圏
パナマ運河
アメリカ（19世紀）

また、国内のチベット、ウイグル、内モンゴル、香港、そして台湾には、未だに中国共産党の統治に反抗的な人が少なくありません。国内が安定していて弱い2つの隣国だけに囲まれるアメリカとは違い、**中国は国内に反抗的集団が存在し、ロシアやインド、北朝鮮、日本、韓国、台湾のような決して弱くない勢力に近接している、磐石《ばんじゃく》とはいえない安全保障状況にあります。**

②地中海の制海権確保

アメリカ地中海にはかつて、イギリスやスペインのような東の潜在敵国が領土を持っていたため、アメリカは100年以上かけてこの海域から外国勢力を排除し、制海権を確立しました。**アメリカと比べると中国はまだ道半ばです。**アジア地中海（東シナ海、南シナ海、西太平洋）では、アメリカ（東の潜在敵国）が日本、韓国、フィリピンと正式な同盟を結ぶだけでなく、南シナ海沿岸のタイ、シンガポール、マレーシア、インドネシア、ベトナムと、中国を上回る軍事的協力関係を結んでいるため、中国はアジア地中海の制海権を握れていません。中国は米軍をこの海域から追い出し、制海権を握るために沿岸国への接近、海軍増強、尖閣諸島、台湾、南沙・西沙・中沙諸島などの奪取を目指しています。

両地中海のもう1つの共通点は、海上交通の要衝（チョークポイント）があることです。アメリカ地中海には「パナマ運河」、アジア地中海には「マラッカ海峡」という2つの大洋を結ぶ要衝があります。アメリカは東部沿岸と西の中国市場を結ぶために自ら運河を建設した経緯から、パナマ運河を排他的に支配できました。一方で、マラッカ海峡は中国東部沿岸と西のヨーロッパ市場・中東を結ぶ世界で最も通行量の多い航路でありながら、中国はここの支配を確立できておらず、アメリカのような潜在敵国に万が一封鎖された場合の不安を抱えています。

③南の大陸の中立化

南の大陸に関しても、中国はアメリカより劣った立場にあります。 アメリカは中南米を中立化する上で、元々好運に恵まれていました。中南米の国々は自発的に宗主国であるヨーロッパ諸国に反抗して独立した経緯から、アメリカが台頭した頃にはすでにヨーロッパの影響はある程度排除されていました。また、イギリスがそうであったように、19世紀・20世紀は元々ヨーロッパ諸国が自ら本国での戦争のために中南米から戦力を引き上げていた時期でした。アメリカが手を出すまでもなく、中南米の中立化はひとりでに進行していたのです。

しかし、中国はオーストラリアに関して同じ好運には恵まれていません。オーストラリアとニュージーランドはアメリカと正式な同盟関係にあります。中国はそれでも、オーストラリアが中国に経済的に依存する関係を活《い》かして、国内の政治家や経済界に影響力を行使し、親中的態度を形成しようと試みました。ところが、これがかえって反発を呼んで、むしろアメリカや日本への接近を招いてしまっています。

以上のように、「北の大陸――地中海――南の大陸」という枠組みで米中を比べると、アメリカは順

調に成功を収めたのに対し、中国は3つすべての地域で大小さまざまな問題を抱えていることがわかります。もちろん中国は成立からおよそ80年しか経《た》っておらず、これから100年単位でこれらの問題を解決していく可能性も十分あります。しかし、そうだとしても現時点で中国が抱える問題は、同時代のアメリカと比べて格段に多く、また大きく、容易に解決できる見込みはありません。単に他国との関係だけをとっても、アメリカは概《おおむ》ねヨーロッパの大国と対立せず勢力を拡大したのに対し、中国はインド、日本、アメリカ、その他の周辺国の多くから何かしらの反発を受けています。

ではなぜ中国は、アメリカと似たような地理的環境にあるにもかかわらず、アメリカほど上手くいっていないのでしょうか？　大陸と海洋それぞれの地理的現実をよく見ると、中国はアメリカ以上に過酷な環境に置かれていることに気がつきます。

PART 1のまとめ

アメリカと中国は対立しているが、地政学的構造においては「似た者同士」。今日の中国の行動は、過去のアメリカの行動によく似ている。

世界は、東西ではヨーロッパ、アメリカ、アジアの3つの帯域、南北では北の大陸、地中海、南の大陸の3つの地域に分かれている。

アメリカも、ドイツも、日本も、中国も、北の大陸→地中海→南の大陸の順に勢力圏を拡大し、自らの帯域を支配しようとした。

今日の中国も同様にアジア帯域を支配しようとしているが、過去のアメリカに比べて困難に直面している。

PART 2

遊牧民で見る中国の苦悩の歴史

遊牧民の強さ

マッキンダーはハートランドを「世界の中心」と定めました。その理由は、**それまでの長いユーラシア大陸の歴史の中で、ここに住む遊牧民が周りの文明に絶大な影響を与えたからです。**中国もそんな遊牧民に命運を左右されてきた文明の1つです。マッキンダーは、ユーラシア大陸の歴史をこう振り返ります。

旧世界の周辺部に属するあらゆる定住民族は、遅かれ早かれ、中央アジアのステップに由来する機動戦力の勢力拡張の動きに慄《おのの》かざるを得ない境遇に置かれていたのである。ロシア、ペルシャ、インド、それに中国などは、いずれもモンゴル王朝の朝貢国となるか、それとも直接その支配を受け入れるか、どちらかの途《みち》を選ばなければならなかった。[4]

遊牧民とは、食糧を牧畜の一種である遊牧によって確保する人々です。遊牧民は農耕地帯ほど湿潤ではなく、砂漠ほど極端に乾燥もしていない、地面にわずかな草が生える程度の草原地帯に住みます。家畜はそのわずかな草を餌とするので、食べ尽くせば家畜とともに、新たな草を探し求めて移動するのです。

基本的に移動さえすれば草は手に入りますが、歴史上、時折、天候不順などの理由で遊牧民は食糧不足に陥ることがありました。この場合、他の部族を追い払って牧草地を独占することが最初の対処法でしたが、それでも足りないときは、遊牧民は南の農耕社会を襲撃し、備蓄食糧を略奪することが多々ありました。実際に気候変動が中国史に与えた影響に関する研究は、気温と降水量が低くなって草の生育が悪くなるほど、遊牧民の襲撃が増えたことを明らかにしています。[5]

遊牧民の攻撃は非常に強力で、中国の農耕民は防御にとてつもない苦戦を強いられました。遊牧民が使う馬は動きが非常に速く、防御が薄い箇所を選んでは突撃し、不利になると遠くにさっさと逃げて、再度攻め込みます。遊牧民は幼少時から馬に慣れ親しみ、毎日のように弓を使って狩りをします。日常的な狩りが軍事訓練になり、成人男子全員が兵士として戦えたのです。[6] 一説には、戦いが生活の一部だったあまり、遊牧民の言語であるチュルク語やモンゴル語には「兵士」や「戦争」に当たる言葉が元々なかったともいわれています。[7]

戦いに慣れた遊牧民に、農耕民は有効に対処できませんでした。農耕民は歩兵が中心になるため動きが遅く、その歩兵も普段は農作業をしていることから、戦いに慣れていません。農耕民側にも騎兵はいましたが、その練度は遊牧民の未熟者にも及びませんでした。

いつまでも終わらない遊牧民の攻撃

中国は古代からこうした強力な遊牧民の侵攻に悩まされてきました。**中国史の初期、農耕民はまだ遊牧民のことを詳しく知らなかった時代には、武力による撃退を好みました。**例えば、戦国時代に趙の武霊王は「胡服騎射」、つまり匈奴《きょうど》（遊牧民）の服、弓、戦法を取り入れて戦いを挑みました。武霊王の撃退作戦はある程度成功を収めましたが、根本的に匈奴を撲滅することは叶《かな》いませんでした。その後、中国を平定した秦の始皇帝も30万人もの軍勢で匈奴を北に追いやることに成功したものの、やはり匈奴は時間が経てば体制を立て直して再び侵攻してきました。

こうした過去の教訓から、後の時代の中国は遊牧民に武力で対抗することを次第に諦めるようになります。特に前漢の初代皇帝、劉邦《りゅうほう》は紀元前２００年に匈奴と戦った際、追撃を急ぎすぎて少数の兵と共に包囲されたことがありました。劉邦は食糧がないまま7日間包囲され窮地に陥りましたが、匈奴軍に賄賂を贈ることでなんとか脱出することに成功しました。この戦いで匈奴の強さを痛感した劉邦は、匈奴と和平を結び、事実上従属することにしました。和約の条件は、匈奴を兄、漢を弟とすること、毎年貢物（絹、酒、米、衣服など）を贈ること、漢王の娘を匈奴王の皇后とすること、など屈辱的なものでしたが、そのまま戦い続けるよりは遥《はる》かに安い代償でした。

ところが、争いはこれで終わりませんでした。**匈奴は強い立場を利用して漢を脅したり、実際に攻撃したりして、貢物を増やすよう迫ってきたのです。**漢はその度に匈奴の要求を呑《の》んで一時的な平和を得ますが、しばらく経つと匈奴はまた同じ要求を繰り返し、漢はまた貢物を増やす、するとまた匈奴は付け上がる、という悪循環が発生しました。この悪循環を放置するわけにはいかず、ついにこれを断ち切ったのが前漢第7代の皇帝、武帝でした。武帝は数度にわたる大遠征を行った他、匈奴と敵対関係にあったイラン系遊牧民の大月氏と同盟を組むことにより匈奴を挟み撃ちにし、遠くに追いやることに成功したのです。武帝の功績は讃《たた》えられましたが、その反面、数々の大遠征が漢の財政を圧迫したのも確かです。また、匈奴は弱体化したとはいえ、武帝の死後も漢への侵入を続けました。「武力を乱用し徳を汚す」ことを意味する「窮兵黷武《きゅうへいとくぶ》」は、しばしば武帝に対して使われます。

万里の長城が建設された理由

外交では裏切られる、従属では国の威信を保てない、戦争では負担が大きすぎるとなると、残る選択肢は1つしかありませんでした。それが「防壁」です。**遊牧民が侵入してくる箇所に防壁を造れば、完全に防げなくても、遊牧民が馬で乗り越えようとする間に対処する時間を稼げます。この発想を元に建設されたのが「万里の長城」でした。**

北方遊牧民は基本的に全方向から侵入しましたが、よく使われた侵入経路は河西回廊、遼西回廊、オ

図表3-3　遊牧民の侵入経路

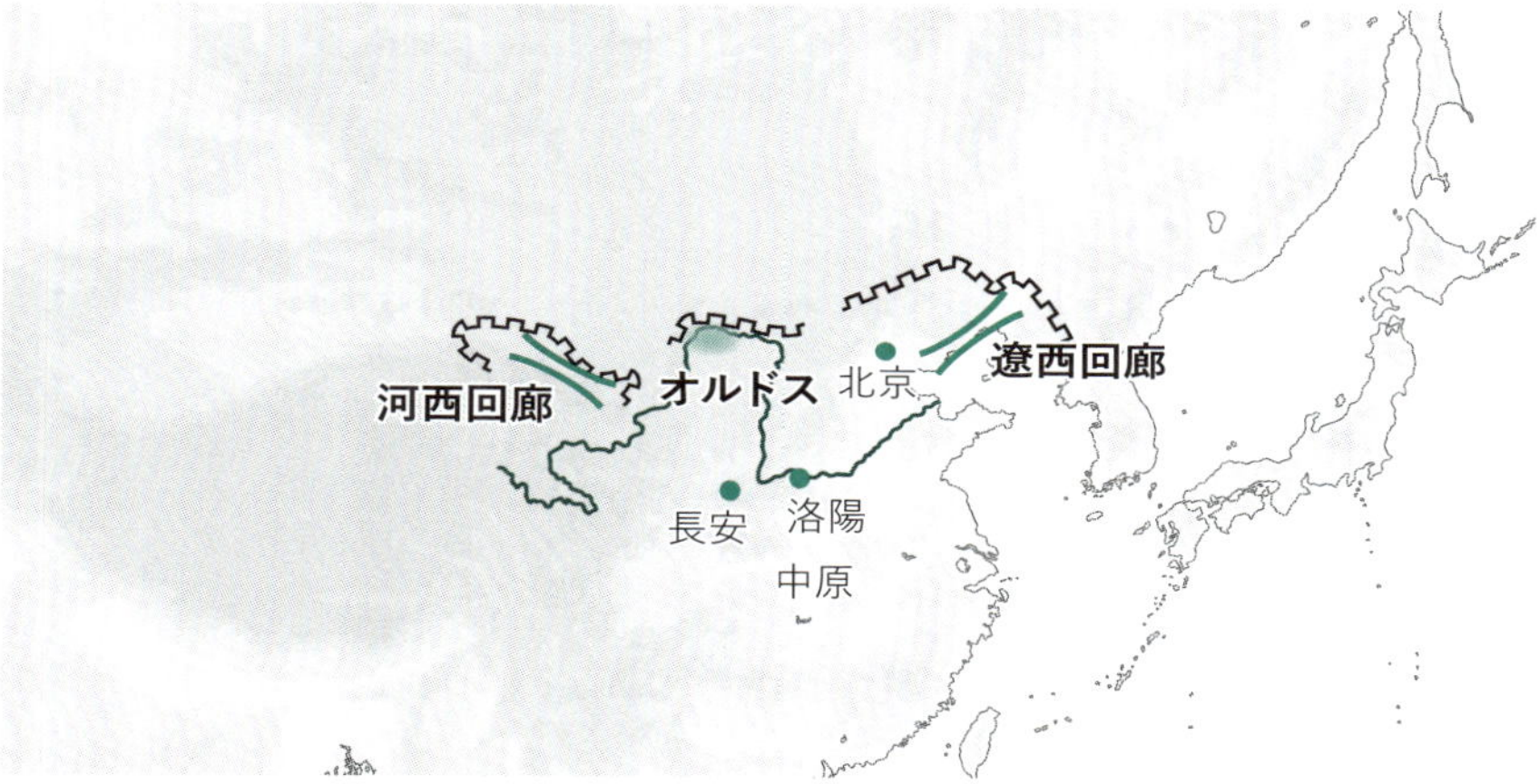

前漢時代、脆弱《ぜいじゃく》な3か所では特に重点的に万里の長城が補強された

出典：林俊雄『興亡の世界史 スキタイと匈奴 遊牧の文明』より作成

ルドスの3か所でした。河西回廊は黄河の西に位置する、南のチベットの山々と北のゴビ砂漠の間にわずかに開けている細い道で、西域から中国東部への入り口に当たります。遊牧民はよく西方またはゴビ砂漠を越えてここを制圧し、東の中国に向かいました。

東にある同じような入り口が遼西回廊です。遼西回廊は、これもまた遼河の西にある、山地と海の間の狭い道で、満州から中国への入り口です。契丹《きったん》人や女真《じょしん》人などの満州を拠点とする異民族はいつもここから攻め入りました。遼西回廊は、日本と中国との戦争でも重要でした。日本軍が朝鮮半島に上陸した白村江の戦いと朝鮮出兵の際、中国陸軍は遼西回廊を通って朝鮮半島に入りました。また、日中戦争で日本軍は、満州からこの回廊を通って北京を攻略しました。

そして、河西・遼西回廊よりも重要な侵入経路がオルドスです。黄河を概観すると、流路が北に大きく突き出た部分があります。この畔《ほとり》にあるのがオルドス平野です。オルドスは気候的には砂漠に近い乾燥地帯ですが、湖と小川が多く、黄河の水と合わさってオアシスを形成しています。このオアシス、つまり水の在り処《か》が、農耕民と遊牧民の攻防を引き起こしました。農耕民は灌漑《かんがい》を用いてここで農業ができます。一方、遊牧民は中国に攻め入る際ゴビ砂漠を通過しなければなりませんが、オルドスはその道程の貴重な水分補給の場となりました。

オルドスを特別たらしめるもう1つの理由は、黄河が凍結することです。黄河は流れが速く、筏《いかだ》を使って渡ること、ましてや重い馬を乗せながらの渡河は簡単ではありませんでした。このことから、黄河は北方遊牧民に対して水の制止力を発揮していたのです。

しかし、この問題に悩まずに済んだのが冬です。オルドスは黄河の最北にあるため気温が低く、冬には川が凍結します。ダムができて水温が上がった近代より前には、9月に氷塊が漂い始め、10月には馬が乗っても割れないほど分厚い氷が張ったといいます。これを活かし、遊牧民は農耕民が収穫を終えたばかりの秋にオルドスへ向かい、凍結した黄河を渡って中国に侵攻したのです。

以上の理由から、万里の長城は西の河西回廊から始まり、真ん中のオルドスを通って、東の遼西回廊を囲むように終わっています。特に前漢の時代には、この3か所が重点的に修築されています。

最強のモンゴル帝国も水には勝てなかった

ちなみに、**モンゴル帝国が日本と西欧を征服できなかった理由の1つは、水にあるといわれています。**日本に関しては、対馬海峡がモンゴル軍の移動を阻害したことを第1章ですでに述べました。

ではヨーロッパはなぜ征服できなかったのか？　これは、単に距離が遠いことや侵攻直前の指導者の急死が主要因ですが、**西欧の大河が凍結しないのもモンゴル帝国の行軍を遅らせた要因の1つでした。**モンゴル帝国から東欧までの間にはエニセイ川、オビ川、ヴォルガ川などの大河が横たわっていますが、どれも黄河と同じく冬の間に凍結します。これに対し、そこから西に進むほど気候は温暖になるため、今のドイツ辺りを流れるドナウ川やエルベ川、ライン川は冬でも凍結しません。いくら最強のモンゴル軍とはいえ、これらの凍らない大河を渡るのには苦労しました。

不凍川に加え、ヨーロッパにもいわゆる「ローマの長城（Limes Germanicus）」と呼ばれる防壁がありました。これは元々ローマ帝国が東のゲルマン人の侵入を防ぐために造ったもので、全長584kmに及ぶ立派な防壁でした。[8]

ここから学べるのは、やはり海があるのとないのとでは、つまり海洋国家と大陸国家とでは、歴史の早い段階から国の守りやすさに大きな違いがあったことです。山や海のような自然的障壁に恵まれないユーラシア大陸の人々は、途方もない労力と犠牲を払ってでも防壁を造って平和を手に入れようとしました。そして中国はそれでも遊牧民に何度も征服されてきました。これは海という鉄壁に初めから守られた日本人やイギリス人、アメリカ人には馴染《なじ》みのない地政学的経験です。

なぜ、首都が北京にあるのか

遊牧民の影響は、意外なところにも及んでいます。それは、中国の首都が北京であることです。今では当たり前のように中国の首都として知られる北京ですが、実は首都としての歴史は短く、10世紀頃まで中国の首都はもっと西の洛陽または長安にありました。この2都市が首都として好まれた理由は、元々この辺りが黄河沿いで交通の便が良く、農業生産性が高い「中原」という地域の近くにあったからです。中国では古来「中原を制する者は中国を制する」といわれ、新たな王朝を打ち立てる者はいずれ中原を攻め落とすことを目標としました。

王朝の最後の砦《とりで》である首都として、洛陽と長安は守りに有利な地形をしています。洛陽は三方を山（秦嶺《しんれい》、邙山《ぼうざん》、嵩山《すうざん》）に、一方を川（洛水）に囲まれています。長安も同じく、三方を山（秦嶺）に、一方を川（渭河《いが》）に囲まれています。これは源頼朝が、三方を山に囲まれ、相模湾に面している鎌倉に幕府を開いた発想と同じです。この地理的特徴は遠目で見ても同様です。この2都市が置かれている細い平野は三方向を山々に囲まれていて、入り口だけが華北平野に面しています。この位置のおかげで、万が一敵勢力が中原を制したときには、戦力を一方向に集中して戦うことができたのです（図

表3－3を参照）。

ただ、この2都市の見落としてはならないもう1つの側面が、オルドスと河西回廊に近い点です。特に長安は、東部の平野の中でオルドスと河西回廊の両方に最も近い場所にあります。匈奴と激しく戦った劉邦は長安を初めて首都として本格的に整備し、オルドスに兵を送る拠点にしました。武帝もここを拠点に河西回廊を開拓し、そのさらに西まで漢の領土を拡大して、匈奴を討伐しました。長安と洛陽は、遊牧民の世界である北西と農耕民の世界である南東のちょうど境界にある、防衛拠点として恰好《かっこう》の場所だったのです。

北京に首都が移された理由も、遊牧民との闘争の場が北東の遼西回廊に移ったからでした。北京は最初、農耕民の防衛拠点ではなく、満州の遊牧民の攻撃拠点として使われました。10世紀の契丹人（遼）に始まり、女真人（金）、そしてモンゴル人（元）に立て続けに中国侵略の拠点として使われ、侵略後はそのまま首都（遼では副都）にされました。要するに、**北京は元々異民族によって打ち立てられた首都だった**ということです。農耕民が北京を取り戻したのは、14世紀に明が元を打倒し、モンゴル人を北に追い出したときでした。初代皇帝・洪武帝が選んだ首都は南京だったものの、ここは首都として長続きしませんでした。洪武帝の孫が皇帝の座を継いでから程なくして、北京で北方防衛を担っていた朱棣《しゅてい》が挙兵し、皇帝を打倒して、首都を北京に移したからです。その後、北京は、1912年から1949年を除いて中国の首都であり続けています。

ところで、朱棣が反乱に成功できた理由は、北京に強大な軍事力が集中していたからでした。元を滅ぼしたとはいえ、明の時代を通してモンゴル人は依然として重大な脅威であり、朱棣は明でも屈指の大軍を与えられて北方を守っていました。歴代王朝の首都が遊牧民との係争地に近かったもう１つの理由は、こういった軍の反乱を監視するためでした。

１４２６年（朱棣の反乱から27年後）の時点で、明が北京一都市に展開していた兵力は16万人。時代は少々離れますが、１６２６年時点で当時ヨーロッパ最大規模を誇ったフランス陸軍が総兵力で２万人だったのと比較すると、いかに北京に強大な兵力が集中していたのかが窺《うかが》えます。[9]

現代の中国陸軍は5つの戦区に分かれています。その目的の１つは、軍事力をあえて分散させ、反乱を未然に防ぐためといわれています。海軍と違い、陸軍は反乱の道具になります。なぜなら、政府機関を占領したり、指導者を殺害できたりするのは陸軍だけであり、海軍＝船ではそれは不可能だからです。反乱の主導者が大体陸軍の長であるのも、これが理由です。このことから、大陸国家は陸軍力が必然的に強くなる故、反乱を警戒せざるを得ないのです。世界最大の陸軍を持つ中国なら、尚更《なおさら》です。

PART 2のまとめ

中国は、ハートランドの周縁に位置する大陸国家として、長年遊牧民による攻撃に悩まされた。

万里の長城は、遊牧民の攻撃を和らげるための人工的障壁だった。

中国の首都は、遊牧民との係争地の近くに置かれることが多かった。その理由は、①兵力の拠点とするため、②前線の軍が反乱を起こさないよう監視するため。

大陸国家は陸軍が強い分、反乱を警戒しなければならない。

ロシアと中国、拭えない不信感

清の時代になると、中国は歴史上最大の領土拡張を成し遂げました。今日の中国の領土の形は清の時代に築かれたものです。この過程で中国は長い遊牧民との戦いにも終止符を打ち、かつてないほどの安全を確立しました。ところが、中国は北方への警戒を完全に解くことはできませんでした。同じ場所に遊牧民とは別の人々が入れ替わりでやってきたからです。それがロシア人です。

ロシアと中国は、近年のニュースを見る限りとても仲が良いように思えます。2022年のウクライナ侵攻の3週間前、習近平国家主席とプーチン大統領は会談を行い、両国史上最も緊密な関係を発表、「これは中露両国と世界に深遠な影響を及ぼす戦略的な選択であり、過去、現在、将来において揺らぐことはない」と言明しました。[10]

アメリカという共通の敵を前に中国とロシアの利害が一致していることは確かです。しかし、果たしてこの協力関係が「将来において揺らぐことはない」というのは本当でしょうか？　なぜそう疑うべきかというと、400年間の中露関係史の大部分で、両国はむしろ対立してきたからです。この歴史から、中国とロシアは表では蜜月を演じながら、裏ではそこはかとない不信感を抱いています。

なぜ中国がロシアを完全に信用できないかといえば、長い間領土問題でロシアに脅かされてきたからです。18世紀からの中国の没落を語る上で最もよく引き合いに出されるのは、アヘン戦争敗北に伴うイギリスへの香港の割譲です。しかし、**その裏でロシアがイギリスの何百倍もの領土を奪ったことはあまり注目されません。**

中国とロシアが初めて領土問題を抱えたのは1680年代。ロシア人がロシアと中国の国境付近を流れるアムール川流域に進出し始めたときです。中国はロシアに撤退を求めましたが、ロシアがこれを拒否したため、戦闘を開始しました。3年間の戦闘を経て両国は国境画定に合意したことで、ひとまず対立は落ち着きました。

しかし、19世紀までにロシアは再び中国との国境付近に圧力をかけるようになり、相次いでウイグルと満州方面の領土を奪いました。ロシアがウラジオストクを手に入れたのも、清がフランスとの戦争で弱っていた1860年でした。ロシアによる侵蝕《しんしょく》はまだ終わらず、1890年代から日露戦争にかけて満州に鉄道を敷設し、事実上ここを支配しました。また、同じ頃に西方ではイギリスとロシアが勢力圏拡大競争を繰り広げており、イギリスがチベットに、ロシアがウイグルに軍事侵攻ないし独立運動の後押しなどをした結果、チベットが1913年、ウイグルが1933年にそれぞれ独立を宣言する事態となりました。

図表３-４　清がロシアに割譲した領土

そして１９６０年代に入ると、中露関係は史上最悪に落ち込みます。**１９５０年代までは中国とソ連は友好的な関係にあったものの、１９６０年代に入ると再び領土問題で関係が悪化したのです。**１９６９年には、満州で大規模な軍事衝突にも至りました。なお、同時期にアメリカはチベット独立を支援していて、ソ連もこれに加わっています。時期は違えど、ロシアが北から脅かし、海洋国家（英米）がチベットの独立を煽《あお》る構図は１００年以上繰り返されていたのです。

未だに不信感は癒えず

しかし、１９９０年代には領土問題がすべて解決されたことから、中露関係は安定に向かいました。とはいっても、両国の間には依然として不信感が残ります。中国では清の衰退期に列強諸国から受けた圧迫が「百年国恥」と呼ばれ、今でも中国人の欧米への憤りを掻《か》き立てています。ロシアは中国から最も領土を奪った以上、必然的にこの遺恨の対象になります。政府公式の見解ではないにしろ、中国国内には「ウラジオストクを含むロシア極東を奪い返すべき」と考える人々が一定数います。ロシアはこうした中国人の感情を警戒せざるを得ません。

ロシアの疑念を増幅させているのが、ここ30年で大量の中国人がロシア極東に移り住んできたことです。中国人が現地で所有している土地は、ロシア極東の農地の16％に達するといい、地元のロシア人は不満を募らせています。２０１７年の調査によると、ロシア人の半数は「中国がロシアの領土を侵害している」、３人に１人は「中国がロシアの経済成長を阻害している」と考えています。[11]

中国の一帯一路に関しても、ロシアは諸手《もろて》を挙げて歓迎できません。一帯一路とは、中国が２０１３年から着手している、かつて中国とヨーロッパを結んでいたシルクロードを模し、この2地域を鉄道などで結ぶユーラシア縦断経済圏のことです。この一環として、中国は通り道である中央アジア（カザフスタン、キルギス、タジキスタン、トルクメニスタン、ウズベキスタン）に莫大《ばくだい》な経済援助をすることで、この地域での影響力を強めています。

中央アジアは旧ソ連領で、今でもロシアが自らの勢力圏と見なしています。ロシアは軍事基地を中央アジア諸国に保有するなどその影響力は揺るぎないですし、今のところ中国の動きに反対する素振りも見せていません。しかし、中国も安全保障面で中央アジアに小さな影響力を及ぼしています。

例えば、タジキスタンは２０２１年に、アフガニスタン情勢の悪化を受けて国境沿いに警察施設を

図表3-5　アフガニスタン、タジキスタン、新疆ウイグル自治区

設置したことがあります。この出来事の興味深い点は、建設費用を中国がすべて負担したことです。なぜ中国はわざわざタジキスタンの警察を支援するのでしょうか？　その思惑は、自らの領土であるウイグルの独立を阻止するためです。アフガニスタンにはウイグル人の分離独立派が潜伏しており、この組織は新疆《しんきょう》ウイグル自治区に侵入して独立運動を刺激する恐れがあります。中国はこれを防ぐためにアフガニスタンのタリバン、タジキスタンと協力して、ウイグル系独立勢力を監視しているのです。

両国首脳が述べるように、現在の中露関係はかつてないほど良好です。**それでも日米関係のような同盟までは結んでいません。**中国は２０２２年からのウクライナ戦争に関して、アメリカを批判しても、ロシアを積極的に支持したわけではありません。同様に、ロシアも中国の南シナ海での拡

張に関してアメリカを非難しながらも、中国を支持するわけでもありません。中国には「舟中敵国」という故事成語があります。「同じ舟に乗っている者は、敵にもなり得る」という意味です。

協力が維持できれば、まだ良い方でしょう。**ただ、ロシアが何よりも恐れるのは、「協力」が「従属」に変わることです。**一応、中国とロシアは今のところ対等な関係を掲げていますが、両国の国力の差は広がるばかりです。２０２３年時点で、中国のＧＤＰはロシアの9倍です。中国はロシアの貿易の18%を占めるのに対し、ロシアは中国の貿易の2%しか占めません。[12] 中国はロシアに主に機械類や化学製品を輸出するのに対し、ロシアの輸出品はほとんどが原油、天然ガス、石炭、木材などの天然資源です。ロシアと中央アジアを合わせたハートランドは、中国に依存する資源供給地になりつつあります。奇《く》しくも、地政学で最も有名なマッキンダーの論文『歴史の地理的枢軸』はこう締め括《くく》っています。

> たとえ現在のロシアに代わって新しい勢力が内陸の一帯を支配する地位に立ったとしても、同地域の回転軸としての地理的な重要性が持つ意味は少しも変わらない……中国がロシアを倒し、その領土を征服したと仮定してみよう。その場合、黄禍が世界の自由を脅かすことになるだろう。彼らは広い大陸の資源を手にした上で、海に向かうことになるからだ。[13]

北朝鮮という中国を悩ませる「厄介な隣国」

朝鮮半島は、古代より中国と日本の緩衝地帯であり、19世紀以降は日清戦争と朝鮮戦争のように、海洋勢力と大陸勢力の戦いの場となりました。そして、朝鮮戦争の結果、大陸勢力側として生まれた国が、北朝鮮です。

毛沢東は朝鮮戦争で北朝鮮が不利になり次第、迷わず参戦しました。そうしなければ、アメリカの影響下の国である韓国が、中国と国境を接することになるからです。中国では朝鮮戦争のことを「抗美援朝戦争」(「美」は「アメリカ」)とも呼びます。つまり、「アメリカが朝鮮半島全体を支配し、北京の目と鼻の先で中国を脅かすことは、決してあってはならない」と毛沢東は考えたのです。

戦争の結果、国境は元の北緯38度線に戻り、中国はなんとか北朝鮮という緩衝国を維持することに成功しました。そして、中国とソ連が北朝鮮の経済を支援したことにより、北朝鮮は1980年代まで中国の緩衝国としての役割を十分果たしました。

ちなみに、今振り返ると信じ難いですが、1980年代まで北朝鮮は韓国よりも経済的に豊かでした。しかし、ソ連が崩壊すると北朝鮮は下支えを失って経済状況が急速に悪化し、独立を維持できなくなりました。北朝鮮がこの頃、核兵器に手を出したのは、独立を単独で維持しようとした結果です。

同じ頃、ユーラシア大陸の西側では東西ドイツが再統一を成し遂げました。これに影響されて、韓国でも南北朝鮮の再統一の機運が高まりました。韓国と北朝鮮は元々1つの国であり、この雰囲気を利用して、外国の勢力争いの遺物である北緯38度線を消し去ろうとしたのです。しかし、周辺の大国は南北統一を積極的に支持しませんでした。日米も中露も、統一朝鮮がどちらかの陣営に肩入れすることを許すわけにはいかなかったからです。

特に中国は、NATOが旧東ドイツまで拡大したのと同じように、米韓同盟が北朝鮮まで拡大するのを恐れました。アメリカの勢力が中国と国境を接することを、中国はどうしても受け入れられなかったのです。**よって、最も無難な道筋は、北朝鮮を中国と韓国の緩衝国として、韓国を中国と日米の緩衝国として分裂したままにすることでした。**

しかし、自立して経済発展している韓国とは違い、北朝鮮の経済は崩壊状態にあります。この状況で、**中国は北朝鮮への経済支援を半ば強制されているようなものです。**北朝鮮に投資しても中国は大きな経済的利潤を得るわけではありませんが、そうしなければ北朝鮮が崩壊してしまいます。中国はこの懸念だけに基づいて、北朝鮮のエネルギーの90％、食料の45％を供給しています。中国が北朝鮮の支援をし続ける理由は、北朝鮮が崩壊すれば何が起こるかわからないものの、おそらく悪いことの方が多く起こるからです。

まず、北朝鮮の崩壊で起こるであろうことは、何百万人もの難民が韓国か中国に押し寄せることです。ただ、難民への対応はまだ容易な方で、本当に難しいのは核兵器をどうするかです。金正恩氏がそれを持ち続けていればまだ良いでしょう。しかし、もしその核のボタンが放置されたり、謎の勢力に握られたりすれば、アメリカは軍を派遣してでもそれを抑えようとするかもしれません。そして派兵後はしばらく駐留した上で、北朝鮮を韓国に編入する作業を始めるかもしれません。そうなれば緩衝地帯が消失します。これを防ぐために、中国も北朝鮮に軍を派遣し、現地で米軍と衝突、という筋道も考えられます。中国では北朝鮮の地政学的意義をよく「唇亡《ほろ》びて歯寒し」と表現します。唇がなくなれば歯が寒くなるように、北朝鮮がなくなれば中国は脅かされるという意味です。

中国はこのようなことを防ぐため、北朝鮮に自分たちを見習うように働きかけてきました。つまり、「金一族の独裁体制は維持しながら自由資本主義経済を導入することはできる」と助言したのです。アメリカと韓国も、資金援助やエネルギーの供給などを交換条件に、北朝鮮に核兵器を放棄するよう歩み寄りました。しかし、北朝鮮はどちら側の助言も聞き入れず、貧困状態と核開発を維持しました。この頃から、中国は北朝鮮を「厄介な隣国」と見なすようになりました。なぜ厄介かといえば、まず経済崩壊の危険性を利用して中国から支援を引き出したこと。そして何より、核開発を続けることで韓国、日本、アメリカを刺激し、軍備強化を促したからです。

例えば、韓国は北朝鮮のミサイルに対処するため2016年にTHAADというミサイル防衛システムを導入しましたが、中国はこれに猛反発しました。THAADのレーダーが中国本土まで監視可能だからです。あるいは日本と韓国で持ち上がった核保有論も、中国に対する大きな脅威となります。**日本や韓国は、ただ北朝鮮だけを意識してこうした措置を講じているわけですが、同時に中国をも脅かす**

ため、中国は警戒せざるを得ません。これは典型的な安全保障のジレンマです。中国は北朝鮮がこれ以上日米韓を刺激しないよう、日米韓と歩調を合わせ、国連の対北朝鮮制裁に加わっています。しかし、今のところ北朝鮮が態度を改める兆候は見られません。今後も北朝鮮は、中国の「厄介な隣国」として存続するでしょう。

PART 3のまとめ

中国はロシアに広い領土を奪われた歴史から、未だに不信感を抱いている。ロシアも近年の中国の中央アジアでの活動を薄ら警戒している。

チベット問題は歴史が長く、100年前まではイギリスが、その後はアメリカがチベットの独立を支援してきており、中国はこれを強く警戒している。

北朝鮮は、中国と韓国（アメリカの同盟国）を物理的に隔てる重要な緩衝国。

北朝鮮はこの立場を利用して中国から経済支援を引き出すのみならず、核開発で周辺国の軍拡を促す、厄介な隣国。

PART 4

中国の海洋進出

なぜ中国は海洋進出を始めたのか

ソ連との国境確定、それに続くソ連の崩壊は北方の脅威を著しく軽減しました。このおかげで、中国はやっと海に目を向けられるようになりました。

鄧小平が1970年代に国内経済を世界に開放して以来、中国は海との関わりを急速に強めました。先進国の企業は安い労働力と巨大な市場を目当てに続々と中国に進出し、中国を一気に「世界の工場」へと押し上げました。今や「メイド・イン・チャイナ」が刻印された製品は、アメリカからアフリカまで世界中の至るところで見かけるようになったのです。

世界との貿易が活発になるのに伴って、最も経済的に豊かになったのが沿岸部の港湾都市でした。中国内陸部に住んでいた人々は、海上貿易が生み出す富に惹《ひ》かれて沿岸部に移り住んでいきました。中国史を通して、沿岸部がこれほど重要性を増したことはありません。歴史的な中国の中枢は中原（黄河の中流域）であって、1970年代まで沿岸部は最重要地域ではありませんでした。**毛沢東は冷戦中、**

図表3-6　毛沢東の三線建設

内陸経済に基づいた「三線建設」という国防計画を持っていました。ここでは本土を次の3つの線に分けて考えています。第一線を国境（海岸含む）、第二線をその内側、第三線を中心部に設定し、工業力を第三線まであらかじめ移転しておくことで、米軍が東海岸に上陸してきた際にはここまで後退して長期戦に持ち込む、という構想です。毛沢東は実際にこの持久戦で日本軍に勝ちましたし、ソ連もドイツに対して同じ方法で勝ちました。いわば毛沢東は「中国国内版ハートランド」を作ろうとしたのです。

しかし、今の中国にこの作戦を取る余裕はありません。現在では第三線は沿岸部に移っています。ここには人口の3分の1以上、GDPの7割以上が集中していて、海岸にある港には1日に何百隻もの船が出入りして中国と全世界を繋いでいます。今や沿岸部は揺るぎない経済的中核地帯であって、中国は史上初めてその戦略縦深に頼れないという問題に直面したのです。ある中国の専門家は2014年にこう述べました。

改革開放から30年を経て、今の中国は昔の貧しくて失うものが何もない中国ではない。むしろ今は失うものが多い。その結果、国の入り口の向こう側で敵を迎え撃つことが、今日の中国の必然的な戦略になる。国富の60%と、政治・経済・文化の中心は東部に集中している。この地域は今、緩衝地帯を必要としている。そしてこの緩衝地帯の東端こそが第一列島線である。中国軍は今後この緩衝地帯で活動を増やすはずであり、西側諸国、特に日本はこの新たな現実に適応しなければならない。[14]

第一列島線とは、中国沿岸と太平洋を分け隔てるように浮かぶ沖合の島々を一筋にまとめた線で、九州から沖縄、台湾、フィリピン、スンダ列島を含みます。第一列島線は中国の海上権力を外洋から内側に抑え込む蓋のようになっていて、中国船が外洋に出るには必ずこの線を通過しなければなりません。しかも線上の日本とフィリピン、そして韓国には米軍基地が多数置かれており、中国船はアメリカの支配下の海を通らなければならないばかりか、沿岸部自体、アメリカはミサイルや航空機で1時間もかからず攻撃できます。この意味で中国はロシアと同じ、陸に囚われた生粋の大陸国家です。ロシアの不凍港はほぼすべてが内海（バルト海、日本海、黒海）の中にあり、外洋に出るには海峡、それもアメリカとその同盟国が見張る海峡を通過しなければなりません。同様に、第一列島線は1つの大きな内海の境界線であり、中国船がここを出るにはマラッカ海峡、ルソン海峡、宮古海峡などの

図表3-7　第一列島線

狭い出口を、アメリカの監視を受けながら通過せざるを得ません。

第一列島線は、いわば「海の万里の長城」です。大陸の万里の長城は、北から迫る遊牧民の侵入を阻止するために作られました。そして河西回廊、オルドス、遼西回廊などの侵入口は特に固く守らなければなりません。

第一列島線に関しては、アメリカの視点と中国の視点でその意義は正反対になります。アメリカにとって中国海軍は海の遊牧民であり、自分たちが支配する太平洋に出てくることを阻止するために、第一列島線に海の万里の長城を築いて見張っています。しかし、より重要なのは中国からの視点です。中国にとっては、アメリカこそが海の遊牧民です。理想的には、東シナ海と南シナ海は自分たちの勢力圏であるべきで、そのためには第一列島線を自分たちが管理しなければなりません。

ただ問題なのは、その長城の上に今立っているのがアメリカ人であることです。**中国は、長城に立つアメリカ人がいつ自分たちの住む場所に攻め込んでくるか、不安で仕方がありません。**この不安を払拭するには、武帝が匈奴にそうしたが如く、アメリカ人を海の万里の長城の向こうまで追い出さなければなりません。そして陸の３つの侵入口と同じで、海にはマラッカ海峡、ルソン海峡、宮古海峡という侵入口が存在します。中国はこれらの侵入口を常に見張り、アメリカ海軍の侵入をいつでも防げる体制を確立しなければなりません。

近年中国が海で抱える国際問題を俯瞰《ふかん》すると、どれも多かれ少なかれ第一列島線を支配することに帰結します。尖閣諸島、台湾、南シナ海、海軍増強。どれもアメリカを第一列島線の外に追い出したい動機に起因します。今のところ、アメリカ海軍は第一列島線内で確固たる地位を築いています。東シナ海にしろ、南シナ海にしろ、台湾海峡にしろ、アメリカは中国沿岸に軍艦を定期的に航行させ、「ここは中国だけの海じゃない」と示威します。それに応じて中国海軍もここでの行動を活発化させていますが、完全にアメリカ海軍を追い出すにはまだまだ時間がかかりそうです。それでも、中国は50年後、１００年後を見据えて、海軍増強と地域での影響力拡大に勤《いそ》しんでいます。中国は長い戦いに慣れています。１００年という時間も、２０００年以上の遊牧民との攻防に比べれば短いものです。

図表3-8　南シナ海とカリブ海

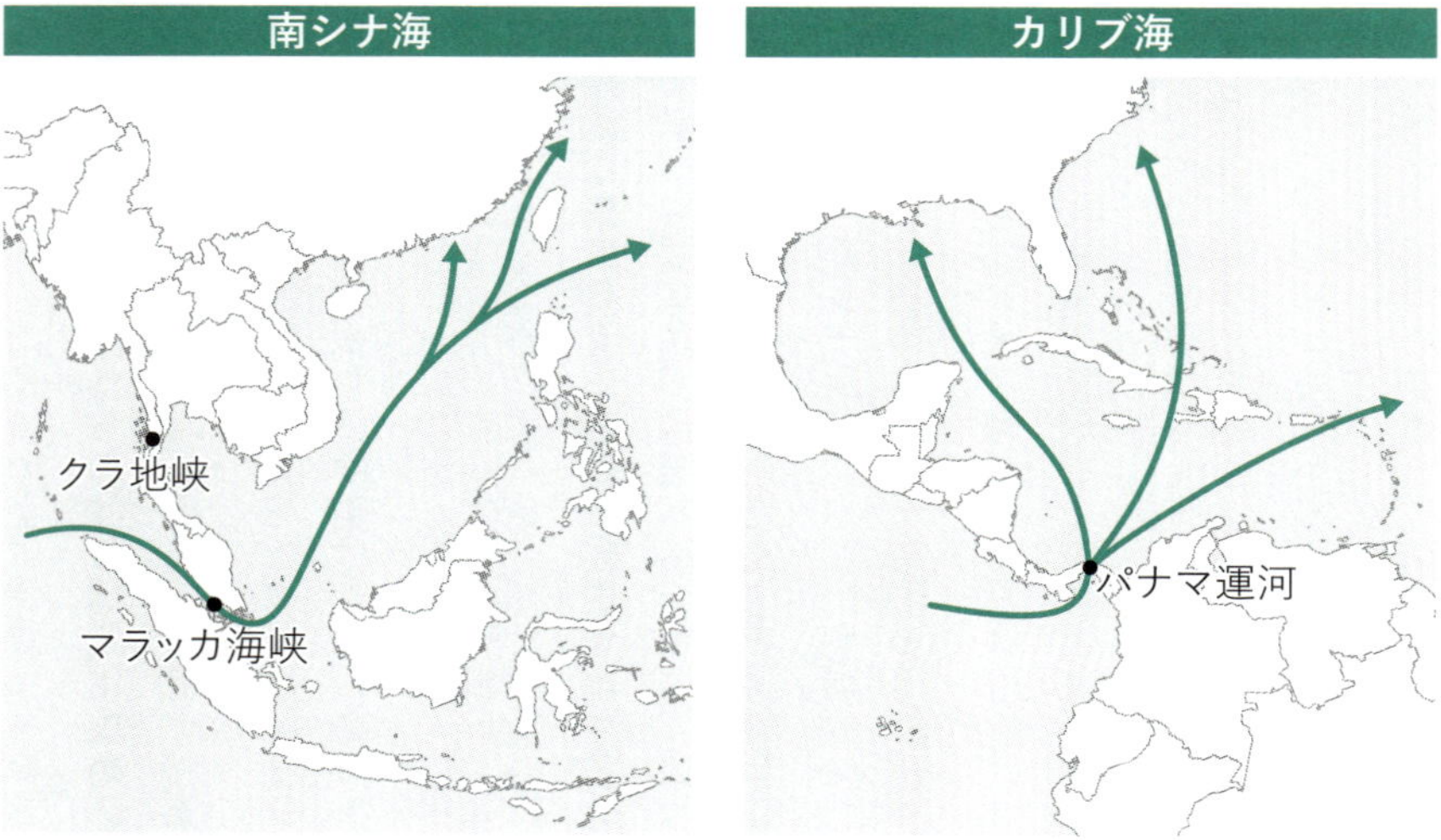

マハン視点のアジア地中海

PART1では200年前のアメリカと現代の中国の地政学的立ち位置が似ていることを概観しましたが、**特に中国にとってのアジア地中海は、アメリカにとってのアメリカ地中海とよく似ています。**マハンは生前、カリブ海の重要性を語るときにヨーロッパ地中海と好んで比較しました。もしマハンが今日生きていたら、きっと南シナ海をカリブ海と比べることでしょう。

カリブ海の南西にはパナマ運河、そして東側には海全体に蓋をするように島々が並んでいます。パナマ運河からは大量の船がカリブ海に入り、各々アメリカかヨーロッパを目指して枝分かれしていきます。さらにその航路上にはユカタン海峡やウィンドワード海峡、モナ海峡などの狭い海峡が数多くあり、かつては、それらの海峡を形成する島々はほとんどがスペインやイギリスの支配下にありました。そこでアメリカはこれらの要衝から外国の勢力を排除したいと考え、スペインと戦争をしたりしました。こうしてアメリカは、アメリカ地中海で磐石の支配を確立したのです。

南シナ海も、カリブ海と大まかな地政学的配置は同じです。まず、大量の船がインド洋からマラッカ海峡を通過して南シナ海に入ります。海峡を出た船は、その後各々の目的地に向かいます。中国南部行きの船はそのまま北方向に、中国東部、韓国、ウラジオストク行きの船は台湾海峡から、日本と北米行きの船はルソン海峡から南シナ海を出ます。ここに並べた国々を見るだけでも、南シナ海の経済的な重要性がわかります。**南シナ海はヨーロッパと中東から東アジアまでを結ぶほぼすべての船、全世界の国際貿易量の30％以上が通る世界一通行量の多い海の1つです。**すべての輸入品の中でもここを通る原油は特に重要で、中国、韓国、日本のいずれも輸入原油の90％以上を南シナ海の航路に依存しています。

マラッカ海峡 中国の「喉」

貿易量で測れば、マラッカ海峡はアジア地中海で一番どころか、世界で一番重要な海峡に間違いありません。マレー半島とスマトラ島の間に開いているこの海峡は幅が最も狭いところで2・7㎞しかなく、平均水深も25ｍと浅いため、大型船は真ん中の比較的深い帯を慎重に航行しなければなりません。そのため事故や海賊行為、あるいは特定の国の悪意でこの海峡が一時的にでも閉鎖されることは十分起こり得ます。**特に中国は海峡の閉鎖を恐れます。**何しろ、ここは中国の総貿易量の60％と、輸入天然ガスの70％が通る、中国にとっていわば喉――それもかなりつっかえやすい喉のような場所です（チョークポイントの「チョーク」は「窒息」を意味します）。

2003年に胡錦濤国家主席はマラッカ海峡の脆弱性を「マラッカ・ジレンマ」と呼び、「特定の国がマラッカ海峡を侵犯し、航行を支配しようとしてきた」と非難しました。「特定の国」とは明らかにアメリカのことを指していました。

かつて中国は、明の時代にマラッカ海峡を支配していたことがありました。中国が世界有数の規模の海上貿易を行っていた明の時代、明はここを支配していたマラッカ王国を服属させ、補給基地として活用していました。しかしこの支配は長続きせず、マラッカはその後ポルトガル、次いでオランダ、イギリスに支配されました。

現在、マラッカ海峡にあるマレーシアやシンガポールは、独立以来正式には中立を保っているものの、シンガポールはどちらかといえばアメリカ寄りで、国内の海軍基地をアメリカの軍艦の補給拠点として明け渡しています。一方、中国には同じ軍事的権利を与えていません。

中国はマラッカ・ジレンマを少しでも緩和するため、タイに運河を造ろうとしたことがあります。マレー半島のくびれには「クラ地峡」と呼ばれる、最狭幅40㎞の細い陸地があります。もしここに運河を掘削することに成功すれば、南の海峡よりも近道になりますし、万が一の際の予備通路として使えます。あらゆる国がここに運河を通す構想を抱いてきましたが、あまりにも難工事になるためどの国も諦めてきました。1970年代には日本が運河建設に関心を示したこともあり、ここに核爆弾を一直線に敷き詰めて一気に爆発させるという何とも大胆な計画が提案されましたが、案の定国会で「被爆国として無神経だ」と、猛反発を浴びました。

次に関心を示したのが中国でした。実は、中国は胡錦濤国家主席がマラッカ・ジレンマを唱えたのと同時期に、クラ地峡を調査したことがあります。けれども、結局中国は運河計画を断念せざるを得ませんでした。その理由は、そもそも建設に膨大な費用がかかること、マラッカ海峡沿岸国の反発を招くこと、さらにアメリカがマラッカ海峡を中国のために封鎖するような事態になれば、どの道この運河も封鎖されることになるからです。そして何より、タイはアメリカの同盟国です。クラ地峡運河の代わりに、中国は2017年よりマレーシアの東西海岸を結ぶ鉄道の建設を支援していますが、その効果は未知数です。

インド洋　アジア制覇を見込める期待の地

中国がより期待を寄せるのは、インド洋沿岸諸国からの陸路です。これは、船がマラッカ海峡を通る前に荷物を陸揚げし、あとは鉄道やパイプラインで中国本土まで送るというものです。

現時点で中国が推し進める陸路は、ミャンマーとパキスタンにあります。ミャンマーの回廊はチャウピューまたはヤンゴンから中国の雲南省までを結ぶもので、中国の投資により石油と天然ガスのパ

図表3-9　真珠の首飾りとアンダマン・ニコバル諸島

イプラインが建設されました。

２つ目がパキスタンの回廊です。こちらはグワダル港から新疆ウイグル自治区までを道路、鉄道、パイプラインで繋ぐもので、ホルムズ海峡から近いため、航路遮断の危険性を軽減できます。しかしこの回廊は、途中に標高７０００m級の山々が連なるカラコルム山脈を越えなければならず、ただでさえ海路より非効率な陸路がさらに非効率になっています。

また、この回廊はパキスタンとインドが領有権を争うカシミール地方を通るため、インドにここを攻撃される可能性もゼロではありません。そして何よりパキスタン自体が政情不安にあり、実際に回廊のインフラが破壊されたり、中国人が襲撃されたりする事件が度々発生しています。ミャンマーでも同様に政情不安が回廊の安全を脅かしています。

これらの回廊をはじめとした中国のインド洋への進出は、当然インドを警戒させます。**中国はインド洋を通る航路の安全を確保するために、いわゆる「真珠の首飾り」戦略を取っています。**これは前述の経済回廊も含めた、インド周辺国であるパキスタン、モルディブ、スリランカ、バングラデシュ、ミャンマーなどの港湾建設を支援することで、インドを包囲するように中国の勢力を広げていくものです。

中国がここまでインド洋への進出を急ぐ理由は、インドの海での地理的優位性にあります。まずインドの国土自体がインド洋に迫《せ》り出しており、必然的にここを通る航路を監視する能力を持っています。また、マラッカ海峡の西の入り口を覆うアンダマン・ニコバル諸島は、インド洋からマラッカ海峡まで航行する船のほぼすべてを監視できる位置にあります。インドに加えて、米軍のディエゴ・ガルシア島、シンガポールを拠点とする艦隊を合わせると、中国は明らかな劣勢に立たされています。**QUAD（日米豪印戦略対話）が象徴するように、アメリカは日本とオーストラリアに加えて、インドを中国の海洋進出を抑えるための重要な潜在協力国と見ています。**インドと中国の大陸と海洋の両面で競い合う特異な関係は、21世紀を通して続くでしょう。マハンは１００年以上前にこう予言しました。

インド洋を制する者はアジアを制する。21世紀にこの海は7つの海の鍵となる。世界の運命はインド洋の上で決せられるだろう。[15]

南シナ海　中国が空母を欲しがる理由

南シナ海には、地中海やカリブ海と違う点があります。それは、広い割に陸地が少ないことです。例えば、地中海にはシチリア島やクレタ島などの大きな島が中央にあります。カリブ海にも、キューバやプエルトリコなどがそのすぐ北にあります。これらと比較して、南シナ海に浮かぶ島々は、どれも干潮のときに辛うじて水面に出る程度の小さな岩礁しかなく、宇宙から眺めればそこに陸地があることに気がつきません。

中国が他国の領有権の主張を押し退《の》けて西沙諸島、南沙諸島、スカボロー礁を実効支配した様子は、米西戦争時のアメリカを彷彿《ほうふつ》とさせます。アメリカはスペインより明らかに強いことと、格上のイギリスがこの地域にそれほど関心がないことを確信し、キューバとプエルトリコを奪取しました。同様に、中国もベトナムやフィリピンとの戦力差とアメリカの無関心を見定め、1970年代から80年代にかけて南シナ海の島々を武力占拠、そして2010年代には、埋め立てと軍事施設化を本格的に進めました。

アメリカが1980年代にも2010年代にも中国の行動に激しい反対をしなかった理由の1つは、これらの島々の軍事的意義がそれほど大きくないからです。もちろん、これは決してこれらの島々の軍事拠点化の影響が小さいことを意味しません。**しかしこれらの島々は、占拠後に砂を大量に被《かぶ》せて**

図表3-10 南シナ海と十段線

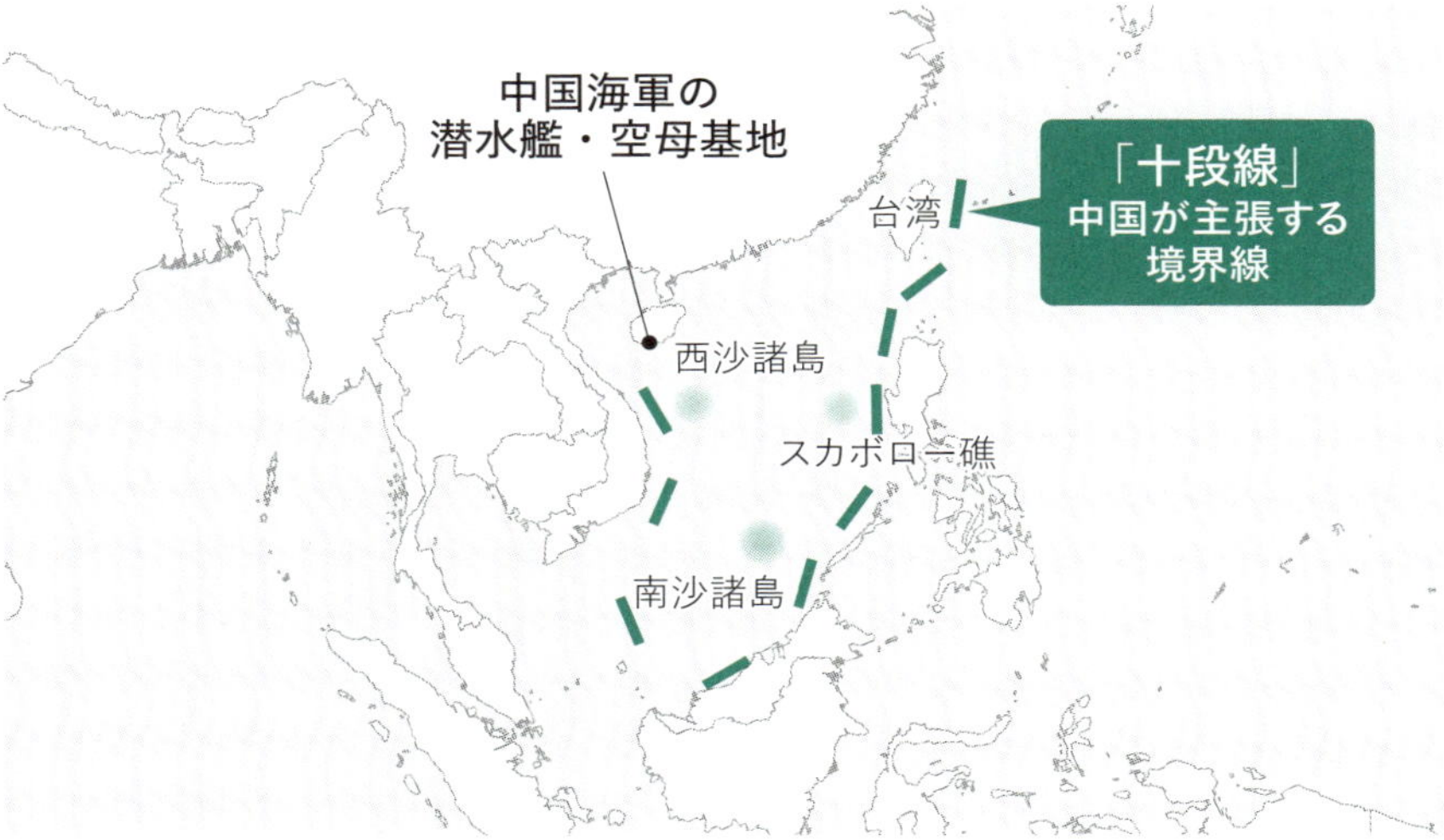

大拡張工事を行わなければならないほど小さく、工事が終わってもせいぜい滑走路一本と居住民数百人を置くのが限界です。アメリカはこれに対し、南シナ海沿岸のフィリピンとシンガポール、さらに外側の沖縄、グアム、オーストラリアに大規模な空軍・海軍基地を有しており、依然として中国を上回る戦力を維持しています。加えて、マハンの時代のカリブ海沿岸諸国の軍事力はアメリカに比べれば皆無に等しかったのに対し、現代の南シナ海沿岸諸国の軍事力はそれなりに大きいです。

例えばベトナムは6隻の潜水艦を保有し、中国の海南島の潜水艦艦隊をその喉元で監視しています。中国は空母を欲していますが、その理由はこういった劣勢を覆すためです。人工島は陸上基地としては小さく脆弱な上に、逃げることができません。対して空母は、人工島とほぼ同じ戦力を搭載しながら移動できるため、広い南シナ海の制空権を確立する強力な補完になります。将来的に中国は空母5隻体制を目指していて、インド洋と西太平洋までその戦力を拡大するつもりなのです。

バシー海峡　深く、荒れる「輸送船の墓場」

台湾とフィリピンのルソン島の間にはバシー海峡という、第一列島線全体の中では比較的広くて深い海峡があります。この海峡を特徴付けるのは水面下の深さです。**バシー海峡は大部分が1000m以上、最深部は1500mもの深さを持ちます。このため、潜水艦は海の深い部分に隠れながら太平洋に出られます。**

深さ以外にも潜水艦に都合が良いのが、年中荒れた天気です。潜水艦を探す方法の1つは、航空機から海にソナーを投下して水中の音を聞くことですが、荒波では雑音が多くなる上に、天候が最悪であれば航空機の飛行自体ができません。

さらに、この辺りには黒潮という強い海流が常に通っているせいで、海中の音が掻き乱されてしまいます。バシー海峡で潜水艦を見つけるというのは、風が吹き荒れる林でリスを見つけるようなものです。静かな草原でリスが走っていれば、その足音はカサカサとはっきり聞こえます。しかし、林の中でリスが走っていても足音が木々に遮られて聞こえづらいですし、風が吹いていれば、ざわざわとして全く聞こえなくなります。

バシー海峡は、南シナ海と太平洋という2つの森を繋ぐ細い林のようなものです。第二次世界大戦

図表3-11 バシー海峡・沖縄

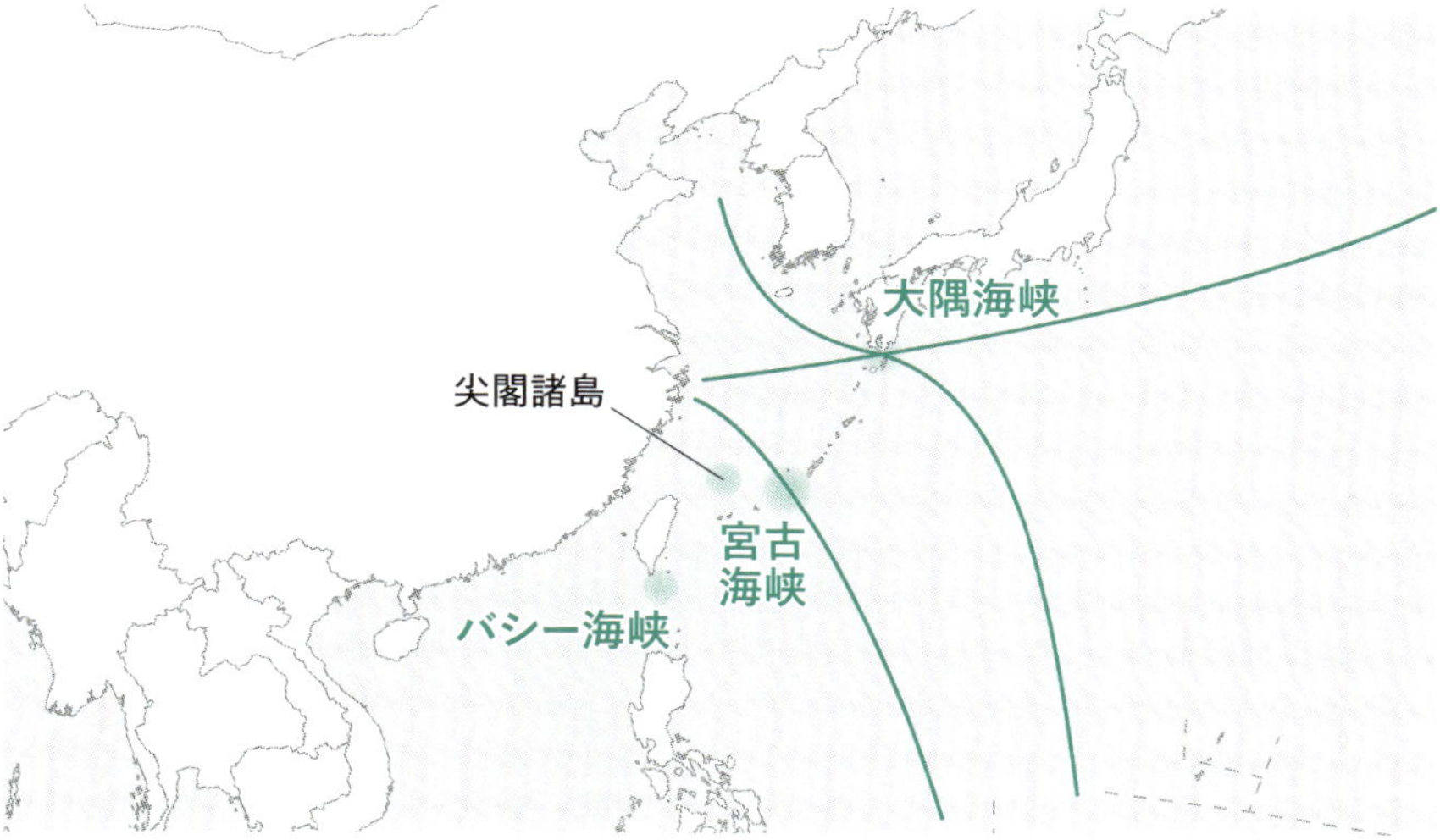

時、東南アジアの占領地から本土を目指す日本の輸送船はバシー海峡をよく通りましたが、海峡に隠れるアメリカの潜水艦に次から次へと撃沈されたことから、「輸送船の墓場」と呼ばれました。今日ではバシー海峡は、中国の潜水艦の恰好の出口です。潜水艦は海南島の基地から南シナ海に潜り、そのままバシー海峡の深い部分を通って、太平洋に出られるのです。

沖縄 太平洋への出口となる要石

沖縄は中国沿岸部に最も近い米軍基地が並ぶ非常に重要な島々です。**中国にとって九州から与那国島の中で特に重要な出口が、大隅海峡と宮古海峡です。**大隅海峡は、すべての主要港と北米を結ぶ最短経路上に位置し、常に膨大な通行量を擁します。宮古海峡は主に上海以北の港とオーストラリアを結ぶ船が通り、中国に鉄鉱石をはじめとした重要な天然資源をもたらします。

アメリカは沖縄を「太平洋の要石」と呼んで非常に重視しています。アメリカは第二次世界大戦末期に日本本土決戦の前哨《ぜんしょう》基地として沖縄を攻略し、以降は米領に組み込みました。返還後もここには、アジア最大の米空軍基地である嘉手納基地をはじめとした在日米軍基地の7割が集中します。**沖縄が「要石」である理由は、特に戦後の紛争地であった朝鮮半島、中国本土、ベトナムなどに近すぎず遠すぎないからです。**つまり、航空機を戦場に飛ばせるほど近くても、敵国が反撃してこられない程度には遠い、ちょうど良い場所にあるのです。中国人はアメリカの爆撃機がベトナム戦争のときに沖縄から出撃したことをよく覚えています。沖縄は第一列島線の中でも、中国にとって特に大きな恐怖対象なのです。

中国が尖閣諸島を欲しがる理由にも、潜水艦が大きく関わっています。東シナ海の海底図を見ると、中国の海岸の南西には大陸棚が広がっており、水深は概ね100m未満しかありません。この大陸棚を越えると水深が一気に増す沖縄トラフがあります。さらに進むと、宮古海峡の中でも深いところに位置する回廊があり、ここを抜けると太平洋に出られます。台湾有事の際、中国の潜水艦は宮古海峡を出て、沖縄の南の海域で来援してくる米軍艦艇を攻撃しなければなりません。そのためには、宮古海峡の通行を安全にする必要があります。しかし、現状として、中国から宮古海峡までの航路上には尖閣諸島があり、ここは日本の支配下にあります。そこで、中国は宮古海峡までの道を安全にするため、尖閣諸島を奪わなければなりません。中国はこのために尖閣諸島沖と宮古海峡に艦船を送り、日本に圧力を加えています。また、中国は長期的・潜在的には沖縄から米軍が撤退することを望んでいます。沖縄にも黒潮が流れていて潜水艦探知は簡単ではありませんが、今のところ日米は技術・経験で優《まさ》っていて、中国の潜水艦をほぼすべて探知・追跡できているようです。しかし、中国は年々潜水艦の能力を向上させてきているため、注意が必要です。

北極海航路　地球温暖化で重要性が増す注目の地

ちなみに、第一列島線上ではないものの、**対馬海峡と津軽海峡は今後重要性が増すと考えられます。**なぜなら、今後数十年で、ここの通行量が一気に増大する可能性があるからです。

北極海航路とは、温暖化で北極海の氷が解けることによって夏に開通するといわれている新しい航路です。かつて北極海には一年中氷が漂っていたので、船はここを通ることができませんでした。しかし、近年は温暖化が進んだことで氷がかなり薄くなりつつあり、温暖化がこのまま進めば、数十年以内に普通の船でも夏だけ通れるようになるといわれています。

北極海航路になぜ注目が集まっているかというと、この航路が中国からヨーロッパまでの距離を短縮するからです。今のところ、中国とヨーロッパを結ぶ最短経路はスエズ運河を通過する航路で、およそ40日かかります。一方で、北極海航路を使えばおよそ30日まで短縮できます。

北極海航路が開通すると、中国・ヨーロッパ間の船は必ず対馬海峡、津軽海峡、宗谷海峡のいずれ

図表3-12　北極海航路

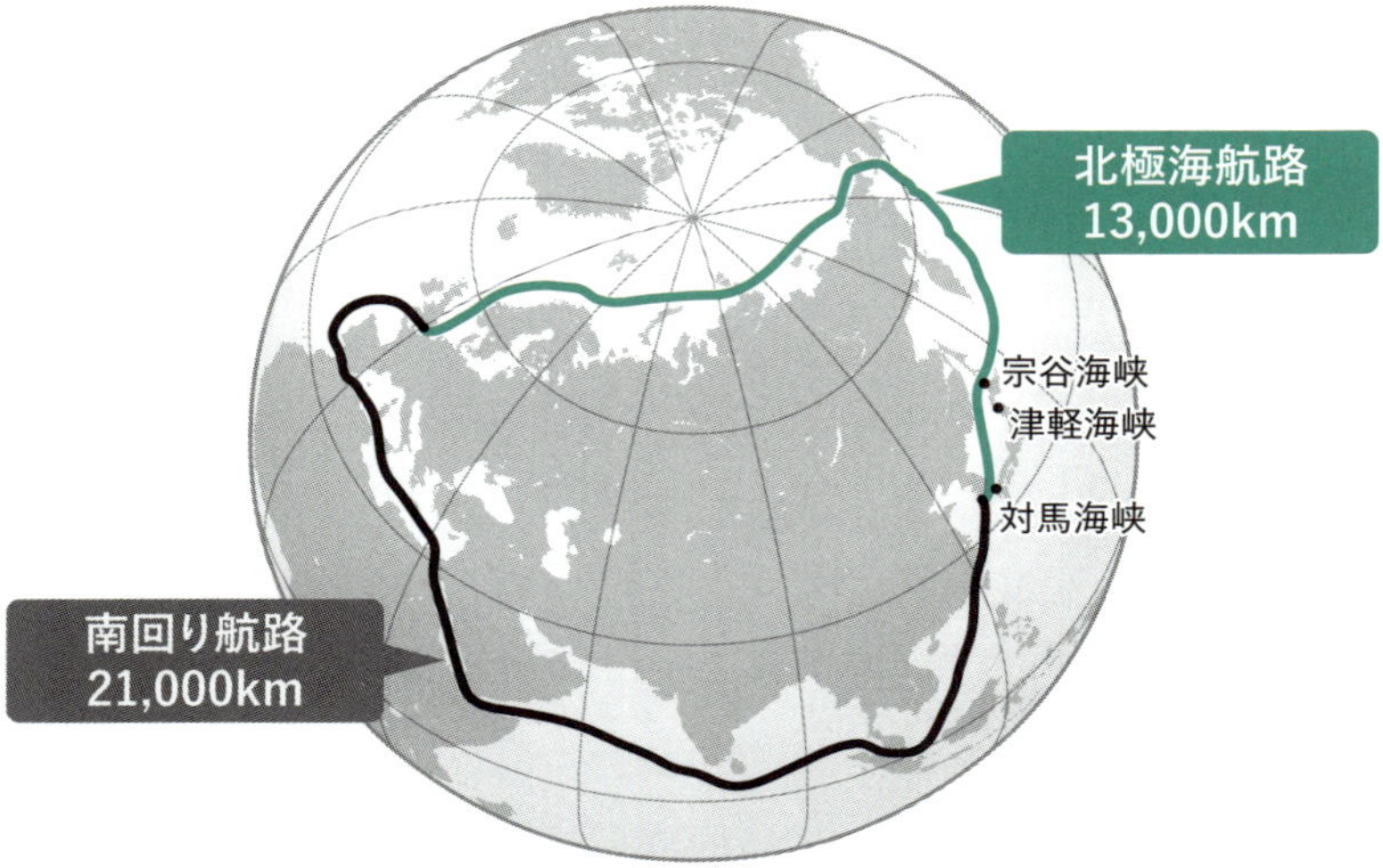

かを通ることになります。

　また、航路上にある北海道も同様に重要性を増すと思われます。ある中国高官は北海道の釧路に関して「将来は南のシンガポール、北の釧路といわれるような魅力がある」と発言し、駐日大使を2016年に釧路に派遣したことがあります。ただ、ここには日本・韓国・アメリカの海軍がすぐ近くに常駐しているため、中国が支配することは現実的ではないでしょう。

PART 4のまとめ

中国軍は、米軍によって第一列島線の中に閉じ込められており、長期的にはこれを突破する目標を持っている。

マラッカ海峡は中国にとって最も重要な海峡であり、ここが閉鎖される危険（マラッカ・ジレンマ）を抱えている。この損失を最小限にするため陸路への転換を試みているが、依存から抜け出せてはいない。

南シナ海は広い割に陸地が少なく、空母を用いて制空権を確保する必要がある。

沖縄は中国本土に最も近い位置に米軍基地を擁する最前線の島々。特に宮古海峡と尖閣諸島は中国から太平洋への出口にあり、中国はここから米軍を追い出したい潜在意識を持っている。

PART 5

台湾の重要性

台湾には大きな戦略的価値がある

第一列島線を突破する上で、台湾には他のどの島をも上回る戦略的価値があります。中国沿岸部全体の中で、台湾はほぼ真ん中に位置していて、小さな島を除く陸地の中で最も中国本土に近い陸地です。また、沿岸部の北半分の港から出る船は多くが台湾海峡を通って南シナ海に進みます。中国にとっての台湾は、アメリカにとってのキューバのようなものです。台湾は台湾海峡とルソン海峡という2つの大きな航路に面します。もし台湾が外国勢力の手に渡るようなことがあれば、中国はさらに脆弱な状況に陥ります。だからこそ、現状、アメリカや日本が台湾を守るためにさまざまな支援を施していることは、アメリカ人や日本人が思う以上に、中国を刺激するのです。

逆に、中国が台湾を自らの手に収めれば、第一列島線を一気に破ることができます。台湾は太平洋に直接面しているため、その東岸に海軍基地を設ければ、中国海軍は太平洋に安全に出られるようになります。前述のように、現状では中国は、バシー海峡と宮古海峡から米軍に見つからずに出ることに腐心しています。しかし、台湾が手に入ってしまえば、そもそもそのような悩みすら不要になります。アメリカから見れば、これは海の万里の長城の真ん中に大きな穴が開き、遊牧民が雪崩れ込んでくるようなものです。そうなれば、米中の勢力圏の境界は一気に第二列島線（伊豆諸島、小笠原諸島、グアム、サイパン、パプアニューギニア）まで後退し、第一列島線内の米軍駐留基地（沖縄、フィリピンなど）を守ることがますます難しくなります。

「台湾侵攻は倫理的に正しい」

「中国の夢」を唱え、習近平氏の考えにも影響を与えているといわれる劉明福大佐は、「統一は平和よりも尊い」、つまり、「台湾を武力統一することは倫理的にも問題ない行いだ」と主張します。アメリカ人は『平和的解決』『平和的統一』だけが許され、武力を行使してはならない」と言いがちです。[16]しかし劉氏からすれば、「中国以外のいかなる国、とりわけアメリカにはそのようなことを説教する資格はない」ということです。なぜなら、アメリカには南北戦争という武力を行使して国を統一した歴史があるからです。南北戦争の際には、奴隷制を廃止したい北部の人々に対し、奴隷制を維持したい南部の人々が独立を宣言し、「アメリカ連合国（南部連合）」なる国の成立を表明しました。これに対し、北部の人々は平和的解決は最初から捨てて、武力による統一を目指しました。「統一は平和よりも尊い」からです。**劉氏に言わせれば、台湾は中国版の南部連合であり、北の大陸を占める中国はかつてのアメリカ（北軍）と同じことをしているだけなのです。**三国の史実を描いた明時代の小説『三国志演義』の冒頭にはこう綴《つづ》られています。

そもそも天下の大勢は、分かれること久しければ必ず合し、合すること久しければ必ず分かれるもの。[17]

中国は分裂と統一を何千年も繰り返してきました。2049年で中国は成立から100周年を迎えます。中国としては、それまでに国を「必ず合さ」なければならないのです。

台湾侵攻の成敗を左右する日本

では本当に武力を使う場合、中国はどうやって台湾に侵攻するのでしょうか。アメリカのシンクタンクCSIS（戦略国際問題研究所）は、2023年に台湾侵攻のシミュレーションを行いました。[18]これによると、まず中国は、軍事演習を装って台湾の対岸に上陸部隊と戦闘機、周辺海域に艦艇と潜水艦を展開し、台湾を包囲するといいます。こうする理由は、アメリカを欺いて、参戦を遅らせるためです。侵攻準備が整い次第、中国は台湾に向けて大量のミサイルを発射し、台湾海軍と空軍、防空網をほぼ壊滅させます。

中国の攻撃に気づいた日本は、まず在日米軍基地を反撃のために使用することをアメリカに許可します。これに対し、中国はすぐに在日米軍基地とグアムをミサイル攻撃し、大半の航空機を離陸前に

図表3-13 台湾侵攻の過程

出典：Cancian, Mark F., Cancian, Matthew, and Heginbotham., Eric. "The First Battle of the Next War: Wargaming a Chinese Invasion of Taiwan." CSIS, 2023.

破壊します。中国の戦闘機はアメリカの戦闘機よりも性能で劣ります。よって、中国は米軍が戦闘体制に入る前に、航空機を片付けなくてはなりません。

台湾海峡の航空優勢を確保した中国軍は、台湾北部よりも守りが手薄な南部に部隊を上陸させ、港と空港を確保します。こうすれば、民間の輸送船と航空機を使って部隊を効率的に台湾に送ることができるからです。

さらに中国軍は、本土から戦闘機・爆撃機を飛ばし、上陸部隊の北部への進軍を援護します。一方、米軍は中国の制空空域の外から長射程ミサイルで輸送船、護衛艦艇などを攻撃。また水中でも、米軍と自衛隊の潜水艦が横断する中国艦艇を攻撃することで、徐々に中国軍への補給を減らしていきます。最終的に台湾には中国兵3万人が上陸しますが、アメリカの反撃により、それ以上の進軍は滞ります。こうして中国は台湾制圧に失敗する、というのがシミュレーションの結果です。

ただ、台湾侵攻が失敗するといっても、アメリカを含むすべての参戦国は甚大な被害を免れられません。台湾は死傷者3500人に加え、海軍と空軍は壊滅。中国は艦船138隻を失い死傷者2万2000人、日本も艦船26隻、アメリカは空母2隻を含む艦船20隻を失う上、死傷者1万人を出します。

この報告書の特筆すべきところは、台湾側が勝利するために鍵となる条件が日本の在日米軍基地使用の許可、実質的には日本の参戦であると強調している点です。もし日本が中立を貫けば、アメリカは残る同盟国であるフィリピンと韓国に参戦を要請します。しかし報告書によると、フィリピンは中国に対する圧倒的な劣勢から参戦を躊躇、韓国も同理由に加えて、台湾侵攻中に北朝鮮軍が活発化するのを懸念して戦力を国内に留めようとします。その結果、アメリカは自国領であるグアムからの航空機に頼らざるを得なくなります。

しかし、アメリカはグアムからは空中給油機なしで戦闘機を派遣できません。これにより、航空機からの長距離ミサイル攻撃も不可能になるため、中国海軍の艦艇を空から攻撃できません。それでも潜水艦は中国の揚陸部隊の3分の1を破壊できますが、中国の航空機を使った補給は遮断できません。アメリカは状況を打開するため空母2隻、イージス艦29隻、攻撃型原潜（原子力潜水艦）10隻を派遣しますが、制空権を確立できていないため、その多くは途中で撃沈されてしまいます。最終的にアメリカは空母4隻、イージス艦43隻、原潜15隻を失った上、台湾併合の阻止に失敗します。

これは台湾有事において、いかに日本の決断が結果を左右するかを物語っています。もちろん、現実的には日本が参戦を拒否することはあまり考えられませんし、万が一初期段階で拒否したとしても、米軍の被害が広がる中で拒否し続けることは難しいでしょう。アメリカが沖縄を「太平洋の要石」と呼ぶだけあって、すぐ隣の台湾で紛争が発生すれば、ほぼ必ず日本の国益にも影響が及び、参戦を余儀なくされるはずです。

また、台湾侵攻は失敗さえすれば良いというものでもありません。結果的に日米台が勝利したとしても、被害は甚大で、特にアメリカは戦後史上最大規模の戦力喪失を経験し、復興まで数十年の時を要します。**これは、ユーラシア大陸全体の勢力均衡の不安定化を招く恐れがあります。**アメリカの衰退は海洋勢力を衰えさせ、大陸勢力との勢力均衡がドミノを倒したように連鎖的に崩れていきます。例えば、アメリカがＮＡＴＯに割く戦力を減らせば、ロシアが増長し、東欧諸国を脅かすかもしれません。イランが中東での影響力を一気に高めるかもしれません。そして北朝鮮が韓国を攻撃するかもしれません。また、不安を抱いたドイツのような大国は軍備増強に勤しみ、その結果フランスやイギリスとの安全保障のジレンマが発生し、ＮＡＴＯそのものの結束が緩む恐れもあります。たとえアメリカが数十年かけて元の勢力を取り戻したとしても、その頃には収拾がつかないほど世界が不安定になっているかもしれません。

PART 5のまとめ

中国は台湾を制圧すれば、第一列島線を一気に突破できる。

中国にとって台湾は核心的な利益であり、武力統一も正当化される。

台湾侵攻では、中国軍が上陸までは果たすものの、日米軍の介入により失敗する可能性が高い。しかし、両陣営とも甚大な損失を被ることは確実。

台湾侵攻の命運は、日本が参戦するかどうかに左右される。

アメリカ人の言う「我々の民主主義に倣え」の真の意味は「我々の民主主義だけに倣え」かもしれません。アメリカと中国は対立していても、似た者同士です。アメリカは自らの大陸で覇権を握りましたが、中国が東アジアで同じことをするのは看過できません。マハンも、マッキンダーも、スパイクマンも、揃《そろ》って中国を警戒する予言を残したのは偶然ではありません。人口が多く、資源にも恵まれた中国がいずれ大国に成長することは、半ば運命だからです。

しかし、将来中国が今のアメリカのようになれるかどうかは未知数です。というのも、昔のアメリカは、当時の超大国イギリスがドイツに気を取られていたことにより大きな反抗に遭わなかったからです。対して、今の中国には超大国アメリカが複数の強力な同盟国を従えて対抗連合を形成しています。ロシアもアメリカが気を逸《そ》らさなければならないほど強くありません。日本人としては、油断は禁物ですが、中国もそれなりに大きな問題を抱えており、勢力均衡は依然として保たれていることには留意しても良いでしょう。

第4章

日本

大陸国家になろうとした海洋国家

第4章のPOINT

朝鮮半島は日本にとっての「橋」。

豊臣秀吉は「大東亜共栄圏」を300年先取りしていた。

日露戦争は、海と陸の戦いを体現したもの。

日本と韓国の歴史問題は100年前にも起こっていた。

日本は他の海洋国家との協力なしでは真に安全保障を確立できない。

日米同盟は、地政学的運命。

世界地図の上に描かれる日本を遠目で見ると、あらためて当たり前の事実に気がつきます。それは、北で大陸に近接し、南で広い海洋に面することです。

もう1つ気づくのは、朝鮮半島が橋のようにユーラシア大陸から伸びて、九州と至近距離に達していることです。地図の上に指を置いて朝鮮半島を隠してみると、意外とここが大きく、もしなかったら日本が大陸からかなり離れることがわかります。

日本は海に囲まれた地形も幸いして、世界史上稀《まれ》に見るほど外国と戦争をしなかった歴史を持ちます。しかし、そんな日本でも対外戦争が全くなかったわけではありませんでした。日本はユーラシア大陸から海で隔てられていたとはいえ、朝鮮半島で半ば繋《つな》がっている、絶妙な距離に浮かんでいたからです。

日本と大陸の交流をほぼ必ず媒介してきたのが、朝鮮半島です。朝鮮半島は、日本と大陸を結ぶ「橋」のような場所で、ここを通って大陸の文化や知識、技術などが日本に伝わってきました。戦争も例外ではありません。日本にとって、朝鮮半島は大陸勢力が日本を攻める通り道、または日本が大陸を攻める通り道として使われました。日本を「城」とすると、日本海が「水堀」の役割を果たし、朝鮮半島は城へと続く「橋」のようなものでした。このため、**日本にとって今も昔も最も重要な地政学的課題は、朝鮮半島を守ることなのです。**言い換えれば、大陸勢力に対する日本の防衛線は、朝鮮半島と日本海の二重となっており、日本は可能な限り大陸勢力の進軍を朝鮮半島で堰《せ》き止め、それが突破されれば九州で上陸を防ぐことを目指してきました。

日本が関わった対外戦争の多くにはこの地政学的力学が根底にありました。代表的なものだけでも、白村江の戦い、元寇、朝鮮出兵、日清・日露戦争、日中戦争、朝鮮戦争。また、現代の北朝鮮問題にもこの力学が少なからず働いています。

本章では、現代の世界情勢を理解するために、あえて視点を日本史まで広げ、日本の対外戦争の法則を探ります。日本史を地理的視点で振り返ると、意外にもそこには法則性があることに気がつきます。7世紀の白村江の戦いと今の北朝鮮問題の類似点、13世紀の元寇と日露戦争の類似点、16世紀の朝鮮出兵と第二次世界大戦の類似点などが示すように、日本の戦争は歴史を通して地理によって導かれてきました。それでは、朝鮮半島と日本の地政学的歴史を、白村江の戦いから見ていきましょう。

PART 1

朝鮮半島という橋

日本が初めて経験した対外戦争「白村江の戦い」

日本と朝鮮半島の地政学的関係が最初に表面化したのは、６６３年に起きた白村江の戦いでした。あまり聞き馴染《なじ》みのないこの戦争ですが、これは日本が経験した最初の大規模な対外戦争として重要な意義がありました。

この戦いは一言でいえば、「唐の日本侵略を防ぐための戦争」でした。4世紀から7世紀にかけて、朝鮮半島には高句麗《こうくり》、新羅《しらぎ》、百済《くだら》の３つの国があり、半島の中で『三国志』さながらの長い争いを繰り広げていました。そしてこの中で日本と仲が良かったのが百済でした。

ところが、この３つの国々が争っているうちに、唐が新羅と組み、百済を攻めて滅ぼしてしまいました。しかし、それでも百済の王は国の復活を目指し、日本に救援を頼んできました。

日本にとって、百済の要請に応えるかどうかは難しい問題でした。百済は朝鮮半島の一番南に位置する、日本にとっての緩衝国であり、百済を助ければ唐の南進を防げます。ただ、助けに行った結果もし負けてしまったら、その勢いで唐に攻められる日が早まるかもしれません。つまり、負けるくらいならば唐と敵対しない方が良いかもしれなかったのです。

それでも、日本は最終的に百済を助けることを決め、大規模な軍勢を朝鮮半島に送りました。この結果起こったのが、白村江の戦いです。しかし、日本と百済の連合軍は、最初はやや優勢だったものの、唐と新羅の強力な軍隊に徐々に押され、最終的には敗北しました。

百済が滅んだ上に唐と敵対するという、最悪の結果になってしまい、日本は唐の侵略を恐れるようになりました。そこで日本はすぐに唐軍の上陸に備え、九州の海沿いに防壁を築いて、多数の兵士（防《さき》人《もり》）をここに配置しました。また、対馬との連絡も常に行って、戦争の兆候をいち早く察知できるようにしました。こうして日本は、唐がいつ攻めてきても良いように備えたのです。

ところが、しばらくして唐と新羅が対立するようになったため、唐は日本への関心を失いました。むしろ唐は新羅と日本が協力しないよう、遣唐使をすぐに再開するなど、日本との平和的な関係を重視しました。ちなみに、新羅と日本の関係が悪化したことにより、白村江の戦い以降は、遣唐使は航路を変更せざるを得なくなりました。当初、遣唐使は北路という、友好国・百済の沿岸を行く航路を使っていました。しかし、新羅が朝鮮半島を制したことにより半島の沿岸は通れなくなったため、遣唐使は東シナ海を横断する南路を行くしかなくなりました。学校では「遣唐使の多くが中国に辿《たど》り着く前に死んだ」という衝撃的な歴史を習いますが、これは白村江の戦いにより、わざわざ波が荒く、

図表4－1　白村江の戦いと遣唐使の航路

陸地がない東シナ海に航路を移した結果でした。

このように、朝鮮半島の国々は中国の南進を止める防波堤のような役割を果たしました。最初は百済が単独で戦い、一度滅ぼされれば日本が応援し、それも失敗すると九州で防御の準備、しまいには新羅が新たな防波堤となりました。このように**日本は朝鮮という、日本を脅かすほど強くはなく、中国にすぐ負けるほど弱くもない国が半島にあったおかげで、歴史上何度も救われてきたのです。**これは次の対外戦争である元寇でも同じでした。

日本史上最大の危機「元寇」

元寇は、日本史上最大の危機といっても過言ではない出来事です。その理由は、これが大陸勢力が朝鮮半島の南端に到達した史上唯一の出来事であり、朝鮮という防波堤が突破されて敵軍が日本に渡ってきた唯一の戦争でもあるからです。

モンゴル帝国は当初日本に野心的ではなく、むしろかなり丁寧に接しながら友好関係を築こうとしました。なぜモンゴル帝国が日本に接近したかといえば、中国の南宋という国を征服するために、日本の協力が欲しかったからです。南宋は軍事力が強く、ユーラシア大陸を席巻《せっけん》していたモンゴル帝国でも苦戦していました。そこでモンゴル帝国は、日本を南宋包囲網の一員に引き入れたかったのです。しかし、日本は度重なるモンゴル帝国からの要請をすべて無視しました。なぜ強大なモンゴル帝国をそれほど無視したかといえば、当時の鎌倉幕府の外交に関する情報はすべて南宋から入ってきており、南宋は日本がモンゴル帝国に協力しないよう助言し続けたからです。

痺《しび》れを切らしたモンゴル帝国は、1274年に朝鮮（高麗）と共に約900隻の船と2万人以上の兵士で日本を攻めることを決めました。九州に上陸したモンゴル軍は日本軍を圧倒しましたが、日本は奮戦し、なんとか撃退することに成功しました。

モンゴル帝国は一度の敗北では諦めず、日本にもう一度攻め込もうと準備を始めます。日本もこの2度目の戦いに備え、九州に全長20㎞、高さ2mの防壁を築きました。そして、1281年、モンゴル軍は、今度は船を約4000隻、兵士を14万人と、戦力を大幅に増やして日本に攻め込みました。しかし、日本側は強化した守備と神風のおかげで、再び侵略を防ぐことができました。ちなみに、このときのモンゴル軍があまりにも残虐だったため、「モンゴル」が「むごい」という言葉に転じたといわれています。

元寇で日本が生き残った理由には、日本軍の戦術や神風が注目されがちです。ただ、やはりここでも朝鮮の役割は無視できません。**朝鮮（高麗）は、元寇の前に約30年間、モンゴル帝国に抵抗しました。結果的に降伏したとはいえ、この期間に日本はモンゴル軍の戦い方を伝え聞き、撃退体制を整える時間的余裕を得ました。**朝鮮半島はまさに、日本の緩衝地帯として機能したのです。しかし、次の対外戦争である、豊臣秀吉の朝鮮出兵は事情が違いました。

豊臣秀吉の朝鮮出兵の謎

それまで日本は朝鮮半島にやってくる大陸勢力を押し返すことはあっても、自ら大陸に攻め込むことはありませんでした。この点で、豊臣秀吉による朝鮮出兵は異例です。秀吉は、明（中国）を征服することを目的として、16万人もの大軍を朝鮮半島に送りました。しかし、進軍できたのは今の平壌辺りまでで、その後は明と朝鮮の激しい抵抗に遭い、また秀吉が亡くなったこともあって、日本軍は撤退することとなりました。

ただ、**この戦争の奇妙なところは、それまでのような、大陸勢力の脅威がなかったにもかかわらず、日本が朝鮮での戦いを決断したことです。**日本が明などに脅かされる心配がないのであれば、本来大陸に軍を送る必要もないはずです。このように、朝鮮出兵は起こった経緯に謎が多いため、未《いま》だに複数の説が存在します。例えば、秀吉が家臣たちに領地を与えるために大陸の土地が欲しかったとか、秀吉に征服欲があったとか、単に秀吉がボケていた、などの説があります。

しかし、朝鮮出兵にはもっとしっかりとした、深い考えがあったという説もあります。ではその説によると、秀吉は何を目的に朝鮮に出兵したのでしょうか？　**それは、ポルトガルとスペインに対抗するためだといいます。**

この説の出発点は、秀吉がそもそも朝鮮の征服を目指していなかったことです。秀吉は初め、朝鮮を武力で征服するつもりはなく、あくまで明を征服するための「通り道」として捉え、現地人には道案内をするよう求めただけでした。最終的に武力制圧した理由は、朝鮮が秀吉の要求を拒否したからです。もしただ土地が欲しかったり、征服欲を満たしたかったりするだけなら、まず朝鮮を征服すれば済む話です。しかし、秀吉は初めから征服対象を明に絞っていました。

もう1つの奇妙な点は、秀吉が南蛮（東南アジア）や天竺（インド）まで征服する意向を、現地の支配者であったポルトガルとスペインに通達したことです。仮に土地が目的なら明で十分足りますし、ポルトガルとスペインにまで敵意を向ける必要はありません。ではなぜ秀吉はわざわざ西洋2か国まで巻き込んだのか？　それは、平たくいえば、秀吉は「ポルトガルとスペインが日本を征服しようと画策している」という考えを持っており、これに対する恐れから、野心的な征服事業を行うことで、両国を威嚇した可能性があるからです。

秀吉が恐れた海からの脅威

ポルトガルとスペインは日本史上初めての、海からの脅威でした。もっと厳密にいえば、2つのヨーロッパの大国は、ユーラシア大陸の反対側である南の海の方向から日本を脅かした初めての存在でした。

ポルトガルとスペインは15世紀（戦国時代初め）以来、アフリカ、アメリカ、インド、東南アジアなど広大な範囲に貿易網を広げていました。その流れで、ポルトガル人とスペイン人は日本にもやってきて、貿易とキリスト教の布教を始めました。織田信長はキリスト教に寛容で、日本と西洋との貿易も歓迎していました。**しかし、信長を後継した秀吉は、ポルトガルとスペインに対して疑いの目を向け始めました。**宣教師が日本で勝手な振る舞いをしたり、日本人を奴隷として海外に連れ出したりしているという話を耳に入れたからです。

秀吉の警戒心を最も刺激したのが、「ポルトガルとスペインが日本を征服しようとしている」という情報でした。この情報にはある程度信憑性《しんぴょうせい》がありました。この頃、スペインはメキシコやペルー、フィリピンをはじめ行く先々の国を征服しており、次は明や日本にも手を伸ばすつもりではないか、と秀吉は疑ったのです。実際、スペインのフィリピン総督フランシスコ・デ・サンデは、1576年に「明で貿易拠点を確保するために軍事侵攻するべき」とスペイン国王に上申し、他の宣教師たちからも「明国人がなかなか改宗しないから武力で懲罰し、征服した方が早い」との意見が相次いだという記録が残っています。[1]

そしてポルトガルやスペインは、日本に対しても同様の野心を抱いていました。イエズス会の宣教師アレッサンドロ・ヴァリニャーノが1582年のフィリピン総督に宛てた書簡の中で、「日本人は非常に勇敢で絶えず軍事訓練を積んでいるから征服は困難だが、来る明国征服において日本は役に立つだろう」との記述があります。[2] 1585年には日本準管区長スパル・コエリョが、「日本に兵隊・弾薬・大砲・軍艦を送ってほしい。キリスト教徒の大名を支援し、服従しようとしない敵に脅威を与えるためである。これで諸侯たちの改宗が進むだろう」との手紙をフィリピンに送っています。また、コエリョは「日本人が全員改宗すれば、好戦的で利口な兵隊を得て、明国征服に役立てられるだろう」とも述べています。[3] **このような日本征服論は他の宣教師も盛んに唱えており、当時宣教師の間で明国征服に先立って日本を征服する構想が広く共有されていたことを示唆しています。**

信長と秀吉は、ポルトガルとスペインが日本征服を企てていることを知っていました。1587年のイエズス会士の手紙によると、ある日秀吉が信長に「イエズス会が日本を征服しようとしている」と忠告したところ、信長は「あのように遠いところからその目的を達成するのに十分なだけの兵士が来るのは不可能だ」と語ったといいます。[4] 日本国内では、すでにキリシタン大名（キリスト教に入信した大名）がイエズス会に強い忠誠を誓っており、秀吉の命令に背いてでもイエズス会の言うことを聞く反抗勢力となる恐れがありました。秀吉は後に宣教師に日本からの退去を命じました。それも、こうした脅威認識があったからと思われます。

秀吉、ポルトガルとスペインを脅す

秀吉が朝鮮出兵を準備し出したのもこの頃でした。宣教師の追放令の12日前、秀吉は朝鮮に服属を命じ、その翌年には琉球にも服属を命じました。**さらにその3年後、秀吉はポルトガルのインド総督に対して脅迫的な手紙を送っています。**手紙では、自分が明をもうすぐ征服するつもりであること、あらためて日本国内でのキリスト教布教は禁止すること、そして天下統一を達成してから周辺国が服属を表明していることを伝えていました。

秀吉は同年に、スペインのフィリピン総督にさらに露骨な警告文を送り付けました。内容は先の手紙に加えて、「フィリピンは速やかに日本に使者を派遣して服従しなければならず、もし遅れれば軍隊を派遣して征伐する」との文言があります。この手紙を受け取ったフィリピン総督は驚きました。まさか自分たちが日本に攻撃される恐れがあるとは、全く考えていなかったからです。スペイン人は日本の戦国武将をたくさん見てきて、その強さはよく知っていました。フィリピンの駐留軍は非常に弱く、日本の武士たちが来襲すれば抵抗できるとは思えませんでした。そこでフィリピン総督は手紙を受け取り次第、すぐに戒厳令を敷き、国王にメキシコからの援軍を至急要請しました。また、秀吉が2回目の朝鮮出兵に集中している間、フィリピン総督は台湾を占領する許可を国王に求めています。その理由は、台湾がフィリピンと非常に近く、日本軍の出撃拠点になる恐れがあったからです。[5]

なお、江戸時代初期、長崎代官の村山等安が台湾に出兵し、その後もオランダ、スペイン、明が立て続けに台湾に出兵しました。台湾は西方から東アジアに至る要衝だったためです。今も昔も、台湾の地政学的重要性は変わっていません。

このように、秀吉は明の征服計画を、わざわざポルトガルとスペインに知らせていました。単に土地が欲しいだけであれば、このようなことはしなくてもよかったはずです。しかし、秀吉がこれほど広い地域を支配しようとしたのは、ポルトガルやスペインに対する警告の意味もあったのです。**もしポルトガルやスペインが明を支配すれば、彼らが大きな船団で日本まで攻めてくる恐れがあったため、先手を打って明を自分のものにしようとしたと考えられます。**

実際、秀吉は最初の朝鮮出兵の際、「天皇を北京に移し、自分は明の港町・寧波《ねいは》に住んで、いずれインドまで支配する」と宣言しました。[6] 寧波を選んだのは、ここが日本やフィリピン、マカオ、シンガポール、インドなど、アジアのさまざまな国や地域と繋がる貿易の要衝だったからです。権力の象徴である北京ではなく、戦略的な要衝である寧波を選んだことは、秀吉が当時のアジアや世界の地理と地政学的状況をよく理解し、戦略的に考えていた証《あかし》ともいえるでしょう。こうして秀吉は、東アジアへのヨーロッパ勢力の侵入を防ぎ、日本を守ろうとしていたのです。

この考え方は、後の明治時代や第二次世界大戦時の日本の大戦略、「大東亜共栄圏構想」にも似ています。この構想では、欧米の勢力を東アジアから追い出し、日本が中心となってアジアをまとめることを目指していました。明治時代以降、日本が琉球、朝鮮、台湾を併合し、さらに中国や米領フィリピン、英領香港、シンガポール、インドへの影響を広げようとしたのは、まさに秀吉の構想に通じるものです。秀吉は、大東亜共栄圏を300年も先取りしていたのです。

PART 1のまとめ

日本は海で隔てられていたが、朝鮮半島がユーラシア大陸との「橋」の役割を果たし、ここの安全を確保することが日本の伝統的な地政学的課題だった。

歴史的に朝鮮半島の国が大陸勢力と戦う緩衝国となって、日本は大陸勢力と直接対峙《たいじ》する必要がなかった。

元寇では、日本史上唯一外国軍の武力上陸を許したが、朝鮮と日本海は依然として緩衝地帯の役割を果たした。

豊臣秀吉は、ポルトガルとスペインから日本を守るために明の征服を目指した。秀吉の行動は、西洋の勢力を東アジアから追い出し、日本を中心とした秩序構築を目指した点で、後の大東亜共栄圏を先取りしていた。

PART 2

ロシアとの50年間の苦闘

「海と陸の戦い」に巻き込まれた日本

幕末より前、日本への脅威は陸か海のどちらか一方からしか来ませんでした。すなわち、白村江の戦いと元寇は大陸から、朝鮮出兵は海からの脅威にそれぞれ対応した結果でした。しかし、日本は幕末になるとさらに厳しい状況に陥りました。**今度はロシアが大陸から、アメリカ、イギリス、フランスなどの欧米列強が海から同時に迫ってきたのです。**

豊臣秀吉がスペインを警戒した時代から、スペインは衰退し、しばらくの間、日本を征服しようとする国はありませんでした。その理由の1つは、日本がヨーロッパから最も遠い位置にあって、軍事力も強い割に、それほど植民地にする旨《うま》みもなかったためです。江戸時代の地理学者である西川如見は、1700年に『日本水土考』の中で次のように書いています。

日本の防衛はどこの国にも負けない。小さな国が大国の近くにあると、大国に従わされるか、吸収されるかのどちらかになる。しかし、日本は大国に近いけれども、荒海によって隔てられているため、比較的遠く感じる。だから日本は大国に従わざるを得ないような不幸に一度も遭ったことがない。[7]

しかし、時代が進むとともに、この海という自然的障壁の力は弱まっていきました。**欧米列強が日本近海に頻繁に出没するようになっただけでなく、鎖国している間に、その軍事力には絶大な差が広がっていたからです。**西川が楽観的な防衛論を唱えた後の1791年には、すでに林子平が『海国兵談』の中で「江戸の日本橋より中国・オランダまで、境なしの水路なり」と説き、島国であっても海で外国と繋がっている以上安心はできず、特に海に面する江戸は直接攻撃を受ける恐れがあると警告しました。

ところで、日本の開国といえばアメリカの黒船が有名ですが、**実は開国に最も影響を与えたのは、アメリカではなくロシアでした。**ロシアは日本に最初に開国要求をした国です。16世紀から東へと領土を広げてきたロシアは、1697年にカムチャッカ半島、1860年には満州北部と沿海州（日本海を挟んだ対岸）を領有しました。それと同時に、ロシアは樺太や千島列島、北海道に頻繁に使者を送り、時には上陸することもあったのです。1861年には、太平洋に出るための基地として対馬に上陸し、その租借を要求してきたこともありました。ロシアは西でデンマーク海峡やトルコ海峡の獲得を目指していた傍ら、東でも対馬海峡や北海道辺りの海峡を獲得しようと動いていたのです。

こうした北からの脅威に対抗するため、江戸幕府は北海道の統治を強化する方針をとり、何度も探検隊を派遣しました。あの有名な伊能忠敬の『大日本沿海輿地全図』もこの一環です。幕府が北海道の守りを強化するために、海岸線を正確に把握する必要があったからです。

このように、日本は幕末になると海と陸の両方からの脅威に直面し、それに伴い国防についての考えも2つに分かれました。まず、海からの脅威に注目した海軍論者は、海軍と海上貿易の重要性を強調しました。水戸藩主の徳川斉昭は「海洋国家である日本は軍艦を第一の防衛線とすべきだ」と主張し、老中の堀田正睦や洋学者の福沢諭吉も、イギリスのように貿易と海軍に力を入れるべきだと説きました。[8]

一方で、ロシアなど大陸からの脅威を重視する人々もいました。彼らは日本も強力な陸軍を備え、大陸に進出する必要があると考えました。経済学者の佐藤信淵は『混同秘策』という著書の中で、「西洋が東アジアを支配する前に、日本が東アジアを制圧し、西洋の脅威に備えるべきだ」として、満州、台湾、寧波から中国全土を征服し、最終的には南京に天皇を移す、その後はフィリピンや南の島々まで制するという、豊臣秀吉を彷彿《ほうふつ》とさせる大胆な大陸進出論を唱えました。この発想は戦後、「100年を隔てて、太平洋戦争方式と不気味なまでの類似性」があったと評されました。[9] 吉田松陰も「満州を制圧し、その次にロシアと対峙し、朝鮮を取り戻そう。中国から目を離さず、南の島々を制し、インドにも侵攻しよう」と、大陸に緩衝地帯を得る重要性を訴えました。[10] その後約100年間の日本の辿る道は、江戸時代にすでに構想されていたのです。

日清戦争は朝鮮を緩衝地帯にするための戦争だった

海軍論者と陸軍論者の議論は、やがて大陸重視の戦略に到達しました。やはりロシアこそが当時の最大の脅威であり、これに対処するためには大陸に緩衝地帯が必要だったからです。**このため、開国から日露戦争までの50年間、日本の対外戦略は、「ロシアを極東から追い出す」一点で進められました。**

第3代内閣総理大臣の山縣有朋は、吉田松陰の門下生だったこともあり、大陸進出と陸軍を重視しました。1890年、山縣は「主権線」と「利益線」という地政学的概念を唱えました。

主権線
日本の国境であり、絶対に守るべき防衛線。

利益線
主権線を守るために必要な地域を含む外側の防衛線。

利益線には朝鮮半島も含まれていました。日本陸軍のドイツ人顧問クレメンス・メッケルも**「朝鮮は日本の心臓を狙う短刀である」**として、朝鮮を守る重要性を訴えました。

図表4-2　主権線と利益線

しかし、当時朝鮮は緩衝地帯の役割を果たせる状態にありませんでした。当時の朝鮮国内はとても不安定で、いつ他国に支配されてもおかしくないほど国力が弱かったからです。**日本の一番の不安は、朝鮮が弱いあまり、ロシアに取り込まれてしまうことでした。**

朝鮮が弱かった一番の原因は、当時衰退気味であった清に従属し、近代化を拒む態度にあると日本は考えました。そこで日本は、まず朝鮮を強い国にすることを目指しました。そうすれば朝鮮は自力でロシアに対抗できる、伝統的な緩衝地帯の役目を果たせるからです。しかし、朝鮮が近代化に失敗することもあり得ます。もしその場合は、日本は自力でロシアを利益線の外に追い出さなければなりません。よって、開国から50年間の日本の戦略を3つの段階に分けるとこうなります。

①朝鮮を清の影響から断ち切る
②朝鮮の近代化を進める
③ロシアを極東から追い払う

端的にいえば、**①の目標を達する手段が日清戦争、②の手段が朝鮮統治、③の手段が日露戦争でした。**結果的に、日本は日清戦争に勝利し、①の目標を達成しました。清は日本よりも純粋な戦力で優《まさ》っていましたが、日本はより近代的な兵器と訓練のおかげで最終的には勝利を得ることができました。これにより、最重要目標である朝鮮の清からの独立を実現。これに台湾割譲が付属しました。

しかし、日清戦争で勝ってからも②の朝鮮の近代化は、なかなか上手く進みませんでした。戦争が終わった当初は日本が強い国に映って、朝鮮国内の親日派が勢いづきましたが、三国干渉で日本が弱気の姿勢を見せてからは親露派が勢いづいたからです。三国干渉とは、日清戦争で日本が清から譲り受けるはずだった遼東半島を、ロシア・フランス・ドイツが圧力をかけて、諦めるように迫った出来事です。3つの列強に対抗できるほど強くなかった日本はこの要求を呑《の》んで、遼東半島獲得を断念しました。[11] この出来事により、朝鮮の目にはロシアの方が頼りになるように映ったのです。こうして朝鮮を巡る綱引きは、着実にロシア優勢に傾いていきました。

朝鮮が日本による近代化を受け入れるつもりがないのであれば、どうロシアに対処するべきか。これが、次第に③ロシアを極東から追い払う選択肢を現実的にしていきました。山縣有朋は、早くも日清戦争終結直後にこう予言していました。

> アジア情勢が今後悪化することは確実である。我々は10年以内に再び戦争が起こることを覚悟しなければならない。[12]

ロシアの不凍港への渇望がロシア版満州事変に繋がる

日清戦争によって清が弱体化したことには、良い結果と悪い結果がありました。良い結果は、前述のように朝鮮を清の影響力から切り離せたことです。**しかし悪い結果は、清を倒したことにより、ロシアの勢力拡大をむしろ招いてしまったことです。**

清はすでに没落していたとはいえ、日清戦争までは依然として強力な地域覇権国の座を維持していました。確かにこの戦争より前に、列強に数々の領土や宗主権を取られていましたが、失ったのは香港のような小さな島や人がほとんど住んでいない辺境、あるいはビルマやベトナムといった名ばかりの従属関係を持っていた国々だけで、本土の安全を脅かすような場所はまだ奪われていませんでした。しかも、アヘン戦争後は清も近代化を積極的に進めており、西洋式の軍艦や大砲を増強しつつありました。いくつかの戦争には負けましたが、欧米列強にとって、清は西洋の技術をひとたび取り入れれば強国として台頭する潜在性がある、決して侮れない国でした。これに関するナポレオンの格言は有名です。

——中国は眠れる獅子《しし》である。目覚めた暁には世界を震撼《しんかん》させるだろう。

しかし日清戦争は、清が「眠れる獅子」ではなく「張子の虎」であることを全世界に晒《さら》してしまいました。清が小国であるはずの日本に負けて、首都北京の目と鼻の先にある遼東半島を日本に譲ろうとしたことは、清がいよいよ本土まで守る力を失った証でした。こうして欧米列強は清に次々と要求を突きつけるようになり、日清戦争終結からわずか5年の間に、フランスが広州、イギリスが九龍半島と威海衛、ドイツが青島を租借しました。

清の弱体化に最も便乗したのが、ロシアでした。ロシアは朝鮮への影響力を伸ばしただけでなく、満州にも進出し始めたからです。ロシアが三国干渉で日本に遼東半島を手放させたのには、確固たる思惑がありました。それは、清がここを保持し続けることを可能にする見返りとして、半島の先端にある旅順と大連の租借と、そこに鉄道を繋げる権利を清に認めさせることです。

ではなぜロシアは、遼東半島を欲しがったのか？　それは、遼東半島が魅力的な不凍港を備えていたからです。ロシアは極東にすでにペトロパブロフスクとウラジオストクという良港を持っていました。しかし、前者は流氷に閉ざされる期間が長く、後者は日本領の海峡を通らなければ外洋に出られないという欠点を抱えていました。この点で遼東半島は魅力的でした。ここならば一年中氷とは無縁でしたし、出口が広いので外洋へ出る際に妨害に遭いにくかったからです。

図表4-3　ロシアによる満州占領

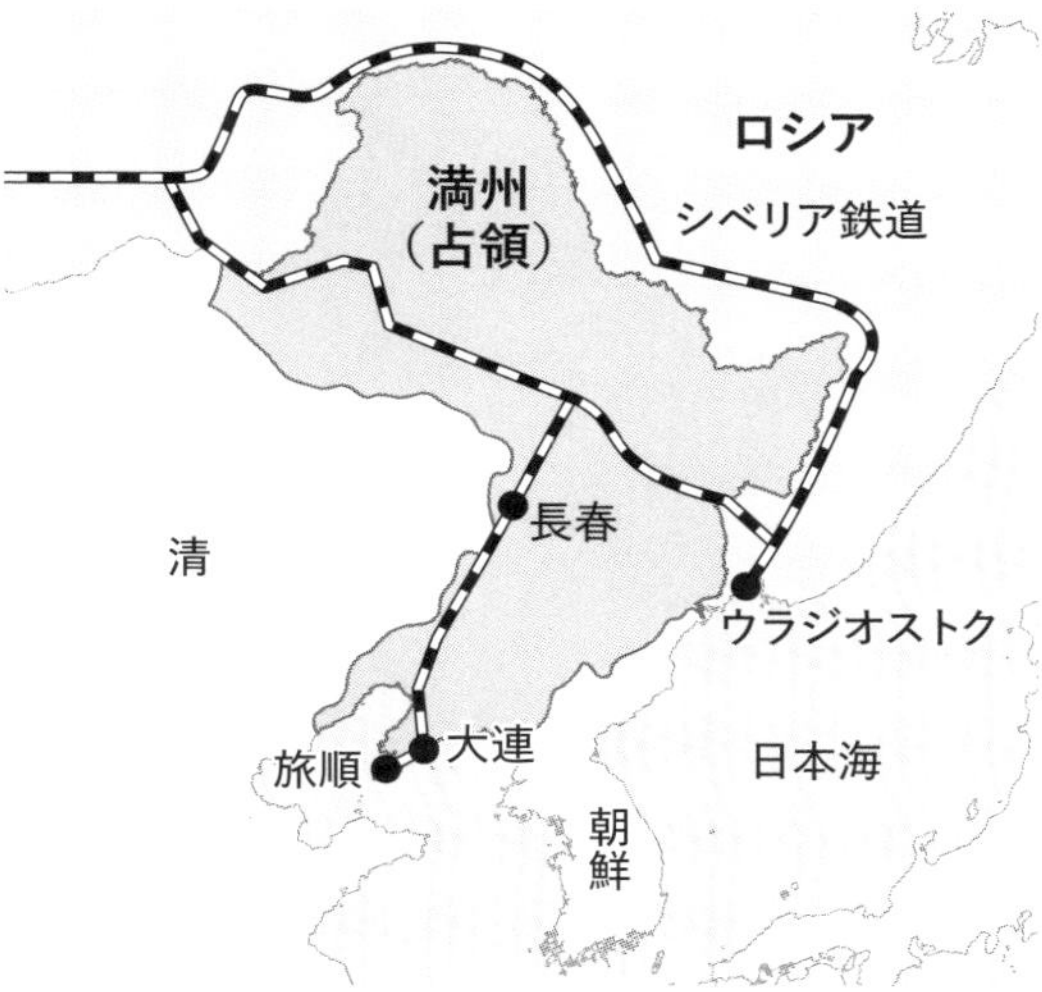

ロシアは遼東半島に港を得るだけでは満足せず、日清戦争の5年後にはついに満州全土の占領に乗り出しました。まさに「ロシア版満州事変」が起こったのです。日本はこのロシアの行動に強い危機感を抱きました。ロシアがその勢いで満州のすぐ南の朝鮮まで占領する恐れがあったからです。実際、当時のロシア政府関係者は「朝鮮はロシア帝国の将来の領土の一部であり、朝鮮半島の南端を日本に譲れば、ロシアは戦略的に見て朝鮮の最重要の地域を自ら放棄し、自己の行動の自由を束縛する」と朝鮮征服に意欲を見せていました。[13]

もしロシアが朝鮮半島南岸に海軍基地でも造れば、九州への攻撃が可能になってしまいます。それどころか、朝鮮経由で上陸作戦までしようと思えばできるようになります。これは「第二の元寇」です。日本としては、どうしてもこの結末は避けなければなりませんでした。

日露戦争は大陸国家と海洋国家連合の戦い

ロシアの満州進出が進む中、日本はなんとかロシアと平和的にこれを抑制しようとしました。例えば、ロシアが満州を勢力圏に入れることを認める代わりに、日本が朝鮮を勢力圏に入れることを認めるよう提案しました。しかし、ロシアは朝鮮の中立を断固として求めました。このため、日本は妥協して、「日露の勢力圏の境目を北緯38度線まで南に下げたらどうか」と提案しました。けれども、南部の不凍港が欲しいロシアはこれも断りました（ちなみに北緯38度線は、今日の韓国と北朝鮮の境目でもあります）。

同時期にはイギリスもロシアの満州進出を警戒しました。ロシアがその後中国まで進出してきたり、遼東半島の港で海軍力を強化したりすれば、イギリスの中国権益にも危害が生じる恐れがあったからです。これは中国市場に参入したいアメリカにとっても同じでした。こうしてイギリスは日本とアメリカを誘って、ロシアに満州から立ち退《の》くよう勧告しました。さすがのロシアも3か国が合わさると無視できなかったのか、すぐに撤退することに同意しました。しかし、結局ロシアは最後まで満州から引き上げませんでした。

これはやがて世界規模の大陸勢力と海洋勢力の対立に発展しました。満州に拡大したがる大陸国家

図表4-4　ビゴーの見た日露戦争

日本に戦うよう後押しするイギリスと、それを後ろから静観するアメリカ。ロシアは堂々と待ち受ける

ロシアを、海洋国家の日本・イギリス・アメリカが共同で封じ込めようとする。これはまさにマッキンダーが唱えた「ハートランドの大陸国家と海洋国家連合の戦い」そのものでした。[14] そして、**この海洋国家連合が正式な形となって生まれた枠組みこそ、日英同盟でした。**日本はもちろん、イギリスとしても、このままロシアの勢力拡大を許すわけにはいきません。そこで、来るべき戦争に備えて、イギリスは日本に資金、兵器、情報を提供し、その見返りに、日本はイギリスの極東での立場を守るという協力関係がここで成立しました。単独では到底ロシアを相手に戦えない日本でも、超大国イギリスの協力によって、戦う可能性が開けました。

1904年2月、ついに日露戦争が始まりました。開戦からしばらくは、形勢はどっちつかずでしたが、徐々に日本優勢に傾いていきました。ロシア国内では戦争前から革命の波が立っていましたが、この戦争中に日本が優勢になりつつあったこともあり、ロシア人はさらに政府への反発を強め、これが回り回って戦争をより一層日本有利にしました。開戦から1年ほど経《た》つと、ロシア軍の最も重要な要塞がある旅順が陥落。また旅順とウラジオストクを拠点とする太平洋艦隊も壊滅しました。ロシアの不利が濃厚になった中で、ロシアが切り札として派遣したのが、バルチック艦隊です。これはバルト海で活動する、当時世界有数の艦隊で、ロシアはこれを太平洋に派遣することで形勢を一気に転換させようとしました。しかし、日本海軍はバルチック艦隊を対馬沖で壊滅させることに成功。艦隊の21隻の艦船のうち、ウラジオストクに到着できたのはたった3隻という、歴史上稀に見る大勝利を収めました。ロシアはバルチック艦隊を失ったことで完全に戦意を喪失し、ようやく講和に応じました。ここでロシアは、朝鮮を日本の勢力圏とすることに同意し、日本は辛うじて戦争の目的を達成しました。

韓国併合の理由

日露戦争で日本は、幕末以来の安全保障の課題をすべて解決しました。まず、最大の目標であった「ロシアの極東からの追放」達成の影響は非常に大きく、日本は一時奪われた遼東半島を取り戻し、満州を中立地帯化し、韓国を完全に自らの勢力圏に組み込みました。ロシアの勢力も衰えたので、「第二の元寇」も心配しなくて良くなりました。また、海からの脅威であったイギリスもこの時点では同盟国です。アメリカやフランス、ドイツなど他の列強も、日本の実力を認めて不平等条約の改正に応じました。打ち負かしたロシアさえ、戦後は一転して良好な関係に努めました。日露戦争後の日本は、海からも陸からも脅かされない非常に理想的な状態を確立したのです。

しかし、まだ問題が残っていました。それが、韓国の近代化です。日露戦争後、日本は韓国の外交権を獲得。つまり、韓国が他国と勝手に協力関係を築くことがないよう、外交を管理するようにしました。そもそも日露戦争の大きな原因の1つは、「韓国がロシアに協力するかもしれない」という恐れでした。当時の内閣総理大臣の桂太郎は、「もし韓国が単独で放置されるような事態になれば、再び同じように他国と条約を結んで日本を戦争に巻き込むだろう。従って日本は韓国が今後別の外国との戦争を日本に強制する条約を締結することを防がなければならない」と主張しました。[15]

韓国への独占的な影響力を確立した日本は、すぐに「統監府」を設け、明治維新を元にした韓国の近代化に取り掛かりました。**韓国が自力で外国の脅威に対抗できるようになれば、日本は堅固な緩衝地帯を得ることになります。**理屈はマッキンダーが東欧に関して提案したことと同じです。マッキンダーは、東欧諸国が自力で独立を保てるほど強ければドイツとロシアの戦争を防げると考えました。同様に、韓国も自力で独立を保てるほど強ければ、日本とロシアの戦争を防げるはずです。

この韓国の近代化という重要な任務を負ったのが、初代内閣総理大臣、伊藤博文でした。日本の韓国統治というと、ニュースでよく「徴用工問題」や「慰安婦問題」と聞くように、抑圧的な印象があります。しかし、少なくとも最初の数年間、１９１０年の併合までは比較的融和的でした。初代統監である伊藤は、かねて韓国との協調を重視しており、一部の陸軍軍人が訴える「韓国の併合」には反対していました。伊藤は韓国が真に独立した国力を高められるよう、インフラや技術の支援、朝鮮語を含む教育に力を注ぎました。また、現地の日本人教師には、朝鮮人の文化に干渉しないことや、朝鮮語を学ぶことを奨励しました。[16] 伊藤は韓国への指導をあくまで国力が高まるまでの一時的な支援と考えており、「日本は韓国の併合の必要なし」と明言していました。[17]

しかし、伊藤の協調路線にもかかわらず、韓国国内では反日運動がどんどん活発になりました。これには日本側の不手際もありましたが、**より根源的なところには、豊臣秀吉の朝鮮出兵以来の日本への恨みがありました。**伊藤は当時の状況を次のように伝えています。

豊臣秀吉が朝鮮に出兵した時、多くの朝鮮人を殺害した。朝鮮人は今日でもこの事をよく覚えている。反日運動の煽動者《せんどうしゃ》は『日本人は朝鮮人を助けるのが目的と言うが、本当は朝鮮人を絶滅させるつもりだ』と叫ぶのだ。[18]

韓国で激化する反日運動を受けて、日本では併合論がますます増長しました。日本にとっては、韓国が近代化するかどうか以前に、ここを外国に取られることが決してないようにしなければならず、それを達成する一番手っ取り早い方法は併合だったからです。反日運動が最高潮に達した１９０９年には、ついに伊藤が暗殺されてしまいました。皮肉にも、伊藤は併合論を抑えていた重鎮であり、伊

藤がいなくなったことにより併合派はますます勢いづきました。そして伊藤の暗殺の翌年、日本は韓国を併合しました。[19]

100年以上前のこの様相には、今日の日韓関係との類似点が見られます。今日、日本と韓国は中国と北朝鮮という共通の脅威に直面しています。よって、勢力均衡の観点で日韓は本来全面的に協力するはずです。しかし、韓国人が反日感情を持っているせいで、緊密な連携が取れません。朝鮮出兵や韓国併合の歴史を、韓国人は今でも根に持っているからです。さらに、韓国人の反日感情は、日本人の反韓感情を刺激してしまっています。

これは明治時代の経緯とよく似ています。明治時代、日本と朝鮮はロシアという共通の脅威に直面していたので、日本は粘り強く連帯を持ちかけましたが、朝鮮は豊臣秀吉の行いを根に持っていたので、協力しようとしませんでした。そして朝鮮のこのような態度が、日本の強硬論を下支えしました。豊臣秀吉と伊藤博文は、今でも韓国で最も嫌われている歴史上の日本人です。**日韓が安全保障上同じ脅威に直面しながら、歴史問題のせいで協力できないのは、今も昔も変わらないのです。**

PART 2のまとめ

幕末以前の日本への脅威は海か陸の一方のみからだったが、幕末にはロシアが北から、欧米が南から迫り、二面から脅かされた。そして、最大の脅威はロシアだったため、日本は開国から50年間、ロシアを押し返すことを戦略の基軸とした。

日本は朝鮮を近代化させることで緩衝国の役目をあらためて担わせようとした。しかし朝鮮が近代化に後ろ向きだったため、日清戦争で朝鮮を清から切り離した。

日清戦争後もロシアの勢力増長が止まらなかったため、日本はイギリス、アメリカと海洋国家連合を組み、ロシアを極東から追い出した。

100年前も今日も、日本と韓国が歴史問題のせいで安全保障の協力ができない関係は変わらない。

PART 3

大陸国家、日本

アメリカとの対立の始まりと幻の「ハワイ県」

1910年代から20年代は、ここ100年の日本の安全保障史上、最も安全な時代でした。日本は大陸で遼東半島と朝鮮半島を領有した上、その2つの半島の背後は、満州という広大な緩衝地帯で守られていました。[20] すなわち、**日本は深い戦略縦深と広い緩衝地帯を同時に持ち、安全保障のジレンマを軽減できる理想的な状態にありました。** 海洋方面でも、事実上シンガポールからハワイまでの制海権を握っていました。本土の北は狭い海、半島、緩衝地帯によって三重に守られていて、南は広い海で守られている。そして何より、日本はすべての大国と良好で平和的な関係を維持できていました。

しかし、1945年の破滅的結末の種が芽生え始めていたのもまたこの頃でした。大陸方面では中国とソ連、海洋方面ではアメリカが徐々に勢力を拡大し、日本の勢力圏と接触するようになったからです。

アメリカとの対立が初めて意識されるようになったのは、1898年、アメリカがハワイを併合し

図表4-5　日露戦争後の極東情勢

日本は対馬海峡（海）、韓国（戦略縦深）、満州（緩衝地帯）の三重で守られている

たときでした。アメリカの海軍戦略家のマハンは、ハワイがアメリカと中国を結ぶ航路上に位置する戦略的に重要な要衝であるため、アメリカは早急に支配するべきと主張していました。マハンが支配確立を急ぐべきとした理由は、当時ハワイでは中国人と日本人の移民が増えており、このままでは乗っ取られてしまうと恐れたからです。

> ハワイを巡って日本との間で争い事が起こる危険性は、疑いの余地がないと考える……問題なのは、我々が無気力であるが故に、これらの最も重要な島々の未来を日本が支配することを、我々は許してしまうつもりなのかということだ。我々が目を瞑《つむ》れば、それは本当に起こるだろう……まずはハワイを取ってしまい、その後で政治的問題を解決すれば良い。

マハンの友人で後にアメリカ大統領になるセオ

ドア・ルーズベルトも「私の思い通りにできるのなら、我々は明日にでもハワイを併合するだろう……ハワイは現在、外国の支配に遭おうとしている。特に日本だ」と、日本を警戒していました。[21]

アメリカの野心をひしひしと感じていたハワイ国王は、日本に助けを求めたこともあります。1881年に国王は日本を訪問した際、随行したアメリカ人の側近の目を盗んで明治天皇と面会しました。**国王がその場で明治天皇に対し、ハワイの王女と日本の親王の縁談や、ハワイの土地を皇室に献上すること、そしてハワイと日本の連邦化を持ちかけました。**国王としては、日に日に増すアメリカの影響力を中和するために、日本との結びつきを強めたかったのです。しかし、アメリカに楯《たて》突《つ》く国力がなかった日本はこれを拒否しました。現実的ではありませんでしたが、もし国王の提案が実現していたら、その後「ハワイ県」なるものができていたかもしれません。

結局、1898年にアメリカはハワイを併合。スペインからグアムとフィリピンも奪取しました。これにより、日本領の台湾と米領のフィリピンが隣接することとなり、東アジアでの日本とアメリカの緊張は少し高まりました。[22] とはいえ、当時の日本にとって最大の脅威はロシアであり、アメリカはむしろロシア打倒を支援してくれる友好国でした。マハンも1900年には一転して、「日本のみが西欧諸国と連合し野蛮なスラブ（ロシア）の南下を阻止し得る国家である」として、アメリカ、イギリス、ドイツ、日本からなる海洋国家連合を構想しました。この構図は冷戦時代以降のNATOや日米同盟と同じです。[23]

アメリカは日露戦争において、イギリスのように正式な同盟は結んでいないにしても、日本の勝利のために戦費調達など多大なる支援をしました。日本は開戦からわずか2週間後に、ルーズベルト大統領とハーバード大学時代の同窓生だった金子堅太郎を遣わせ、講和の仲介を依頼しました。ルーズベルト大統領はこの頃『武士道』を読むほど日本に好意的で、仲介を快諾したといいます。[24]

勝ちすぎて警戒された日本

元々アメリカが日本を支援した目的は、純粋に勢力均衡を維持するためでした。つまり、**東アジアにおいて勢力が明らかにロシアに傾いており、アメリカはこれを均衡させるために日本を使ったということです。**だからこそ、日露戦争での日本の勝利は、アメリカの対日観を一転させました。日本が予想を遥《はる》かに超える戦果を収め、勢力均衡がこの時点で日本に偏ってしまったからです。実際、ルーズベルト大統領は戦局を見ながら、「もし日本が勝てば、必ずや日本と我々との将来における闘争を意味するかもしれないことを私は十分に気づいている」と呟《つぶや》いていました。[25] 日本が勝ちすぎることも、それはそれで問題だったのです。

特にアメリカが心配したのが、フィリピンの安全でした。当時世界第3位の海軍強国となった日本が、万が一フィリピンを攻め取ろうとすれば、アメリカにはこれを守り切る確信が持てませんでした。フィリピンを日本に脅かされることを心配する様子は、豊臣秀吉に脅されて慌てたスペインとよく似ています。このままでは相互不信が増長してしまうことを察知した両国は、これを払拭するべく協定を結び、韓国が日本の勢力圏、フィリピンがアメリカの勢力圏であり続けることを相互に認めました（桂・タフト協定）。

しかし、次なる問題はアメリカ国内から発生しました。**日露戦争で日本がロシアに勝利したことが、アジア人が白人に勝つのを見たくない一部のアメリカ人にとっては不満となり、日本人移民への差別が強まったのです。**ルーズベルト大統領自身はこの動きを冷ややかに見ており、実務的にも日米関係が悪くなるので鎮静化を願っていましたが、これはかねて訴えていた海軍増強の口実にも使えました。「日本に我々は脅かされている」と言えば、海軍増強の予算が下りやすくなったからです。[26]

ルーズベルトは、こうして急速に海軍力を増強しました。そして完成した海軍力を世界に示すため、1908年、16隻の戦艦で構成された艦隊を世界周遊させ、日本にも訪問させました。戦艦が白く塗られていたことから、この出来事は俗に「白船事件」と呼ばれています。表向きは歓迎した日本でしたが、当時戦艦を7隻しか持たない日本には脅威に映りました。この頃から、日米間の安全保障のジレンマはゆっくりと、しかし着実に悪化していきました。

2度目の大陸進出

日本の安全保障状況は、大陸でも徐々に悪化しました。その原因の1つは、中国の強大化です。清が滅びて以来、中国は各地に軍閥が割拠する分裂状態にありました。しかし1920年代の後半になると、中国国民党の手によって中国はまとまりつつあり、日本や欧米列強に対抗する力を持ち始めました。もしそのまま中国が満州に攻めてくれれば、日本は現地の鉄道や鉱山などの利権を失うかもしれません。このことから、国内では「満州を日本が直接支配するべきだ」との声が高まりました。

さらにこの主張を後押ししたのが、経済不況です。日本は第一次世界大戦の特需でヨーロッパ向けの輸出が増え好景気に沸いていましたが、1920年代にはそれが終わり、経済状況が悪くなり始めました。これに追い打ちをかけるように、関東大震災（1923年）、昭和恐慌（1927年）、世界恐慌（1929年）が立て続けに起こりました。この世界恐慌で、植民地を持っていたイギリスなどの国々は植民地との貿易を活発化することにより乗り切ろうとしましたが、日本のように植民地が少ない国はその手段をとれず、不景気から抜け出せませんでした。このような状況で、日本では「植民地をもっと手に入れて、自給自足を実現しよう」との声が高まり、その対象として満州に期待が寄せられました。

満州事変が引き起こした2つの問題

中国に利権を奪い返される恐怖と、植民地への渇望の2つが合わさった結果起こったのが、満州事変でした。現地の日本軍が独断で満州全土を武力制圧したのです。満州事変が引き起こした問題は多岐にわたりますが、それらは次の2つに集約できます。

図表4-6 境界線の変化

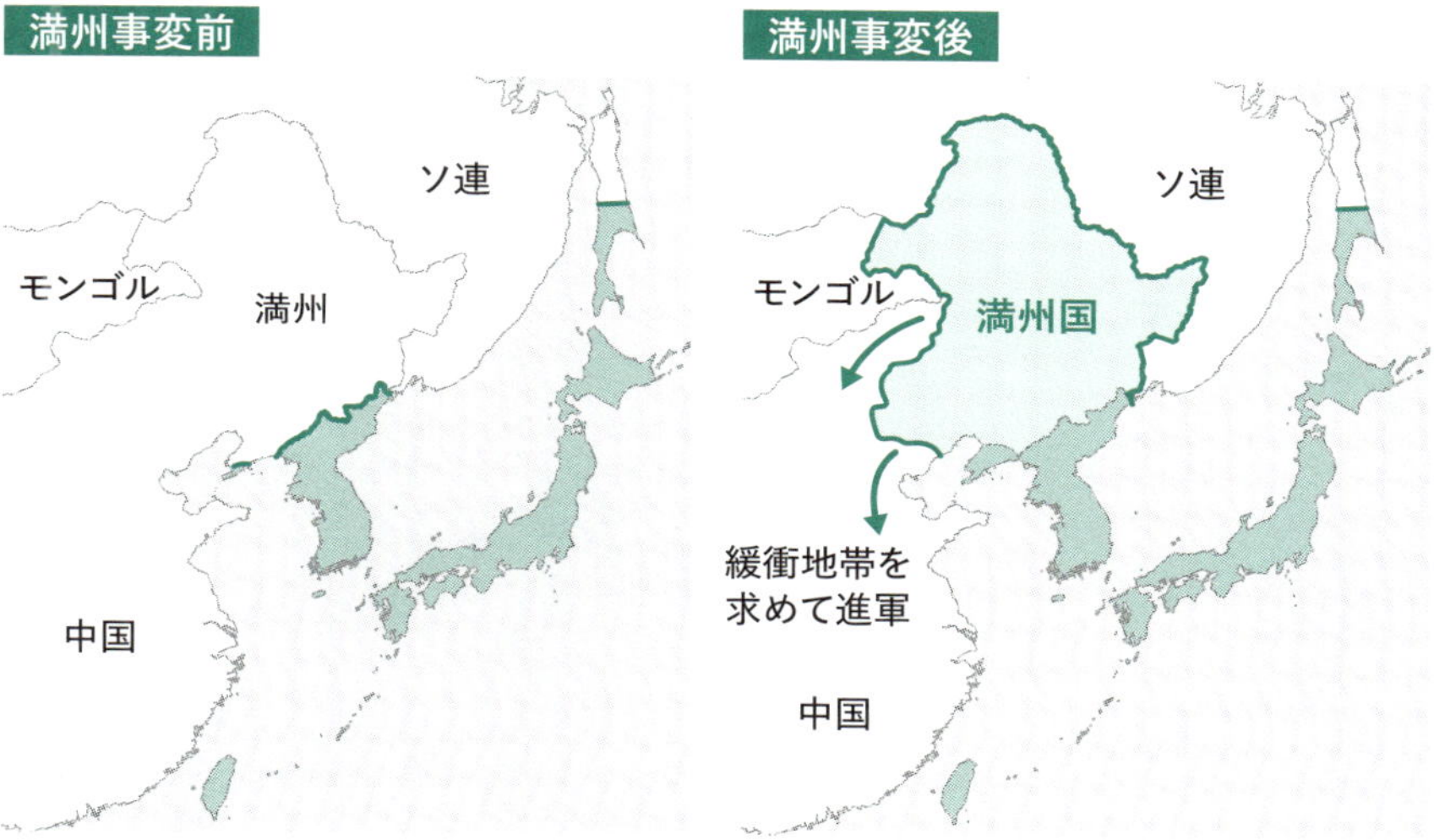

①陸軍力の負担を増やしたこと
②英米との協調を難しくしたこと

まず①陸軍力の負担を増やしたことというのは、満州獲得によって守るべき国境線の長さが延びたことにより、陸軍力の消耗をきたしたことを意味します。**元々大陸の領土が半島だけに限られていたのには重要な意義がありました。半島は防衛が比較的容易だからです。**半島は四角形に簡略化すると、3辺が海に、1辺が陸に面します。海岸は比較的防御が簡単です。よって、陸軍力は残りの1辺に集中できます。従って、守るのが遼東半島と朝鮮半島、そして実質的に半島の形をした南樺太だけならば、日本は陸軍力をそこまで費やさずに済んでいました。

しかし、満州は違います。満州は1辺が朝鮮半島に、他3辺がすべて大陸に面しています。ソ連との境界線はアムール川を挟むのみで、三江平野やフルンボイル平野など脆弱《ぜいじゃく》な箇所が多くありました。中国との境界線も長いので、中国軍の侵入を容易に許しました。要するに、**日本は緩衝地帯を自ら取っ払ったばかりに、中国、モンゴル、ソ連の3面に膨大な陸軍力を費やさなければならなくなったのです。**

案の定、日本はソ連、中国と長い間戦う羽目になりました。ソ連とは満州事変から8年間、国境地帯で紛争を繰り広げ、1939年には死傷者1万8000人を出す「ノモンハン事件」が起こりました。そして、それと並行して起こった中国との戦いは、終戦まで14年間止まりませんでした。日中は何度か停戦に合意したものの、長い境界線での小競り合いが絶えませんでした。日本はこれを終わらせるために緩衝地帯を必要として、どんどん中国内陸に侵攻しました。しかし、いくら緩衝地帯を得ても、結局その境界線で紛争が起こったのでさらに緩衝地帯を得る、するとまた紛争が起こる、というように中国の戦略縦深から抜け出せなくなりました。日本はナポレオン、ヒトラーと同じ過ちを犯したのです。

英米との決別

日本の大陸での野心的な行動は、以前から蓄積していた英米の不信感をさらに増長させ、②英米との協調を難しくしました。これまでの日本の歴史を振り返ってきたことからわかるように、日本はそれまで一度も陸と海の両方面で戦ったことはありませんでした。日本の国力からして、それは初めから不可能だったためです。マハンは「ある国が海洋国家と大陸国家に同時になることはできない」と言いましたが、歴史上この原則を破った国はアメリカだけで、日本には到底できませんでした。だからこそ、日本は開国以来、海洋国家連合の一員となり、イギリスやアメリカの力を借りて大陸で戦ってきたのです。

日露戦争で勝てたのも、イギリスの助けがあってこそでした。イギリスは日本のために軍艦を売り、戦費も支えました。戦争中も、バルチック艦隊の動向も含め、イギリスが全世界に築いていたネットワークから情報を逐一伝えたおかげで、日本は判断を適切に行えました。**イギリスという超大国の寛大な支援を受けても、まだ日露戦争は辛勝であって、あと少しでも運が悪ければ負けていた可能性は十分にありました。**日英同盟がなければ、この戦争には到底勝てなかったでしょう。

ところが満州事変以降、日本は単独でソ連、中国と大陸で戦うのみならず、海でイギリス、アメリカとも対立するという、かなり無謀な行動を起こしました。当時の日本はドイツと共に大陸の潜在覇権国となって、海洋勢力（英米）に封じ込められる対象となったのです。さらに、当時の日本は石油の大半をアメリカから輸入していました。石油がなければ飛行機も船も動かせません。そんな中で、アメリカと対立することは致命的でした。

政府内には当然、「英米との協調を維持しながら大陸の権益を守るべき」との訴えが至るところで発せられました。有名な例は、日露戦争後にアメリカと南満州鉄道を共同経営する案です。日露戦争直後から、将来的に中国とロシアが復活することは想定済みでした。そこで、日本はアメリカを満州に関わらせることにより、万が一のときにアメリカの協力を確実に得られるようにしようとしたのです。しかし、当時日本が不況であったことや、アメリカで排日運動が盛り上がっていたことから、計画は撤回となりました。もしこれが実現していれば、日本は英米の支援を受けながら中国とロシアに対抗して、あれほどの大戦争を起こさずに済んだかもしれません。

日本は本当にアメリカの敵だったのか？

「戦争から中国が離脱するのを阻止して、日本軍に負荷を強い続けよう」。[27] これは、当時のアメリカ大統領フランクリン・ルーズベルトが、中国に武器を提供する目的を語った言葉です。ルーズベルト大統領は、開戦以来中国を重視し、「戦争が終わった暁には、今後アメリカが未来永劫《えいごう》中国を日本よりも優先する」と誓ったほどでした。[28]

しかし、現地で実際に中国と接する関係者や、国際情勢をより現実的に見ていた人々は、ルーズベルトの「戦後中国を日本よりも優先する」という戦略に懐疑的でした。端的にいえば、それでは勢力均衡が中国側に傾きすぎる恐れがあったからです。

戦争中、中国に派遣された米軍関係者の政治顧問を務めたジョン・デイヴィスは、「大統領が日本に勝利することに固執するあまり、長期的な戦略が疎《おろそ》かになっている」と危機感を抱いていました。曰《いわ》く、「この戦争が終わればソ連または中国が台頭する。その対抗軸としてアメリカは日本を必要とすることから、日本の完全なる破壊は考えものだ」との意見だったのです。[29]これに対し、しばらくは粘り強く親中路線を維持したルーズベルトでしたが、周囲で中国への協力を疑問視する声が高まったことから、徐々に中国への支援を少なくしていきました。

中国に頼れないとなると、大陸の日本軍を撃退するためにアメリカが頼れる国はソ連しかありませんでした。アメリカは真珠湾攻撃の直後からソ連に日本と戦うよう求めましたが、すでに日ソ中立条約を結んでいましたし、ドイツ軍がモスクワ近郊まで迫る絶体絶命の状況で、それどころではありませんでした。しかし、1943年頃にはソ連にも余裕が生まれたことから「ドイツが降伏すれば対日参戦する」とアメリカ側に伝えました。ルーズベルトは「スターリンは領土の拡張など要求せず、民主主義と平和に基づいた世界を作るために私と一緒に尽力してくれるはずだ」とソ連に厚い信頼を寄せていました。[30]ルーズベルト大統領はソ連に参戦の見返りとして、千島列島を与えても良いとすら考えていました。

ところが、ここでも少なくない大統領の補佐官や知識人が、ソ連との協力をやめるよう進言しました。日独の敗戦が濃厚になった当時、ソ連の協力はもはや不要であり、むしろこれ以上ソ連の進撃を許せば戦後ソ連がユーラシア大陸の大国として台頭してしまうと危惧したのです。

しかし、ルーズベルトはソ連への期待を曲げませんでした。ルーズベルトは、ソ連も中国も平和を願っていると信じており、地政学的な勢力均衡に基づく世界秩序は古くて捨て去るべき考えと思っていました。ウィンストン・チャーチルの回顧録によれば、ルーズベルトは日本に対して無条件降伏を求めたのに対し、チャーチルが「それでは犠牲が大きすぎるから日本の名誉をもう少し重んじても良いのではないか」と言ったところ、ルーズベルトは「真珠湾を攻撃した以上日本には失うべき名誉は残されていない」と答えたといいます。[31] **ルーズベルトは、とにかく日本を倒して懲罰を与えることで頭がいっぱいで、戦後を見据えた勢力均衡のことは深く考えていませんでした。**第一次世界大戦後と冷戦後の楽観論を彷彿とさせる考え方です。

ただ、ルーズベルトは終戦の4か月前に亡くなり、後任にはソ連を信用しないハリー・トルーマンが就きました。しかし、ルーズベルトが交わしたソ連の対日戦争の約束をその時点で願い下げることはできませんでした。そして同年8月、ソ連は予定通り満州、朝鮮北部、千島列島を一気に制圧。その後も中国で毛沢東、朝鮮北部で金日成を支援して、今の中国と北朝鮮を作り上げました。

また、ソ連の千島列島獲得を許したことにより、戦後オホーツク海でソ連の戦略原潜が自由に活動できるようになり、アメリカはその対応に苦慮することになります。北方領土問題でも、ロシアは未だにルーズベルトの「千島列島をソ連に与える」とした密約を正当性の根拠として挙げます。もしルーズベルトが4か月長く生きていたら、北海道まで「北方領土」といわれていたかもしれません。

ルーズベルトは、短期的に日本に対する勝利を重視するあまり、長期的にソ連、中国、北朝鮮、北方領土問題などの禍根を残しました。彼の勢力均衡を軽視する考え方は、従兄であり日露戦争時の大統領、セオドア・ルーズベルトとは対照的です。**セオドア・ルーズベルトは、長期的な視野で、日本とロシアの勢力均衡を保つことがアメリカの安全に寄与することをよく理解していました。劣勢に立たされていた日本を支え、さらに日露の勢力が均一になるよう講和を仲介できたのは、自身の見識に加え、冷徹な地政学的視点を備えたマハンを助言役に据えていたおかげでした。**フランクリン・ルーズベルトは、そんな従兄とマハンの手腕を尊敬していたはずです。

しかし、もし仮に2人が1945年の世界に蘇《よみがえ》ったとしたら、果たして2人はフランクリン・ルーズベルトの決断が賢明だったと褒めたでしょうか？　日本が躍進していた戦争初期ならまだしも、日本が弱った後期になってもなおソ連の勢力伸長を促したことは、果たして地政学・勢力均衡の観点からして正しい選択だったといえるでしょうか？

この時代の日本とアメリカは、敵対関係でありながらよく似ています。**どちらも海洋国家でありながら、ユーラシアの大陸国家の脅威を軽視し、適切に海洋国家同士の協力関係を築けなかったからです。**マハンやマッキンダーの時代にはロシア帝国が猛威を振るっていました。そして日本はその矢面に立たされていたため、大陸勢力の脅威を誰もが意識せざるを得ませんでした。しかし、第二次世界大戦前の一時期、日本とアメリカでその視点が薄れた結果、マッキンダーが「地球最強の大陸国家」と呼んだ、ベルリンから朝鮮北部までを横断するソ連を相手に海洋勢力は50年間戦うこととなりました。

地政学者たちは現実を見ていた

ニコラス・スパイクマンは、戦争の初期から地理的現実を直視していた数少ない学者でした。スパイクマンは、勢力均衡こそが依然としてアメリカの安全を下支えする要素であって、それなしに平和を築こうとする当時の楽観論に反対意見を述べました。

スパイクマンはマッキンダーと同じく、世界政治を大陸勢力と海洋勢力の勢力均衡の視点で捉え、単一の大陸国家によるユーラシア大陸の全面支配を防ぐことが、アメリカの安全を守ると考えていました。2人の見方の異なる点として、**スパイクマンはマッキンダーとは違い、大陸国家の力の源がハートランドではなくリムランドにあるとの考えでした。**曰く、ハートランド（ユーラシア大陸の内陸部）の大部分は寒くて農業に適しておらず、天然資源に恵まれていてもそれを活用する人口と工業力が育たない反面、リムランド（ユーラシア大陸の沿岸部）は温暖で人口も潜在工業力も大きいことから、マッキンダーの格言に準《なぞら》えて、「リムランドを制する者はユーラシアを制する。ユーラシアを制する者は世界の運命を制する」と論じました。アメリカが取るべき方策とは、「いかなる国によるリムランドの全面支配も阻止して、ユーラシア大陸の勢力均衡を守ることだ」と訴えたのです。

スパイクマンがこう記した1942年の時点で、リムランドの掌握に最も近かった国が日本とドイツでした。そのため、アメリカはまず日独の拡大を防ぐためにソ連、中国と連携することは必然だとしました。**しかし興味深いことに、スパイクマンは長期的に見て、アメリカは日本と同盟する必要があると主張しました。**なぜなら、将来台頭するであろうソ連に対抗するには、ユーラシア大陸の沖合に浮かぶ島国である日本が必要不可欠だったからです。よって、スパイクマンは「アメリカは過度に日本を弱めるべきではなく、戦後には協力関係を築くべきだ」としました。

アメリカとアジア大陸との位置関係は、欧州大陸とのそれによく似ている。アメリカから西に向かう連絡線上には、強大な海軍国が沖合の島に存在する。日本海は欧州の北海に相当し、それと同じように日本列島を大陸から切り離している……日本の海軍力はアジア大陸と太平洋の間、すなわちアジアとアメリカの間に存在する……日本はアメリカがアジア大陸から受ける脅威、そしてアジア大陸がアメリカから受ける脅威を緩衝させる役割を果たすことができる。軍事的な意味でアメリカのアジア大陸に向けた影響力は、日本の海軍力と敵対するのではなく同盟することでのみ発揮できる……日本はアメリカとアジア大陸の航路上に位置し、またアジアで最も重要な海軍国であることから、アジアでの勢力均衡とアメリカとの関係を規定するのは日本の動向であって、他国のそれではない……現在の戦争はヒトラーとナチス党の撲滅を目的としているが、決して軍事力としてのドイツの破壊を目指したものではない。同じ構図は、極東にも当てはまる。日本によるこれ以上のアジア征服の危険は回避すべきであるが、日本の軍事力を徹底的に排除して、中国やソ連による西太平洋支配を許すべきではない。[32]

図表４-７　日本とドイツの最大版図とリムランド

このような大胆な発言が、１９４２年になされたことは驚きに値します。１９４２年といえば真珠湾攻撃の翌年であり、アメリカ国内は「日本憎し」の一色で染まっていました。そんな中で、味方であるソ連と中国に対抗し、敵である日本、ドイツと協力するべきという主張は、当時の世論を逆《さか》撫《な》でするようなものでした。スパイクマンのこの主張に対し、ある書評は「権威あるイェール大学（スパイクマンが教授を務めていた大学）では、こんなわけのわからぬ議論がまかり通っているのか？」と批判しました。[33]また、真珠湾攻撃から24日後の学会で、スパイクマンが同様の主張を行ったところ、学会が大騒ぎとなり、他の出席者との間で激しい怒鳴り合いに発展したといいます。[34]当時は誰もがスパイクマンを否定しました。しかし、今振り返ると、日本とドイツとの同盟、ソ連と中国の台頭、アメリカのユーラシア大陸への介入など、すべて正しかったことがわかります。これは

スパイクマンの優れた先見性を表しています。

高度経済成長と地政学の関係

ソ連の脅威をいち早く認識したジョージ・ケナンも、スパイクマン同様、日本をアメリカの同盟国にして、イギリスと共に復興をどの国よりも最優先で助けるべき国として扱いました。[35] ケナンは日本占領を主導したダグラス・マッカーサーについて、日本に懲罰を与えることに注力しすぎており、ソ連に奪われないためには経済復興を優先するべきと批判しました。[36]

> このかつての敵国を武装解除することはもちろん必要であったが、それと同じくらい重要なのは、非武装化された日本がソ連の影響下に入らないようにすることだった。そのためには、「安定した、国内的に強固な日本政府」が必要であった。現在の占領政策は、罰に重点を置きすぎており、その後のことについては十分な考慮が払われていなかった。そのため、調整が必要であった。アメリカは、日本を防衛することに専念し、その経済を強化すべきであった。また、日本および「島国一般」において、「民主化に関する陳腐な議論を排除」すべきであった。[37]

ケナンは対日政策を変えさせるために、1948年に自ら日本を訪問して、マッカーサーに直談判《じかだんぱん》しました。**ケナンの説得が功を奏し、マッカーサーは日本への懲罰を緩め、経済復興に重きを置くよ**

うになりました。特に大きく逆転されたのが財閥解体と公職追放です。マッカーサーは当初、戦前に軍需産業や軍国主義に関わった財閥・人物を追放することを重視していましたが、経済成長を促す以上、必要不可欠な資源でした。そのため、マッカーサーは方針を転換し、一度追放した財閥や人物の多くを呼び戻しました。[38]今日でも三菱や住友、三井などの旧財閥が大企業として存続できているのは、ある意味ケナンの地政学的提言のおかげだったのです。

日清・日露戦争と朝鮮戦争は本質的に同じ戦争

戦後の情勢は、日露戦争のときと同じ構図に戻っていました。日露戦争時は、大陸国家ロシアの南下を日本とイギリスの海洋国家連合が抑えました。同様に、**戦後は大陸国家ソ連の南下を日本とアメリカの海洋国家連合が抑える構図となりました。**その境目は北緯38度線、かつて山縣有朋が提案した日露の境界線に引かれました。日本はこうして、韓国、台湾、フィリピン、オーストラリアなどと共に、海洋国家連合の一員という本来の地位に戻って、大陸勢力に再び対抗することになったのです。

この極東における新たな大陸勢力と海洋勢力の対立が初めて表面化した出来事が、朝鮮戦争でした。1950年に、北朝鮮軍が韓国に攻め入る形をとったことで、意表をつかれた韓国軍は、3か月で半島南端の釜山まで追い詰められました。当然、このとき対岸の九州では緊張が走りました。その様子は、白村江の戦いで負けた後、唐による侵略を恐れた1300年前の日本人さながらでした。**どれだけ時代を経ようと、朝鮮半島がユーラシア大陸と日本との橋である地理的現実は少しも変わらないの**

です。[39]

日本は参戦こそしなかったものの、実質的にアメリカを後方で支援することとなりました。例えば、日本は後方基地として米軍に大量の物資を供給しました。また、朝鮮半島に詳しくない米軍のために、旧陸軍軍人や専門家が現地で案内をしたり、旧海軍軍人が掃海（機雷を探知し除去すること）に協力したりしました。[40]

結局のところ、日清戦争も、日露戦争も、朝鮮戦争も、名前が違うだけで本質的には同じ戦争でした。かつて日清戦争では、日本が中国と戦い、それをアメリカが支援しました。そして朝鮮戦争では立場が入れ替わり、アメリカが中国と戦い、それを日本が支援しました。ジョージ・ケナンもこの揺るがない地政学的状況を指摘しています。

〔満州と朝鮮〕から日本を駆逐した結果は、まさに賢明な現実主義者が、終始我々に警告した通りのこととなった。今日我々はほとんど半世紀にわたって朝鮮および満州方面で日本が直面しかつ担ってきた問題と責任とを引き継いだのである。[41]

PART 3のまとめ

アメリカはハワイからグアム、フィリピンと領土を広げ、日本を警戒させた。日本も日露戦争で極東最強の国として台頭し、アメリカを警戒させた。

満州進出により、守るべき境界線が増えたことで陸軍力の負担が増大し、緩衝地帯を求めて内陸に深入りしていった。勢力を増していく日本を英米は警戒し、封じ込めに動いた。

日本もアメリカも、海洋国家同士として協力し、共に大陸勢力との勢力均衡を保つという長期的・地政学的視野が欠けていた。

勢力均衡を重視するスパイクマンやケナンの主張は戦後受け入れられ、アメリカは日本と西欧に莫《ばく》大《だい》な支援を行った。

日本は他の海洋国家の支援なしには安全保障を確立できず、その点で日米同盟は必須。

日清戦争から現代の中国との対立まで、海洋勢力と大陸勢力の攻防の結果であり、日本は基本的には「海洋国家連合」に属する。

朝鮮戦争中に成立した日米関係は、今日まで変わらず存続しています。**アメリカにとって、日本は極東に浮かぶ「不沈空母」とよく呼ばれます。**米軍は日本を要として、韓国、台湾、フィリピンを守る体制を今日も維持しています。

中国や北朝鮮の脅威が増す中で、日本はかつてないほどアメリカを必要とし、アメリカもかつてないほど日本を必要としています。**本章では日本史を地政学的に振り返ってきましたが、１つ教訓を挙げるとしたら、海洋国家連合に留《とど》まることの重要さとなるでしょう。**日本がユーラシアの大陸国家と対峙するには、他の海洋国家の助けを必要とします。日清戦争では、日本はほぼ単独で中国に勝ちました。しかし、今日の中国は経済力と軍事力で日本の遥か数倍も大きく、もはや単独で対抗できるような相手ではないことは自明でしょう。中国は今や、日露戦争時のロシアのようなものです。勢力均衡を維持するには、日露戦争でイギリスの助けを得たように、アメリカの助けが必要不可欠です。

韓国、台湾との関係も重要です。日本が開国したばかりの頃から両地域を欲したのには、地理的必然性があります。韓国は、朝鮮半島という橋の日本側にある半分です。韓国は海洋勢力（アメリカ）がユーラシア大陸の東側に持つ唯一の上陸拠点であり、大陸勢力が日本を攻める際の通り道でもあります。このため、日本が韓国を必要とするのは今も昔も不変の地政学的運命です。日本はこれまでも、これからも韓国が大陸勢力の手に渡らないように気を配らなければなりません。

ここで足を引っ張るのが歴史問題です。韓国人は、日本人が想像する以上に国としての生き残りへの強い執念を持っています。韓国は、中国、ロシア、日本、アメリカを「四強」と呼んで、自分たちの大国間争いに巻き込まれやすい地政学的構造をよく理解しています。特に日本に併合された歴史は苦い経験です。今でも韓国では、日本統治時代の独立運動を記念する「三・一節」と、日本の敗戦を祝う「光復節」が祝日となっており、毎年大統領が演説で「二度と国を失ってはならない」と大々的に決意を表明します。かつては朝鮮出兵の記憶が日本による朝鮮の近代化を妨げましたが、今日はこれに韓国併合が加わって、日韓協力を阻害しています。日本人の中にも、韓国の非協力的な態度に不満を持つ人は多いでしょう。しかし、日本を守るためには、この現状を直視し、建設的な解決の糸口を探る必要があります。

同じことは台湾にもいえます。日本周辺で、今最も戦争が起きる可能性の高い場所が台湾です。安倍晋三元内閣総理大臣は「台湾有事は日本有事」と述べました。中国軍が、台湾侵攻と同時に日本、特に沖縄を一緒に攻撃するであろうことは、前章で述べた通りです。このような可能性が現実的にある中で、日本人はどう備えれば良いのでしょうか？　次章では、私たち日本人が今の平和を維持するためにできることを考えます。

終章

地政学から学べること

大国は皆不安を抱えている

これまで本書では、アメリカ、ロシア、中国、日本の置かれた地理的現実に着目し、それがどんな行動原理を形成しているのかを分析してきました。こうしてそれぞれの地理的現実を俯瞰《ふかん》すると、あらためて気づくことがあります。「どんな国にも強みと弱みがある」とはよくいわれます。**それは、どの国も特有の弱みを抱えていることです。しかし特にアメリカ、ロシア、中国に関しては、普段強さが強調されすぎて弱さが見えにくくなりがちです。**

アメリカは世界一の経済力と軍事力を持ち、地理的にも広い海に囲まれているため、強い国であることに間違いはないでしょう。ただ、**その広い海が仇《あだ》となって、勢力がユーラシア大陸まで及ばないという弱点を抱えています。**「もしユーラシア大陸でアメリカを上回る超大国が成立すれば太刀打ちできるだろうか」。アメリカは常にそのような不安を抱いています。だからこそ、アメリカはGDP5%という突出した軍事費を払い（通常は2%）、全世界に展開できる大海軍、70か国に800か所以上の基地を持ち、34か国を守る確約をしてまで、ロシアと中国がユーラシア大陸の枠から出てこないようにしているのです。ロシアと中国からすれば腹立たしいことでしょう。しかし、自らの安全を確保するためにはこうするしかないのです。

ロシアも積極的に領土拡大に挑戦し、たった一国だけでヨーロッパとアメリカを揺さぶっている現状を見ると、強い国に思えるかもしれません。**けれどもその強気の姿勢は、地理的な弱さから来る不安の裏返しです。**ロシア国内では、自分たちは被害者であり、アメリカがヨーロッパと組んで自分たちを脅かそうとしているとの見方が根強いです。アメリカから自分たちを守るには、少しでも勢力圏を西に伸ばして、戦略縦深を深めなければなりません。ロシアからすれば、ウクライナや東欧に軍事力を行使してでも中立であり続けるよう圧力を加えることは、国家としての正当な権利なのです。

「弱い犬ほどよく吠《ほ》える」ということわざは、ロシアによく当てはまります。自分が肉体的に弱い以上、吠えでもしなければ強い犬を追い返せないのです。強い犬（アメリカ）はなにも弱い犬（ロシア）を襲うつもりはないでしょう。それでも、弱い犬は強い犬がこちらに歩いてくるだけで、不安に感じるものです。

これは中国にも当てはまります。私たち日本人は、中国が日々軍事力を増強し、尖閣諸島周辺で行動を活発化させているとのニュースを毎日のように耳にするばかり、中国はあまりにも強い国だという恐怖心を抱いています。もちろん、この恐怖心は妥当なものですが、**忘れてはならないのは、中国も日本を恐れていることです。**今や中国は、日本を遥《はる》かに上回る勢力を持つ大国になりました。しかし、依然として日本はアジア2位の大国であり、本格的に軍事力増強に取り組めば中国を十分脅かし得る潜在力を持ちます。

中国は歴史をよく覚えています。豊臣秀吉の時代も、日清戦争の時代も、中国は日本よりも軍事力・

経済力で上回っていたはずです。ところが、日本は果断にも中国を攻撃し、中国は甚大な被害を受けました。3回目の日中戦争に至っては、首都まで奪われました。中国が日本の閣僚の靖国神社参拝にあそこまで敏感に反応する理由は、その行為自体よりもそれを背景で支える世論にあります。戦後日本で広まっていた軍国主義への嫌悪は、日本人が自ら軍事力を抑える点で中国に好都合でした。しかし、近年はこの呪縛が解けつつあり、戦前の軍国主義とはいかないまでも、軍事力増強を支持する世論が日本で広がっています。靖国神社参拝は日本のそんな軍拡の支持姿勢を象徴するものと中国は捉えているのです。

中国の恐怖対象の中で日本は序の口で、今の最大の恐怖対象はアメリカです。アメリカは日本を拠点としてアジア地中海の制海権を握っており、中国東部を攻撃できる立場にあります。これに留《とど》まらず、アメリカは中国が自国の一部と考える台湾を支援し、中国が武力侵攻をした暁には参戦する構えまで見せています。

では、アメリカに対抗するためにロシアに頼れるかといえばそうでもなく、むしろいつ裏切られるかわかりません。次いで、国内にも独立を標榜《ひょうぼう》する勢力が少なからず存在します。それでは、ただ一国で勢力をひたすらに高めれば安泰かというと、むしろ周辺国を警戒させ、反発を招いています。辛うじて協力的な周辺国も、パキスタンやミャンマーのような不安定な国ばかりです。要するに、**中国は理由もなく野心的な行動をしているわけではありません。ただ、潜在的な敵国と信頼できない友好国に囲まれていて、不安で仕方がないだけなのです。**

「相手も自分を恐れている」という視点が欠けると、「自分は正義で相手は悪だ」という結論に行き着きます。相手が真っ当な理由なく行動しているように見え、あるのは悪意だけのようにしか思えないからです。**スパイクマンは言いました。「世界を善人と悪人に分けることはできない」と。**[1] どんな国にも弱みがあり、その弱みを突かれることを恐れます。「弱みを突かないでください」とお願いして本当に突かれないのならば、戦争は起きないでしょう。国際社会においては、他国に攻撃されても警察が助けに来てくれません。仲間が助けに来てくれるかもしれませんが、それは助ける価値がある限りのことです。そうであれば、国家として軍事力・経済力を高めるなどして生存の可能性を最大化することは、今の国際社会の仕組み上、理に適《かな》った行動です。特定の国を野心的行動に突き動かしているのは、そのような生存への執念、そして恐怖心なのです。

戦争は避けられないのか？

では、国際社会の構造が必然的に国々に恐怖を抱かせる以上、戦争は避けられないのでしょうか？そんなことはありません。そもそも、**恐怖の本質は不確実性です。**人は未来の結果が予想できない状況に直面したときに恐怖を抱きます。恐怖という感情は、そのような不確実なものと戦うよう、あるいは逃げるよう促すために発達した防衛本能です（闘争・逃走反応）。

戦争にも同じことがいえます。第1章では、安全保障のジレンマの根底原因が、相手の意図を完全に理解することができない点にあると述べました。相手が配備したミサイルがどこに向けて発射されるかわからない。だからこちらも、念のためにミサイルを配備せざるを得ない。しかしそれが相手を刺激してしまう。こうして両国が望んでいないのに、戦争に発展してしまうのです。

話し合いがなぜ重要かといえば、このような不確実性を軽減できるからです。なぜミサイルを配備するのか。そのミサイルはどの方向にどこまで飛ぶのか。お互いに行動の意図を明確に説明すれば、「念のために」行う軍拡競争を予防できます。どの国も究極的に目指していることが生存であることを忘れてはなりません。**お互いに生存を侵すつもりがないのであれば、それを粘り強く伝え合うことで、戦争の可能性は下げられるのです。**

地政学を否定する重要性

もちろん、話し合いさえすれば戦争を完全に防げるわけではありません。警察がいる国内でさえ犯罪を防げない中で、警察がいない国際社会で戦争を防ぐことはまだまだ難しいでしょう。大抵の国は話し合いの重要性を理解し、外交に努めます。それでも、お互いの絶対に譲れない部分が重なっていて、話し合いをしても無駄だと思ったときには、戦争の方が合理的という決断に至ります。

地政学者は、まさにこの理想と現実の乖離《かいり》を直視していました。**地政学の代表的著作であるマッキンダーの『民主主義の理想と現実』は、「話し合いだけで戦争は防げるはずだ」といった理想論に対し、**

「現実を直視するべきだ」と警鐘を鳴らすために書かれました。第2章で触れた通り、この本が刊行されたのは第一次世界大戦終結直後。この戦争は当時、人類史上最大規模の戦争でした。戦争の悲惨さを誰もが痛感したこの時代、人々はこれほど大きな戦争はもう二度と起こしてはならないし、起きるはずがないと考えていました。「戦争は悪いことだ」との共通認識だけで戦争を防げると思っていたのです。

理想論が蔓延《まんえん》する中、現実論を唱えたのがマッキンダーでした。『民主主義の理想と現実』の序文を、あらためて引用します。

> 目下我々の頭の中は、未《いま》だに一切を巻き込んだ戦争の生々しい記憶でいっぱいである。そのために、我々自身がかつて体験した時代と現在との間では、何か完全な断絶ができてしまったような気がしないでもない。しかしながら今は、大局的にものを考えるには、ちょうど良い潮時である。そして長かった戦争もまた結局は一連の大事件であり、たかだか歴史の流れの中の滝の1つに過ぎなかったと考える習性を、そろそろ身につけるべきだろう……こういうときには、疲れ切った人たちがもう戦争はごめんだと思う単純な理由から、得てして永久的な平和が訪れるかのように錯覚する誘惑に陥りやすい。けれども国際的な緊張は、最初はゆっくりでも、どのみちまた増加の一途を辿《たど》るだろう。[2]

要するに、平和を尊ぶ感情は時間と共に消え去る。だから戦争を防ぐためには、一時の感情で揺ら

がない、現実を踏まえた仕組みを構築するべきだと訴えたのです。マッキンダーは特に、第一次世界大戦終結のための講和会議に臨む代表団を心配しました。「ドイツが一方的な悪者だ」とする見方に傾倒していて、現実に沿った戦後体制を築けるようには見えなかったからです。

理想は無限大ですが、現実はそうではありません。マッキンダーは、平和を実現したいならば、「空間と時間の現実を先見的に考慮し、単に聞こえの良い原則を紙に書き記すことに満足」してはならず、「理想を恒久な地理的現実に適応させなければならない」と訴えました。[3]

東欧の平らな地形はロシアとドイツの長年の軋轢《あつれき》の根源です。海峡は単一の国に支配されれば横暴の元になります。マッキンダーはこれらのような戦争が構造的に起こりやすい地理的現実があることを踏まえて、東欧に緩衝地帯を設けることや、世界の主要海峡を国際連盟の管理下に置くこと、勢力均衡をこれからも維持することを提案しました。そしてドイツを唯一の悪者に仕立て上げ、過大な罰を科すことにも反対しました。

地政学者は現実論者でしたが、宿命論者ではありませんでした。地政学はよく宿命論（人間は努力で世の物事を変えられないとする論）だと批判されがちです。現実主義学派の代表的論者ハンス・モーゲンソーは、地政学が「国家の運命を結論付ける疑似科学」で、「どこに世界の支配者が宿るのかという運命だけを語る」ものだとしてマッキンダーを批判しました。[4] しかし、マッキンダーにこの批判を浴びせるのは見当違いです。なぜなら、マッキンダーは『民主主義の理想と現実』ではっきりとこの見方を否定しているからです。

> 19世紀以降ダーウィンの生物進化論のおかげで、とかく人類は、その自然環境に最もよく適応した有機体なり組織なりが生き残れる、という考え方に馴《な》らされてきた。しかし人間的な知性は、まさにこの類の単純な宿命論を超える何物かを発明しなければならないところまで来ている。[5]

マッキンダー同様、マハンとスパイクマンも、「人間には現実を乗り越えて理想に近づく能力がある」と信じていました。**例えばマハンは、強い海上権力を持つのに必要な条件として地理を挙げましたが、それよりも大きな影響を与え得るのは「人間の意志」だと考えていました。**マハンは主著『海上権力史論』で、イギリスが強力な海洋国家になれた一方、フランスがなれなかった原因を探りました。それは「イギリスが地理的に有利だったから」というのは本当です。イギリスは島国で陸軍に注力しなくて良く、大西洋にすぐに出られる地理的利点を持っていました。

しかし、フランスはそれ以上に恵まれていたはずでした。確かに、フランスの陸で他国と接する点は不利に働きましたが、それでもフランスはイギリス以上に良港に恵まれ、経済的に大きく、イギリス海軍以上の海軍を創設する潜在性を持っていました。

ではフランスはなぜそうしなかったのか？　マハンは、「17世紀のフランスが現実を見誤り、必要以上に陸での脅威に注力することを選んだから」と言います。その間にイギリスは、地理と経済で劣っていながらも、優れた政策を実行し海上権力を高めていきました。マハンは「個々の人間の賢明な、あるいは賢明でない行動が、ある時期には広い意味での海上権力の成長に大きな影響を及ぼしたことは認めなければならないし、今後もそうであろう」として、地理の宿命を人間の意志で克服することは可能だとしました。そしてマハンが真に訴えたのは、海上権力は地理的に運命付けられているのではなく、人の意志で変えられるのだから、アメリカ人は海軍力増強を積極的に進める意志を持つ必要がある、ということです。[6]

スパイクマンも同じです。第二次世界大戦後、多くのアメリカ人は、「戦争が終わればアメリカは再び孤立主義を取り、ユーラシア大陸に介入するべきではない」と考えていました。「ユーラシア大陸から手を引けば、戦争に巻き込まれることはない」と思っていたからです。

しかし、第一次世界大戦前まではそれが最善策だったとしても、スパイクマンから見れば、第二次世界大戦後の孤立主義はむしろアメリカを危険に晒《さら》す選択でした。もはやイギリスは衰退し、戦後に台頭するであろうソ連を抑え込む国がアメリカ以外になくなってしまうからです。**「戦争をしない」ことは、「戦争に備えない」ことを意味しません。**スパイクマンは現実的にアメリカを守る方策として、当時の敵国のドイツ、日本と協力してでも、ユーラシア大陸の勢力均衡を保つべきだと主張したのです。

理想を捨てず、現実を見る

理想を現実に合わせることは、決して理想を捨てることを意味しません。マッキンダーは「理想家はこの世の中でかけがえのない存在である。これらの人々が我々に刺激を与えてくれなければ、社会はやがて停滞し、文明は衰亡の一途を辿るだろう」と強調しました。[7] 理想と現実は組み合わせて初めて意味を成します。理想がなければ進歩できませんし、現実を見なければ理想を叶《かな》えられません。例えば、あなたが特定の場所に向かって歩いて行こうとする場合、理想はコンパス、現実は障害物に当たります。コンパス（理想）は目的地への方向を示してくれます。しかし、その道のりには水《みず》溜《たま》りや岩（現実）がたくさん立ちはだかります。コンパスだけを見て歩けば、水溜りや岩にぶつかってしまいます。逆に、周りの障害物だけを見て歩いていても、そもそもどこに進めば良いのかわかりません。大事なのは、コンパスを時々確認しながら、障害物をしっかり見定めて、目的地に向かって歩みを止めないことです。

マッキンダーは決して「コンパスを捨てろ」と言ったのではありません。あくまで「コンパスを見てばかりでは障害物を乗り越えられない」と忠告したのです。**国家戦略においても、理想としての平和を掲げるだけでは不十分です。今の世界で、現実にどんな障害が存在し、それをどう乗り越えるのかを考慮しなければなりません。地政学は、そんな現実を見る地図のようなものです。**

アメリカはなぜ世界中に基地を設けるのか。
ロシアはなぜ領土拡大にこだわるのか。

中国はなぜ強硬な態度に出るのか。
日本はなぜ大陸の奥に突き進んだのか。

これらを真に理解するには、これらの国々が地理という壊しようがない檻《おり》に囚《とら》われていることを認識しなければなりません。この地球上に存在する以上、すべての国は「地理の囚人」であり、地理的制約に揉《も》まれながら自らの生存する道を見出《みいだ》さなければならないのです。

私たちは地政学から何を学べるか

日本の安全保障環境が日々厳しくなる中で、私たち日本人には何ができるでしょうか。マッキンダーの「理想と現実」はこれを考える良い枠組みとなるでしょう。

まず、「日本の理想」とは何でしょうか? おそらく最も難しいのはここでしょう。もちろん、国民と領土を守り抜くのは言うまでもない基本的な理想です。しかし、より根本的には次の問いに答えなければなりません。

「日本はどんな国になるべきなのか?」

マッキンダーはイギリスの理想として「民主主義を守ること」を掲げましたが、日本にもそういった核心的に守るべき価値観はあるでしょうか？　例えば、平和主義。日本は憲法にある通り諸国の平和を願う心を信じて軍事とは縁遠い国であり続けるべきなのか。それとも、諸国の平和心を少し疑いながら、しっかりと軍事力を備える国になるべきなのか。国民の間で理想を擦り合わせる必要があるでしょう。

次に現実を見ることです。日本は今どんな状況にあり、何ができて何ができないのか？　中国はどんな理想を元に行動を起こしているのか？　日本は利害が衝突する問題に関して、どこまで守り、どこまで譲るべきなのか？　**これらを考える上で大事なのは、前述のように、潜在敵国を絶対的な悪者と見ないことです。**国によって生存のために取るべき戦略は異なります。今の軋轢はそれぞれの異なる戦略が噛《か》み合っていない結果であって、悪意の衝突ではありません。これは決して悪事を無条件に許すことを意味しません。賛同と理解は違います。日本を侵害する他国の行動は、断固として防がなければなりません。しかし、それはその国の真の意図を理解しない限り適切に達成できません。『孫子』はこう言いました。

敵の実情を知り、己の実情を知っていれば、１００回戦っても敗れることはない。

『孫子』謀攻篇

理想と現実を踏まえた上で行うべきことは、話し合いです。お互いの理想と現実を明らかにすれば、安全保障のジレンマを軽減し、平和的に解決する道が開けます。近年の中国や北朝鮮の行動に不満を持つ日本人は多いことでしょう。それでも、日本の国益を最大化するためには、粘り強く対話を続けることが最も妥当な手段なのです。

何とも平凡な結論です。しかし、それが結局、私たち「地理の囚人」が宿命を変えようとするならば、持つべき理想ではないでしょうか?

社會部部長（しゃかいぶぶちょう）

YouTubeチャンネル「社會部部長」。一切の素性を隠したままわずか30本ほどの動画で33万人登録、3000万回再生を達成した今最も注目される歴史・地政学解説チャンネル。

https://www.youtube.com/@shakaibubucho

あの国の本当の思惑を見抜く 地政学

2025年 1 月30日　初 版 発 行
2025年 7 月15日　第9刷発行

著　者　　社會部部長
発行人　　黒川精一
発行所　　株式会社サンマーク出版
〒169-0074 東京都新宿区北新宿2-21-1
（電）03-5348-7800
印刷　　中央精版印刷株式会社
製本　　株式会社若林製本工場

ISBN978-4-7631-4188-0 C0036
ホームページ　https://www.sunmark.co.jp

注

序章

1
特にヘンリー・キッシンジャーは要職に就いていた頃に地政学（Geopolitics）を「権力政治」の意味で多用しました。

2
大衆の間でも「We Are The World（僕らは１つの世界）」という曲が世界的に流行しました。日本でも2002年にテレビアニメ「忍たま乱太郎」の主題歌に「世界がひとつになるまで」という曲が採用されました。

3
「地政学の再来：現状変更勢力の復讐」と題するForeign Affairs誌の記事は大きな話題となり、冷戦後のアメリカを中心とした世界秩序の衰退、そしてロシアや中国といった大国が領土を巡って勢力を拡大する地政学的な争いの再来を告げました。「地政学」はこの点で、「地理的視点からの国際政治の分析」よりも、単に「権力政治」の代名詞として使われやすいです（Mead, Walter Russell. “The Return of Geopolitics: The Revenge of the Revisionist Powers.” Foreign Affairs, April 17, 2014. https://www.foreignaffairs.com/articles/china/2014-04-17/return-geopolitics）。

4
Spykman, Nicholas John. “America’s Strategy in World Politics, the United States and the Balance of Power.” Yale University. Institute of International Studies. (New York: Harcourt, Brace and Company, 1942), 41.

第１章

1
マックス・ウェーバーは、国家とは「ある一定の領域において正統な物理的強制の使用を独占する人間の共同体」と定義しました。

2
Einstein, Albert. “To the General Assembly of the United Nations.” United Nations World New York, October 1947, pp. 13-14, Open Letter. https://web.archive.org/web/20130510174259/http://neutrino.aquaphoenix.com/un-esa/ws1997-letter-einstein.html

3
勢力均衡：Balance of power。

4
Levy, Jack S. “What Do Great Powers Balance Against and When?” In “Balance of Power.” 27-51, (Redwood City: Stanford University Press, 2004), 32.

5
政治学者グレン・スナイダーは勢力均衡を「国際関係の中核を成す理論的概念」、ハンス・モーゲンソーも「政治の鉄則」と位置付けました（Snyder, Glenn H. “Balance of Power in the Missile Age,” Journal of International Affairs 14 (1961): 21-24; Morgenthau, Hans. “Politics Among Nations, 4th ed.” (New York:Knopf, 1967).）。

6
Paul, T. V. “The Future of Balance of Power.” In “Restraining Great Powers: Soft Balancing from Empires to the Global Era,” 164-192. (Yale University Press, 2018), 164.

7
覇権国：Hegemon。潜在覇権国：Potential hegemon。対抗連合：Balancing coalition。

8
政治学者マーク・ブロウリーは「多くの学者は勢力均衡論が冷戦後の時代に機能しないことに同意している……これを受けて対抗理論を生み出すか、理論の中核となる前提にその場しのぎの補足を加えるか、あるいはそれらの前提を大幅に修正する対応が見られる」、キア・リーバーとジェラルド・アレクサンダーも「多くの学者や政策分析家は、ソ連崩壊と冷戦終結の後アメリカへの対抗勢力が出現すると予言した。しかしそれ以来、国家が脅威的な国を封じ込むことに真剣に取り組むという大国間勢力均衡は、アメリカの勢力が圧倒的に増大したにもかかわらず出現しなかった」と疑問を投げかけています（Brawley, Mark R. “The Political Economy of Balance of Power Theory.” “Balance of Power: Theory and Practice in the 21st Century.” 2004, pp.77-78; Lieber, Keir A., and Alexander, Gerard. “Waiting for Balancing: Why the World Is Not Pushing Back.” International security

30, no. 1 (2005): 109.)。

9
安全保障のジレンマ：Security dilemma。攻撃・防御有利性：Offense-defense balance。攻撃・防御判別性：Offense-defense distinguishability。詳細は Glaser, Charles L., and Kaufmann, Chaim. “What Is the Offense-Defense Balance and Can We Measure It?” International Security 22, no. 4 (1998): 44-82. を参照。

10
政治学者のロバート・ジャーヴィスは攻撃・防御有利性を、防御力と攻撃力に同額の費用をかけた場合どちらがより効果的に自国を守れるか、言い換えれば、敵軍が攻撃力に1ドルを投じたときに、自軍が防御力に1ドル使うか攻撃力に1ドル使うかのどちらがより領土防衛に成功する可能性を高められるか（意訳）と説明しています(Jervis, Robert. “Cooperation Under the Security Dilemma.” World Politics 30, no. 2 (1978): 167-214.)。

11
防壁のような、それ自体には防御能力しかない兵器であっても、相手には攻撃の意図ありと受け取られる場合があります。例えば、第二次世界大戦前の1930年代、ドイツが西の国境沿いにジークフリート線という防壁を築きましたが、これは将来東部を攻撃する間に背後から行われるであろうフランスの攻撃を妨げるためのもの、つまり攻撃を有利にするための防御兵器として、周辺国の警戒を招きました。

12
その国に攻撃の意志がない場合であっても、自国領内に侵入した敵軍を追い返したり、敵国を完全に降伏させるために敵国領内まで攻め入ったりする際には攻撃兵器が必要になります。例えば、専守防衛を誓う日本であっても、水陸機動団のような離島を奪還するための攻撃力を持ちます。第二次世界大戦では、ドイツを降伏させるため連合軍はドイツ領内まで侵攻しました。

13
攻撃と防御の両目的に使える兵器が多いこと、防御兵器が攻撃を支えられること、防御のために攻撃兵器が必要なことから、兵器だけで国の攻撃および防御の意図を計るのは困難です。ジュネーブ軍縮会議でフランス外相タルデューは「兵器が純粋に防衛を目的としたものなのか、それとも侵略の精神に基づくものなのかを見極める唯一の方法は、どのような場合でも、関係国の意図を調べることである」、コリン・グレイも「攻撃的な武器は存在せず、攻撃的なのは兵器の所有者と運用者だけである……武器について知っておくべき最も重要な事実は、誰がそれを所有しているかである」と述べました（Lynn-Jones, Sean M. “Offense-Defense Theory and Its Critics.” Security Studies 4, no. 4 (1995): 685-686.)。

14
ヨーロッパでも日本における攻城戦と同じ方向性の進化が見られました。歩兵と騎兵が中心だった時代には攻撃が有利でした。しかし中世にかけて築城技術が向上すると弓矢や投石器では頑丈な石垣を崩せなくなり防御が有利に、ところが15世紀頃に火器が発達すると大砲などで城壁を破壊できるようになり、攻撃が有利になりました(Lynn-Jones, Sean M. “Offense-Defense Theory and Its Critics.” Security Studies 4, no. 4 (1995): 667; Evera, Stephen van. “Offense, Defense, and the Causes of War.” International Security 22, no. 4 (1998): 17.)。三重の城壁を備え1000年以上難攻不落だった城塞都市コンスタンティノープルが1453年に陥落した一因は敵軍の強力なウルバン砲にあったといわれています（Levy, Jack S. “The Offensive/Defensive Balance of Military Technology: A Theoretical and Historical Analysis.” International Studies Quarterly 28, no. 2 (1984): 230.)。第一次世界大戦以降、有刺鉄線、塹壕、小銃、機関銃、鉄道、戦車、爆撃機、航空機など兵器の種類が多様化したため、実質的に兵器だけで攻撃・防御有利性を判断することはできなくなりました。

15
Gochman, Charles S., and Maoz, Zeev. “Militarized Interstate Disputes, 1816-1976: Procedures, Patterns, and Insights.” The Journal of conflict resolution 28, no. 4 (1984): 585-616; Wallensteen, Peter. “Incompatibility, Confrontation, and War: Four Models and Three Historical Systems, 1816-1976.” Journal of Peace Research 18, no. 1 (1981): 70-72, 84.

16
天候も自然的障壁の1つです。ナポレオンとヒトラーはロシア中枢部に辿り着いてまもなく極度の寒さ（冬将軍）に直面し壊滅的な打撃を受けました。1939年にソ連軍がフィンランドに侵攻した際、現地の厳しい寒さを甘く見ており、フィンランド軍の森林と深い雪を活かしたゲリラ戦術に対処することができませんでした。鎌倉時代にモンゴル軍が日本に襲来した際に、台風がモンゴル軍の撃退に貢献したことも有名な例でしょう。

17
Mearsheimer, John J. “The Tragedy of Great Power Politics (Updated Edition).” W.W. Norton & Company, Incorporated (2014): 119.

18
Ibid.

19
とはいえ、アメリカはソ連に対し、武器貸与法（レンドリース法）に基づいて大量の武器を提供して支援していました。

20
この点で対照をなすのがロシアです。ロシアは西欧諸国と同様に、16世紀から東へ拡大し、多数の他民族を支配下に置きました。しかし戦後の脱植民地化の中でもロシア（ソ連）だけは領土を一切失いませんでした。その上、参戦国で絶対的にも相対的にも最多の犠牲者を出したにもかかわらず、東欧諸国を新たに支配下に収めました。他民族を支配した点でロシアは西欧と共通していますが、違ったのは、支配地域がすべて陸で繋がっていたことでした。つまり、海で隔てられていない故にロシアは支配を継続することができたといえます。

21
Wöll, Steffen. “Historical Background: The West and the World.” In “The West and the Word: Imagining, Formatting, and Ordering the American West in Nineteenth-Century Cultural Discourse.” (Berlin, Boston: De Gruyter Oldenbourg, 2020): 31.

22
Jervis, Robert. “Cooperation Under the Security Dilemma.” World Politics 30, no. 2 (1978): 169.

23
Mahan, A. T. “The Influence of Sea Power upon History, 1660-1783.” Boston: Little, Brown, and Company, 1890: 29.

24
Jervis, Robert. “Cooperation Under the Security Dilemma.” World Politics 30, no. 2 (1978): 194-195.

25
2024年時点で終結していない戦争を除きます。

26
Levy, Jack S., and Thompson, William R. “Balancing on Land and at Sea: Do States Ally against the Leading Global Power?” International Security 35, no. 1 (2010): 30-31.

27
海洋国家の軍隊を自国領内に受け入れることで安全がむしろ損なわれることもあります。第一に、潜在覇権国が自国領内の海洋国家の軍隊に対して攻撃してくる可能性。第二に、海洋国家の軍隊が自国に対して攻撃してくる可能性。例えば、中国が台湾に侵攻した場合、かなり高い可能性で中国軍は沖縄の在日米軍を攻撃すると予想されています。また、米軍機の墜落や米兵による犯罪に日本人が巻き込まれる事件は度々発生しています。1951年に結ばれた初期の日米安全保障条約には、日本国内で内乱が発生した際に在日米軍が鎮圧に武力行使できる（つまり日本国民を殺傷できる）とする「内乱条項」がありました。このように、在日米軍が日本の安全を損なう場合も少なからず存在します。

28
Lundestad, Geir. “‘Empire by Invitation’ in the American Century.” Diplomatic History 23, no. 2 (1999): 189-217.

29
“Keep the Soviet Union out, the Americans in, and the Germans down.” NATO. “NATO Declassified: Lord Ismay.” https://www.nato.int/cps/en/natohq/declassified_137930.htm

30
Schuessler, John M., Shifrinson, Joshua., and Blagden, David. “Revisiting Insularity and Expansion: A Theory Note.” Perspectives on Politics 21, no. 4 (2023): 1314.

31
Atkinson, William. “Why Margaret Thatcher Was Wrong to Fear German Reunification.” CapX, February 12, 2024. https://capx.co/why-margaret-thatcher-was-wrong-to-fear-german-reunification/; Markovits, Andrei S., and Reich, Simon. “Should Europe Fear the Germans?” German Politics & Society, no. 23 (1991): 1-20;『東西ドイツ統一を英仏首脳は「快く思っていなかった」、当時の外交文書を公開』, AFPBB News, 2009年11月4日. https://www.afpbb.com/articles/-/2659810

32
Christensen, Thomas J. “China, the U.S.-Japan Alliance, and the Security Dilemma in East Asia.” International Security 23, no. 4 (1999): 49-80.

33
Mackinder, Halford John. “The Round World and the Winning of the Peace.” Foreign Affairs, July 1, 1943. https://www.foreignaffairs.com/articles/world/1943-07-01/round-world-and-winning-peace

34
Gilbert, Felix. “The English Background of American Isolationism in the Eighteenth Century.” The William and Mary Quarterly 1, no. 2 (1944): 142.

35
非干渉主義：Non-interventionism。

36
U.S. Congress. “Washington’s Farewell Address: To the People of the United States.” Senate document No. 106-21, Washington, D.C. 106th Congress, 2nd Session. Government Printing Office, 2000: 26. https://www.govinfo.gov/content/pkg/GPO-CDOC-106sdoc21/pdf/GPO-CDOC-106sdoc21.pdf

37
第３代大統領トーマス・ジェファーソンもアメリカの基本方針は「すべての国と通商、どの国とも非同盟」であるとしました（“Commerce with all nations, alliance with none, should be our motto.”）。

38
“Who controls the rimland rules Eurasia; who rules Eurasia controls the destinies of the world.” Spykman, Nicholas John. “The Geography of the Peace.” Yale University. Institute of International Studies. New York: Harcourt, Brace and Company.

39
Brzezinski, Zbigniew. “The Grand Chessboard: American Primacy and Its Geostrategic Imperatives.” 1st ed. New York, 1997.

40
Kier, Elizabeth. “Imagining War: French and British Military Doctrine between the Wars.” United States: Princeton University Press, 2017: 42-43.

41
“Who rules East Europe commands the Heartland; who rules the Heartland commands the World-Island; who rules the World-Island commands the world.” Mackinder, Halford John.
“Democratic Ideals and Reality: A Study in the Politics of Reconstruction.” London; Constable and Co., Ltd. 1919: 194.

42
「リムランド」はスパイクマンが付けた名前で、マッキンダーはここを「内側の三日月地帯（Inner Crescent)」と呼びました。

第２章

1
“I have no way to defend my borders but to extend them.” Talbott, S. “The Great Experiment: The Story of Ancient Empires, Modern States, and the Quest for a Global Nation.” Simon & Schuster, 2008: 133.

2
厳密には、クリミア半島はソ連時代の1954年にロシア・ソビエト連邦社会主義共和国からウクライナ・ソビエト社会主義共和国に移管されて以降、現在までウクライナに属しています。

3
Taki, Victor. “Limits of Protection: Russia and the Orthodox Coreligionists in the Ottoman Empire.” The Carl Beck Papers in Russian and East European Studies. 2005.10.5195/cbp.2015.201.

4
1939年10月1日、ラジオ演説。この続きでは、チャーチルはロシアの地政学的意図を明確に見抜いています（“I cannot forecast to you the action of Russia. It is a riddle wrapped in a mystery inside an enigma: but perhaps

there is a key. That key is Russian national interest. It cannot be in accordance with the interest or the safety of Russia that Germany should plant itself upon the shores of the Black Sea, or that it should overrun the Balkan States and subjugate the Slavonic peoples of South-Eastern Europe. That would be contrary to the historic life-interests of Russia.")。

5
Russian Geographical Society. "History," n.d. https://www.rgo.ru/en/society/history

6
Kennan, George F. "The Charge in the Soviet Union (Kennan) to the Secretary of State." February 22, 1946. https://nsarchive2.gwu.edu/coldwar/documents/episode-1/kennan.htm

7
Kennan, George F. "The Sources of Soviet Conduct." Foreign Affairs, July 1, 1947. https://www.foreignaffairs.com/russian-federation/george-kennan-sources-soviet-conduct

8
1853年のクリミア戦争を含めます。

9
Ellman, Michael., and Maksudov, S. "Soviet Deaths in the Great Patriotic War: A Note." Europe-Asia Studies 46, no. 4 (1994): 672.

10
Mearsheimer, John J. "Why the Ukraine Crisis Is the West's Fault: The Liberal Delusions That Provoked Putin." Foreign Affairs, August 18, 2014. https://www.foreignaffairs.com/articles/russia-fsu/2014-08-18/why-ukraine-crisis-west-s-fault

11
Mearsheimer, John J. "The Case for a Ukrainian Nuclear Deterrent." Foreign Affairs, June 1, 1993. https://www.foreignaffairs.com/articles/ukraine/1993-06-01/case-ukrainian-nuclear-deterrent

12
Mearsheimer, John J. "Why the Ukraine Crisis Is the West's Fault: The Liberal Delusions That Provoked Putin." Foreign Affairs, August 18, 2014. https://www.foreignaffairs.com/articles/russia-fsu/2014-08-18/why-ukraine-crisis-west-s-fault

13
「世界戦争（World War）」または「大戦争（Great War）」とも呼ばれていました。

14
Mackinder, Halford John. "Democratic Ideals and Reality: A Study in the Politics of Reconstruction." London; Constable and Co., Ltd. 1919: 1-3.

15
"Who rules East Europe commands the Heartland; who rules the Heartland commands the World-Island; who rules the World-Island commands the world." Mackinder, Halford John. "Democratic Ideals and Reality: A Study in the Politics of Reconstruction." London; Constable and Co., Ltd. 1919: 194.

16
マッキンダーは、イギリスとアメリカがバルト海と黒海の出入り口を管理し、国際連盟の本部をトルコ海峡に設けるなどして、東欧諸国が海上貿易を常に安全に行えるようにするべきと提案しました。

17
Mackinder, Halford John. "The Round World and the Winning of the Peace." Foreign Affairs, July 1, 1943. https://www.foreignaffairs.com/articles/world/1943-07-01/round-world-and-winning-peace

18
"If we maintain a presence in a Germany that is a part of NATO, there would be no extension of NATO's jurisdiction for forces of NATO one inch to the east." National Security Archive. "Memorandum of conversation between Mikhail Gorbachev and James Baker in Moscow." February, 1990. https://nsarchive.gwu.edu/document/16116-document-05-memorandum-conversation-between

19
Shifrinson, Joshua R. Itzkowitz. "Deal or No Deal? The End of the Cold War and the U.S. Offer to Limit NATO

Expansion." International Security 40, no. 4 (2016): 22-23.

20
Ibid., 35.

21
副島英樹.『ゴルバチョフは語る　西の「約束」はあったのか　NATO東方不拡大』, 朝日新聞デジタル, 2022年3月12日. https://www.asahi.com/articles/ASQ3B51K1Q39PLZU001.html

22
"Speech and the Following Discussion at the Munich Conference on Security Policy." President of Russia, February 10, 2007. http://en.kremlin.ru/events/president/transcripts/24034

23
Kennan, George F. "A Fateful Error." The New York Times, February 5, 1997. https://www.nytimes.com/1997/02/05/opinion/a-fateful-error.html

24
Gates, Robert Michael. "Duty: Memoirs of a Secretary at War." New York: Alfred A. Knopf, 2014: 157-158.

25
Mackinder, Halford John. "Democratic Ideals and Reality: A Study in the Politics of Reconstruction." London; Constable and Co., Ltd. 1919: 194 & 204.

26
Kennan, George F. "The Sources of Soviet Conduct." Foreign Affairs, July 1, 1947. https://www.foreignaffairs.com/russian-federation/george-kennan-sources-soviet-conduct

27
Kollakowski, Tobias. "Interpreting Russian Aims to Control the Black Sea Region through Naval Geostrategy (Part One): 'The Azov-Black Sea Basin as a Whole [···] This Is, in Fact, a Zone of Our Strategic Interests.'" The Journal of Slavic Military Studies 36 (1). 2023: 61.

28
日本語の「デンマーク海峡」は一般的にグリーンランドとアイスランドの間の海峡（Denmark Strait）を指しますが、本書においては英語の「Danish Straits」に該当するカテガット海峡とスカゲラク海峡を「デンマーク海峡」と略します。

29
Holtsmark, Sven G. "Soviet Strategic Interests in Denmark: The Baltic Straits and Bornholm." The Limits to Soviet Influence: Soviet Strategic Interests in Norway and Denmark 1944-47. Norwegian Institute for Defence Studies, 1994: 7.

30
Ibid., 8-11.

31
ソ連側も「デンマーク、西ドイツ、ノルウェーは強力な海軍を持たないとはいえ、海上作戦の舞台において極めて重要な戦略的位置を占めているため、NATOはバルト海の出口を恒久的に管理することができる」と脆弱性を認識していました（Będźmirowski, Jerzy & Gac, Miłosz. "Military Security in the Baltic Sea during Cold War: Analysis Based on the Materials of the Naval Reconnaissance Unit of the Polish People' s Republic." Historia i Polityka, no. 46 (53), 2023: 91.)。

32
Będźmirowski, Jerzy., and Gac, Miłosz. "Military Security in the Baltic Sea during Cold War: Analysis Based on the Materials of the Naval Reconnaissance Unit of the Polish People's Republic." Historia i Polityka, no. 46 (53), 2023: 91-92; Hattendorf, John B., and Swartz, Peter M. "U.S. Naval Strategy in the 1980's." The Newport Papers 33. 2008.

33
Mackinder, Halford John. "The Geographical Pivot of History." The Geographical Journal 23, no. 4 (1904): 436.

34
ロシアとウクライナのガス紛争には、ウクライナ側の料金不払い、無断ガス抜き取り、汚職なども大きな原因の１つとされています。

35
Von der Burchard, Hans. "Pressure mounts on Germany to drop rejection of SWIFT ban for Russia." Politico, 2022. https://www.politico.eu/article/pressure-on-germany-to-drop-opposition-to-russia-swift-ban-ukraine-war/

36
Myllyvirta, Lauri., Thieriot, Hubert., Ilas, Andrei., and Mykhailenko, Oleksii. "Financing Putin's war: Fossil fuel imports from Russia in the first 100 days of the invasion." Center for Research on Energy and Clean Air (CREA), 2022. https://energyandcleanair.org/publication/russian-fossil-exports-first-100-days/ 1ユーロ＝130円とした場合。

37
Von der Burchard, Hans., and Sugue, Merlin. "Germany's Scholz rejects calls to ban Russian oil and gas." Politico, 2022. https://www.politico.eu/article/germany-rejects-calls-for-banning-russian-oil-and-gas/

38
European Council. "Where does the EU's gas come from?" 2024. https://www.consilium.europa.eu/en/infographics/eu-gas-supply/

第3章

1
"President Clinton's Beijing University Speech, 1998." USC US-China Institute. June 29, 1998. https://china.usc.edu/president-clintons-beijing-university-speech-1998

2
"Text of remarks prepared for delivery by Texas Gov. George W. Bush at Ronald Reagan Presidential Library, Simi Valley, Calif. on November 18, 1999." The Washington Post, November 19, 1999. https://www.washingtonpost.com/archive/business/technology/1999/11/19/text-of-remarks-prepared-for-delivery-by-texas-gov-george-w-bush-at-ronald-reagan-presidential-library-simi-valley-calif-on-november-19-1999/1e893802-88ce-40de-bcf7-a4e1b6393ad2/

3
Spykman, Nicholas John. "America's Strategy in World Politics, the United States and the Balance of Power." Yale University. Institute of International Studies. (New York: Harcourt, Brace and Company, 1942), 469.

4
Mackinder, Halford John. "The Geographical Pivot of History." The Geographical Journal 23, no. 4 (1904): 430.

5
Zhang, D.D., Zhang, J., Lee, H.F., and He, Yq. "Does Climate Change Affect War Frequency? The Case of Eastern China." Human Ecology. Springer, Boston, MA. 2010; Pei, Qing, & Zhang, David D. "Long-Term Relationship between Climate Change and Nomadic Migration in Historical China." Ecology and Society 19, no. 2. (2014).

6
漢の時代の歴史家・司馬遷は、紀元前1世紀頃『史記』の『匈奴列伝』の中で、当時漢を脅かしていた匈奴について、「その幼き者たち、まず羊に乗り、弓を引いて鳥や鼠を射ることを学ぶ。やがて年を重ねると、狐や兎を射て、これを糧とす。こうして、若者たちは皆、弓を操り、戦のときには騎兵として武装するに至るのだ」と記しました。13世紀、モンゴル帝国がヨーロッパに迫った頃にローマ教皇の命で使節として派遣されたプラノ・カルピニも、「彼らは狩りをし、弓術を修める。大人も子供も優れた弓の使い手であり、幼き子は2、3歳にして馬を乗りこなし、疾走させる術を学ぶ。そしてその体格に応じた弓を与えられ、射ることを習うのだ。彼らは驚くべき敏捷さを持ち、また大胆不敵である」と報告しています。

7
Sinor, Denis. "The Inner Asian Warriors." Journal of the American Oriental Society 101, no. 2 (1981): 135.

8
西野広祥.『万里の興亡：長城こそ中国文明の生命線だった』. 徳間書店, 1998: 82.

9
Robinson, David. "Why Military Institutions Matter for Ming History." Journal of Chinese History 1, no. 2 (2017): 297-327.

10
飯田将史.『進展する中国とロシアの軍事協力：共同軍事演習の多様化と高度化』. NIDSコメンタリー第271号, 防衛研究所, 2023: 1.

11
Zakharov, Andrei., and Napalkova, Anastasia. “Why Chinese Farmers Have Crossed Border into Russia’s Far East.” BBC News, November 1, 2019. https://www.bbc.com/news/world-europe-50185006

12
“What Are the Weaknesses of the China-Russia Relationship?” China Power. June 29, 2022. Updated November 9, 2023. https://chinapower.csis.org/china-russia-relationship-weaknesses-mistrust/

13
Mackinder, Halford John. “The Geographical Pivot of History.” The Geographical Journal 23, no. 4 (1904): 437.

14
Yoshihara, Toshi., and Holmes, James. “Red Star over the Pacific, Second Edition: China’s Rise and the Challenge to U.S. Maritime Strategy.” Naval Institute Press, 2018: 67.

15
“Whoever controls the Indian Ocean will dominate Asia. This ocean will be the key to the seven seas in the 21st Century. The destiny of the world will be decided on its waters.” Cited in Choudhury, Diptendu. “Convergence of the Indo-Pacific with the Indian Ocean—Is a Maritime-Centric Approach Enough?: An Indian Perspective.” Journal of Indo-Pacific Affairs, 2024: 8.

16
劉明福（著）, 峯村健司（監訳）, 加藤嘉一（訳）.『中国「軍事強国」への夢』. 文藝春秋, 2023: 96.

17
羅貫中（著）, 立間祥介（訳）.『三国志演義 1』. KADOKAWA, 2019: 18.

18
Cancian, Mark F., Cancian, Matthew., and Heginbotham, Eric. “The First Battle of the Next War: Wargaming a Chinese Invasion of Taiwan.” CSIS, 2023. https://www.csis.org/analysis/first-battle-next-war-wargaming-chinese-invasion-taiwan

第4章

1
平川新.『戦国日本と大航海時代：秀吉・家康・政宗の外交戦略』. 中央公論新社, 2018: 33-36.

2
Ibid., 38.

3
Ibid., 38-39.

4
Ibid., 61-62.

5
Ibid., 99-111.

6
Ibid., 96.

7
渡辺浩.『日本政治思想史：十七～十九世紀』. 東京大学出版会, 2010: 315. より現代語訳.

8
Green, Michael. “Line of Advantage: Japan’s Grand Strategy in the Era of Abe Shinzō.” New York Chichester, West Sussex: Columbia University Press, 2022: 26.

9
折原裕.『江戸期における重商主義論の展開：佐藤信淵と横井小楠』. 敬愛大学研究論集, 敬愛大学経済学会, 1993: 112.

10
Green, Michael. “Line of Advantage: Japan’s Grand Strategy in the Era of Abe Shinzō.” New York Chichester, West Sussex: Columbia University Press, 2022: 27.

11
当時外相を務めた陸奥宗光は後に「戦争における勝利は外交において失敗せりと言える攻撃の喊声は四方に起り、その反響は今なお囂然たり」と回想しています（陸奥宗光．『蹇蹇録：日清戦争外交秘録』．岩波書店，1983: 364.）。

12
1895年4月12日、品川弥二郎への手紙の中で（Hackett, Roger F. “Yamagata Aritomo in the Rise of Modern Japan, 1838-1992.” Cambridge, MA: Harvard University Press, 1971: 163-164.）。

13
岡崎久彦．『戦略的思考とは何か 改版』．中央公論新社，2019: 66.

14
日露戦争は「第０次世界大戦」と呼ばれることがあります。

15
Dennett, Tyler. “President Roosevelt’s Secret Pact With Japan.” Current History (1916-1940) 21, no. 1 (1924): 18.

16
1907年4月14日の演説『普通教育に従事する日本人教師の訓諭』にて（瀧井一博．『伊藤博文演説集』．講談社，2011: 377.）。

17
伊藤博文は1907年2月7日の演説で、はっきりと韓国併合の可能性を否定し、「日本が併合を目論んでいる」という朝鮮人の疑念を晴らすべきだとしています（瀧井一博．『伊藤博文演説集』．講談社，2011: 374-375.）。

18
Conroy, H. “The Japanese Seizure of Korea, 1868-1910: A Study of Realism and Idealism in International Relations (1st ed.).” University of Pennsylvania Press, 1960: 364.

19
併合の方針は伊藤博文が暗殺される前の1909年7月6日にすでに閣議決定されていました。

20
厳密には、朝鮮半島は日本領で、遼東半島（関東州）は租借地です。

21
Sai, David Keanu. “Hawaiian Neutrality: From the Crimean Conflict through the Spanish-American War.” Paper presented at the Centre for Research in the Arts, Social Sciences and Humanities, University of Cambridge, September 10-12, 2015. https://www2.hawaii.edu/~anu/pdf/Cambridge_Paper_Hawaiian_Neutrality.pdf

22
日本はアメリカの極東進出にせめてもの抵抗を示すため、1893年と1896年にハワイに軍艦を送りました。一方のアメリカも、スペインとの戦争中に混乱に乗じて日本にハワイを占領されると懸念し、1897年、最初の対日戦争計画を立案しました。この計画内では、アメリカは当時艦隊のほとんどを大西洋に配備しているせいで対応が遅れるので、日本にアリューシャン列島、ハワイ、シアトルを占領されると見積もられました。これは後にパナマ運河を建設する動機の１つとなりました。パナマに運河ができれば、大西洋艦隊を南米の南端まで回航させる必要がなく道程を大幅に短縮できるからです。日本との戦争は、44年前から予見されていたのです (Vlahos, Michael. “The Naval War College and the Origins of War-Planning Against Japan.” Naval War College Review 33, no. 4 (1980): 23–41.)。

23
Sachsman, David B. “The Problem of Asia: Its Effect upon International Politics.” Taylor & Francis: 22.

24
在ニューヨーク日本国総領事館．『ルーズベルトの仲介とポーツマス条約』．https://www.ny.us.emb-japan.go.jp/150th/html/roosevelt.htm

25
高坂正堯.『不思議の日米関係史』. PHP研究所, 1996: 158.

26
日露戦争で日本を応援していたマハンも一転して「日本移民の流入を傍観するならば、10年も経たないうちにロッキー山脈以西の人口の大半が日本人によって占められ、同地域は日本化されてしまうだろう」としました（平間洋一.『マハンの日本観と日米関係への影響』. 日本国際政治学会編『国際政治』第102号「環太平洋国際関係史のイメージ」, 1993: 44.）。マハンの対日観は生涯にわたって一貫していませんでした。マハンは1867年、27歳のときに日本に訪れたことがあり、その頃は「日本人は性質が良くお人好しのようで、日本人が好きになりそうだ」と回想していました。しかし日本人移民が増えると脅威だと語り、また日露戦争では「西洋文明を摂取する叡智を持っている」と述べたものの、戦後は一転して日本脅威論を唱えました。これはおそらく、ルーズベルト同様、マハンはただ日本をアメリカの海軍力増強に利用していただけだったと推測できます。

27
“The job in China can be boiled down to one essential—China must be kept in the war tying up Japanese soldiers.” Green, Michael J. “By More Than Providence: Grand Strategy and American Power in the Asia Pacific Since 1783.” Columbia University Press, 2017: 210.

28
Ibid., 212.

29
Ibid., 213.

30
Ibid., 220.

31
チャーチルの回顧録によれば、ルーズベルトが無条件降伏を主張するのに対して、チャーチルはそれでは犠牲が大きすぎるから、日本の軍の名誉を重んじた解決をしたらどうかと言いますが、それに対して、ルーズベルトは、「真珠湾を攻撃した以上（だまし討ちをした以上）日本には失うべき名誉は残されていない」と答えたとあります（岡崎久彦.『戦略的思考とは何か 改版』. 中央公論新社, 2019: 95.）。

32
Spykman, Nicholas John. “America's Strategy in World Politics, the United States and the Balance of Power.” Yale University. Institute of International Studies. (New York: Harcourt, Brace and Company, 1942), 135-137, 460.

33
Furniss, Edgar S. “The Contribution cf Nicholas John Spykman to the Study of International Politics.” World Politics 4, no. 3 (1952): 382.

34
ニコラス・スパイクマン（著), 奥山真司（訳).『平和の地政学：アメリカの世界戦略の原点』. 芙蓉書房出版, 2008: 140-141.

35
Lundanes, Anders Hommelstad. “Nicholas J. Spykman: Oppdemmingens opphavsmann?” NTNU, 2022: 55. https://ntnuopen.ntnu.no/ntnu-xmlui/handle/11250/3007885?show=full

36
Kennan, George F. “Report by the Policy Planning Staff: PPS/13, Résumé of World Situation.” Policy Planning Staff Files. Office of the Historian, 1947. https://history.state.gov/historicaldocuments/frus1947v01/d393

37
Gaddis, J. L. “George F. Kennan: An American life.” Penguin Press, 2011: 299.

38
マッカーサーはヨーロッパに関してもソ連についても関心と知識が不足していて、全世界を視野に入れた日本のあるべき姿についての構想を持っていませんでした（本国にもなかったので当然ではありますが)。マッカーサーの当面の目標は日本の武装解除の後、民主主義とキリスト教を根付かせることだけで、それが完了すれば占領を終わらせるつもりでした。マッカーサーが日本に長く居座る気がなかったもう１つの理由は大統領に立候補するつもりだったからです。マッカーサーは日本に勝利した実績と民主主義を広めた実績を母国に持ち帰り、1948年の大統領選挙に出馬するつもりでした。実際、マッカーサーは1947年に占領政策の目的は完了したとして日本と

の講和条約の締結を急ぐよう進言しました。ケナンからすれば、こうしたマッカーサーの粗雑な政策はソ連封じ込めの障害であり、まるで「日本社会を共産主義の政治的圧力に対して脆弱にし、共産主義による乗っ取りへの道筋をつける」ことを目的として設計されたかのように映りました（Gaddis, J. L. “George F. Kennan: An American life. Penguin Press, 2011: 301.）。

39
当時内閣総理大臣だった吉田茂は後にこう振り返っています。「朝鮮半島が日本の国家的安全に重大な関係を有することは、今さら申すまでもない。有史以来、日本に対する外来の脅威は朝鮮半島を経由していると称して過言ではない。日清戦争も、日露戦争も共にその端は朝鮮半島に発している。然るに現状はどうか……共産勢力はその北半を掌中に収め、三十八度線に達している。もし、その支配が南部釜山にまで及ぶとしたら、日本の安全は深刻に脅威されるであろう。今日の状況は、もし昔ならばわが国の自衛戦争を誘発し兼ねなかったであろう……それにも拘わらず、わが国民が太平の気分に浸り、閑暇を心置きなく享楽し得ているというのも、韓国軍と国連軍とが共に前線を固めているからに他ならない。心あるものが指摘するように、わが国の安全は、安保条約によって米国の庇護を受け、朝鮮半島の前線は国連軍にその防衛を任せているために保たれている。そのためにさらに軍事負担が軽く、従って驚異的経済発展も可能となったのである」（吉田茂.『世界と日本』. 中央公論社, 1992: 147.）。

40
赤木完爾.『朝鮮戦争：日本への衝撃と余波』. 防衛研究所, 2013.

41
Kennan, George F. “American Diplomacy, 1900-1950.” University of Chicago Press, 1951: 52.

終章

1
Zajec, O. « Je ne crois pas que l’on puisse diviser le monde en bons et en méchants » : Nicholas Spykman et l’ influence réelle du codage géopolitique sur la stratégie américaine de containment/ “I do not believe that the world can be divided into good people and bad people” : Nicholas Spykman and the Real Influence of Geopolitical Codes in the Shaping of the US Containment Strategy during the Cold War. Relations internationales 2(162), 2015: 95-.

2
Mackinder, Halford John. “Democratic Ideals and Reality: A Study in the Politics of Reconstruction.” London; Constable and Co., Ltd. 1919: 1-3.

3
Ibid., 5.

4
「地政学は地理を絶対的な要素として捉え、勢力、ひいては国家の運命を結論付ける疑似科学である……地政学によると、国家は空間を征服することで拡大していかなければ滅びる運命にあるのが歴史の法則だという……地政学は、他の空間との相対的な位置関係から、どこに世界の支配者が宿るのかという運命だけを語る……マッキンダーとフェアグリーブが提唱した地政学は、国力の現実に関する正当な一側面を示したが、それは地理という排他的で歪んだ角度で見たものであった」（Morgenthau, Hans J. “Politics among Nations: The Struggle for Power and Peace. [1st ed.].” New York: A.A. Knopf, 1948: 118.）。

5
Mackinder, Halford John. “Democratic Ideals and Reality: A Study in the Politics of Reconstruction.” London; Constable and Co., Ltd. 1919: 3.

6
Sumida, Jon. “Alfred Thayer Mahan, Geopolitician.” Journal of Strategic Studies 22 (2–3), 1999: 39-62.

7
Mackinder, Halford John. “Democratic Ideals and Reality: A Study in the Politics of Reconstruction.” London; Constable and Co., Ltd. 1919: 9.

読者限定動画

100年前にウクライナ戦争を予言した？
マッキンダーとは何者か

本書を最後までお読みいただき、ありがとうございました。
さて、本書では至るところに
「マッキンダー」という名前が出てきますが、
この地政学の父について詳しい説明をし切れていません。
そこで、以下の読者限定動画では、マッキンダーに
焦点を当てながら、古典地政学をさらに深く解説します。

下記の二次元バーコードから
サンマーク出版公式LINE「本とTREE」にお友だち登録すると、
特典動画のURLがLINEで届きます。

※二次元バーコードが読み取れない方は、shoseki@sunmark.co.jpまでお問い合わせください。

この動画は、著者に直接感想をお寄せいただいたり、
他の読者の方々と意見交換をしたりする場としてもご活用できます。
ぜひ、ご感想をお聞かせください。